한국에 온
라캉과
4차
산업혁명

한국에 온 라캉과 4차 산업혁명

초판 1쇄 인쇄 2018년 5월 10일
초판 1쇄 발행 2018년 5월 18일

–

지은이 강응섭
펴낸이 이방원
편　집 홍순용 · 김명희 · 이윤석 · 안효희 · 강윤경 · 윤원진
디자인 전계숙 · 손경화
마케팅 최성수

–

펴낸곳 세창출판사
신고번호 제300-1990-63호
주소 03735 서울시 서대문구 경기대로 88 냉천빌딩 4층
전화 02-723-8660　**팩스** 02-720-4579
이메일 edit@sechangpub.co.kr　**홈페이지** http://www.sechangpub.co.kr

–

ISBN 978-89-8411-743-3 03100

이 도서의 국립중앙도서관 출판시도서목록(CIP)은 서지정보유통지원시스템 홈페이지(http://seoji.nl.go.kr)와 국가자료공동목록시스템(http://www.nl.go.kr/kolisnet)에서 이용하실 수 있습니다. (CIP제어번호: CIP2018014434)

한국에 온 라캉과 4차 산업혁명

강응섭 지음

Jacques Lacan

세창출판사

머리말

이 책은 2016년 6-7월에 있었던 라캉 특강의 원고를 묶은 것입니다. 이 강의가 있기 한 달 전, 세창출판사의 편집부에서 '한국에 온 라캉'이라는 주제로 책을 써 보면 어떻겠냐고 제안해 왔습니다. 필자가 쓴 『자크 라캉의 《세미나》 읽기』를 편집하면서 한국적인 사례를 라캉식으로 풀이한 부분이 좋았기에 그것을 확대해 보면 어떻겠느냐는 의견이었습니다.

이 제안을 생각하던 중에 상담의 집 '지혜와 사랑'의 문희경 박사님께서 여름방학을 이용하여 상담심리 전공자들을 위해 라캉을 소개하는 특강을 해 보면 어떻겠냐고 권유했습니다. 그때 필자는 책도 써야 하고 특강도 해야 한다면 어떤 내용으로 하면 좋을까 잠시 생각하다가 서둘러 특강의 주제를 정하였습니다. 그것이 무의식, 욕동, 전이, 반복, 욕망이었습니다. 이 주제는 라캉이 세미나 11권에서 다루었던 것입니다. 이것을 염두에 두고 계획안을 만든 것은 아니었지만 제가 생각해 봐도 한국에 온 라캉을 이해하려면 이 주제가 근본이 되어야 할 듯했기 때문입니다. 그래서 이 주제와 함께 한국의 상황을 연결하여 다섯 번의 특강 주제를 정했습니다.

첫 번째 강의는 '인지과학의 등장 앞에 선 라캉: 언어활동처럼 구조화된 무의식l'inconscient과 빅 데이터Big Data'이고, 두 번째는 '주체는 어떤 과정을 통해 발달하는가? 욕동la pulsion의 이원성과 4차 산업혁명 시대의 거울단계이론'입니다. 세 번째는 '감정의 학문으로서 정신분석의 전이le Transfert: 분석수행자가 안다고 가정된 주체에게 보내(야 하)는 것들'이고, 네 번째는 '첫사랑은 어떻게 다시 돌아오는가? 구멍을 둘러싼 반복la repetition에 관한 담론'입니다. 마지막 다섯 번째는 '키덜트에 담긴 라캉식 논의: 구멍을 메우는 요구의 대상 팔루스와 욕망le désir의 대상 오브제 아'였습니다.

특강이 있은 지 2년이 지나고 있는 시점에서 강의 원고를 책으로 만드는 일은 쉽지 않았습니다. 다행히 강의 내용을 녹취하신 분의 도움으로 출간할 용기를 얻었지만 떼어 내야 할 군더더기도 많았고 흐름도 조정해야 했습니다. 당시의 정황이 포함된 예화 등도 이제는 색이 바랬습니다. 2016년 3월에는 이세돌 9단과 알파고의 바둑 대결이 있었습니다. 이 일은 4차 산업혁명이라는 주제가 한국에 현실로 다가오는 계기가 되었다고 말해도 과언이 아닐 것입니다. 이 책의 제목이 '한국에 온 라캉과 4차 산업혁명'인데, 당시의 상황에서 라캉을 소개하기 위한 의도가 담겨 있음을 볼 수 있습니다.

특강을 준비하면서 '한국에 온 라캉'이라는 주제에 관심을 갖게 되었고, 『현대시사상』을 발견하게 되었습니다. 이 잡지는 1989년 겨울에 창간된 잡지인데, 한국에 라캉을 소개하는 결정적 역할을 했습니다. 이 잡지에 소개된 라캉을 서평과 논문으로 발표할 수 있는 기회도 얻게 되었고, 세창출판사의 주관으로 홍대입구역 책거리에서 마련한 '세창인문산책'에서도 두 번에 걸쳐 발표할 수도 있었습니다.

이런 일을 하면서 아쉬웠던 점은 한국에 소개된 라캉이 새롭게 등장하는 시대의 주제와 어울리지 못하고, 처음 소개된 대로 변화 없이 이어 가고 있는 부분이었습니다. 라캉의 사유에는 현재와 대화할 수 있는 접점이 참 많은데, 그런 점을 더 이어 가는 노력이 요청된다고 보입니다. 치료 기술로서 라캉식 정신분석이 되려면 분석수행자가 살고 있는 시대의 담론 속으로 들어가서 함께 어울려야 된다고 생각하기 때문입니다. 라캉식 사유가 좀 보편화되어 우리의 모습을 바라보는 비계飛階, l'échafaudage가 되면 좋겠다는 기대를 갖고 책을 출판합니다. 이 조그마한 소망이 독자에게 전달되면 좋겠습니다.

당시 무더웠던 화요일 저녁에 시간을 내어 특강에 참여해 주신 한분 한분과 카페 헤세드의 김은하 대표님, 특강을 기획해 주신 문희경 박사님께 고마움을 전합니다. 예명대학원대학교에 정신분석학 전공을 개설하여 프로이트와 라캉에 기반을 둔 정신분석의 장을 21세기 한국의 상황에서 열어 갈 수 있도록 후원해 주시는 이명범 총장님께 고마운 마음을 드립니다. 그리고 오랫동안 글을 다듬고 예쁘게 디자인 해 주신 세창출판사 편집부에도 고마움을 전합니다.

차례

제 3 강

주체는 어떤 과정을 통해 발달하는가?

욕동la pulsion의 이원성과
4차 산업혁명 시대의 거울단계이론

제 5 강

첫사랑은 어떻게 다시 돌아오는가?

'구멍'을 둘러싼 반복la répétition에 관한 담론

제 6 강

'키덜트'에 담긴 라캉식 논의, 구멍을 메우는 요구의 대상 '팔루스'와 욕망le désir의 대상 '오브제 아'에 관해

제 1 강

라캉의 생애와 사상

15

자신의 이름을 지우다

라캉은 1901년 4월 13일에 태어났고 1981년 9월 9일 선종(善終)했습니다. 선종은 가톨릭 신자의 죽음을 이르는 말입니다. 그러니까 라캉은 가톨릭에서 행하는 7개의 성사 가운데 하나인 장례미사를 통해 이 세상과 이별했습니다. 라캉은 파리에 있는 생-드니-뒤-사크르망이라는 교회에서 유아 세례를 받았고 결혼식도 성당에서 치렀습니다. 그리고 자신의 아이들도 모두 가톨릭 세례를 받게 합니다. 그렇지만 라캉은 주일 미사에 참석하지는 않았습니다. 그의 남동생 마르크-마리(Marc-Marie Lacan, 1908)는 사제가 되었습니다. 중국에도 와서 사제로서 활동했습니다. 교황과도 가까웠고, 사전의 집필자로 참여하기도 했습니다. 이런 동생을 둔 라캉은 동생에게 자신의 소원을 말하였는데, 그것은 자신이 죽으면 장례미사를 해 달라는 부탁이었습니다. 라캉은 죽기 한 달 전부터 대장 쪽에 문제가 있어서 인공항문을 달고 그곳을 통해 배변을 해야 했습니다. 그런데 수술이 잘못되었는지 봉합한 부분이 터져 죽음에 이르게 되었습니다. 그가 죽는 과정은, 프로이트가 그 죽음에 임박하여 진통제를 통해 완화치료를 했듯이, 아마도 그런 수순을 밟았던 것으로 보입니다.

미사 때 동생은 강론하길, 자신의 형은 비록 평소 교회 생활을 하지는 않았지만, 그의 학문 배경을 보면 모든 게 크리스처니즘(christianism, 기독교)이고, 이것을 바탕으로 해서 자기 학문을 세웠다고 평가했습니다. 우리가 알듯이, 사제를 동생으로 두었다고 장례 미사를 무턱대고 해 주는 것은 아닙니다. 일정 기간 미사에 참석하지 않는 상태를 '냉담'이라고 표현하는데, 냉담 기간에서 벗어나기 위해서는 고해성사를 해야 합니다. 라캉도 이런 과정을 거쳤을 것이고 그에 따라 장례미사가 받아들여졌다고 생각됩니다. 라캉은 자신의 마지막 시기를 하나님과의 냉담을 푸는 데 할애했을 테고, 자신의 인생을 되돌아보았을 것입니다. 자신이 눈감고 나면 동생이 집전하는 장례미사를 통해 자신이 영면에 들어가기를 원했던 것입니다.

어찌 보면 라캉의 인생은 신약성서에 나오는 '돌아온 탕자 이야기'와 비교해 볼 수가 있습니다. 탕자는 본래 둘째 아들입니다만 라캉은 큰아들입니다. 둘째 아들인 자기 동생은 신부입니다. 큰아들이 집을 나갔다가 오랜 세월이 지난 후 집으로 되돌아와서 아버지의 품에 안기고자 했고, 동생은 그런 형의 뜻을 헤아려 주었습니다.

한국에서 라캉을 소개할 때, 라캉은 종교와는 상관없는

인물로 그려지고 있습니다. 하지만 그의 삶과 학문의 세계를 망라해서 보기 위해서는 기독교라는 요소를 잘 도입하는 것이 중요해 보입니다. 그가 제시했던 이론들 가운데 많은 부분이 기독교를 알아야 이해가 됩니다. 왜냐하면 서양의 문화라는 게 그리스 철학에 근거하기도 하지만 기독교에도 바탕을 두기 때문입니다. 특히 그의 사상은 중세의 스콜라학과 굉장히 연관이 깊다고 생각이 됩니다. 그의 책을 읽다 보면, 그는 아우구스티누스에 대해서 굉장히 박식하고, 중세 사상가들뿐 아니라 종교개혁을 일으킨 루터에 대해서도 조예가 깊다는 것을 알게 됩니다. 굉장히 짧게 표현하지만 그 내용은 핵심에 도달합니다. 성경을 인용할 때도 성경 원어에 입각하여 해석에 접근합니다. 이렇게 그가 의학을 전공했지만 기독교에도 굉장히 박식한 사람이었다는 것과 그의 마지막 여정이 기독교의 전례와 밀접하게 연관되어 있다는 것을 되새겨 봅니다.

라캉은 어릴 때부터 굉장히 우유부단한 성격의 아버지와 강압적인 성격의 조부를 보면서 자랐고 어머니는 가톨릭 신앙에 열심이었던 분이었습니다. 그 흔적은 자식의 이름에서 드러나는데, 우리가 보통 자크 라캉이라고 말하는 이의 본명은 '자크-마리-에밀'(Jacques-Marie-Emile Lacan)이고, 그의 남동생은 '마르크-마리'(Marc-Marie Lacan, 1908), 여동생은 '마들렌느-마리-에마뉘엘'(Madeleine-Marie-Emmanuelle Lacan, 1903)입니다. 이름에 공통점이 있는데, '마리'(Marie)가 들어간다는 것입니다. 우리말로 '마리아'입니다. 부모는, 딸은 말할 것도 없고 두 아들의 이름에도 '마리아'를 넣었습니다. 이름을 통해 우리는 그 집안의 신앙풍을 알 수 있지 않습니까? 그런데 나중에 이들은 이름을 바꿉니다. 스물여섯 살쯤 되었을 때 라캉은 자크-엠 라캉(Jacques-M Lacan)이라고 하고, 자기가 학문적인 활동을 시작하면서부터는 자크 라캉(Jacques Lacan)이라고 합니다. 여기서 눈여겨볼 것은 이름에서 '에밀(Emile)'이 빠졌다는 것입니다. '에밀'은 친할아버지의 이름을 받은 것이었습니다. 그런데 왜 라캉은 친할아버지의 이름을 지웠을까요? 여러분이 라캉에 대해 공부를 하다 보면 '아버지의 이름'이라는 게 굉장히 중요하다는 것을 알게 될 것입니다. 그런데 여기서 아버지라는 것은 자기 아버지가 아니라, 아버지의 아버지, 즉 조부를 얘기하는 겁니다. 우리는 보통 자기 아버지와의 관계 때문에 굉장히 고통스러워 하지 않습니까? 프로이트가 그랬지 않았습니까? 그렇지만 라캉은 조부와의 관계 때문에 자기 아버지가 피해를 보고 있다는 것을 알았고, 또한 온 가족이 조부의 강압적인 행위 때문에 힘들어 하는 것을 경험했던 것 같습니다. 그런데 그 조부가 아주 기독교에 몰두하는 분이셨나 봅니다. 그래서 라캉은 기독교에 대해 더 반항심을 갖게 되었고, 기독교로부터 더 멀어지고자 의도적으로 행동했다고 밝히고 있습니다. 본래 기독교라고 하면 동방정교회, 서방가톨릭, 개신교를 지칭하는 말입니다만 제가 지금 말하는 기독교는 가톨릭을 의미합니다. 현재 프랑스는 개신교가 2% 미만, 가톨릭이 90% 이상을 차지합니다. 100여 년 전 라캉이 태어났을 때도 거의 대부분 가톨릭이 주류인 사회였다고 생각됩니다.

19

모든 사례는 개별적인 사례다

이런 가정의 분위기 속에서 성장했던 라캉은 법을 공부할 것인가, 아니면 정치를 공부할 것인가, 의학을 공부할 것인가 등 다방면으로 진로에 대해 모색을 했습니다. 그가 다닌 중학교와 고등학교가 '스타니슬라스'라는 학교인데, 이 학교는 여러분이 잘 아시는 미테랑 대통령이 다녔던 학교입니다. 1차 세계대전 때 그 학교에는 야전병원이 들어섰는데, 그때 그는 의학을 공부해야겠다는 생각을 하게 되었고 의학의 길로 들어섭니다. 그리고 그는 정신의학을 전공하게 되었습니다. 그가 서른한 살 때 제출한 박사논문은 인턴 과정을 거치던 중 만난 환자 사례에 관한 내용입니다. 그 환자는 그 당시 파리에서 굉장히 유명했던 여배우를 칼로 찔러 죽이려다가 미수에 그치게 되었고, 경찰병원에서 입원 진료를 받게 되면서 라캉을 만나게 됩니다. 그녀는 서른 중반 되는 어떤 아주머니였는데, 우체국에서 근무하고 있었습니다. 그녀는 대학교에 들어가기 위해서 시험을 여러 번 쳤지만 실패하고 유명한 소설가가 되고 싶어서 원고를 들고 여러 출판사를 찾아갔지만 출판을 거절당합니다. 이런 중에 여러 가지로 마음의 고생을 했던 것 같습니다. 이런 고생이 반복되자 그녀는 누군가가 자기 앞길을 막고 있다고 생각합니다. 그래서 그게 누굴까 하고 생각해 봤더니, 그 당시 파리에서 매우 유명한 배우가 바로 문제의 사람이라는 것입니다. 아마도 요즘 우리에게는 한류의 주역 정도의 여배우에 해당하겠죠? '그 배우를 죽여야겠다!'고 생각하고 실행하게 된 것입니다.

라캉은 이 환자를 사례로 다루면서 성격personnalité과 망상paranoia의 관계가 어떤지에 대해 쓴 논문으로 박사학위를 받았고 정신과 의사로 활동하게 됩니다. 그가 논문을 쓰던 시기인 1920년대 프랑스에서는 초현실주의가 굉장히 득세했습니다. 그는 그런 문인들이 모이는 카페에 가서 그들의 이야기도 듣고, 친교를 나누면서 인문학에 다가서게 됩니다. 라캉은 프랑스 정신의학에서는 2세대로 분류됩니다. 그의 선생님들이 1세대인데, 2세대는 1세대하고 달랐나 봅니다. 그 중간 역할을 한 사람이 클레랑보(Gaëtan Gatian de Clérambault, 1872-1934)인데, 그를 통해서 라캉은 프로이트를 알게 되고, 그의 책도 접하게 됩니다. 박사논문을 쓴 다음에 헤겔 철학 강의로 유명한 코제브(Alexandre Kojève)의 강의를 듣기도 하면서 정신의학을 철학의 언어로 표현하는 기술을 터득하게 됩니다.

이렇게 정신과 의사가 문학에도 관심을 가지고, 철학에도 관심을 가졌는데, 그는 고등학교 때부터 특히 스피노자에 관심이 많았는지 스피노자의 대표 저서 『에티카(*Etique*)』의 표지뿐 아니라 스피노자의 윤리학 체계를 분석한 도표도 방 벽면에 붙여 놓기도 하였습니다. 데카르트가 이성에 대해 관심을 보였다면 스피노자는 주로 인간의 감정을 다루는 학자였지 않습니까? 물론 아리스토텔레스가 『니코마코스 윤리학』에서 감정에 대해서 이야기를 하지 않습니까? 여러분이 잘 아시는 것처럼 '중용'이 그가 제시한 감정 이론이었습니다. 중용이 무엇입니까? 중간치를 말하는 것이 중용이지 않습니까? 그러니까 우리가 감정을 이야기할 때 어떤 감정의 평균치를 이야기하는 겁니다. 용감하다는 것이 무엇이냐? 용감하다는 것은 사람마다 다른데, 작은 용기는 어떤 거고, 큰 용기는 어떤 것이기에, 중간적인 용기는 어떤 것이라고 규정하는 겁니다. 사랑도 그렇고, 슬픔도 그렇고, 미움도 그렇고, 그런 감정의 평균치를 거론하는 겁니다. 그래서 균형 잡힌 인간이 되어라 그렇게 이야기를 했던 겁니다.

그런데 스피노자가 그걸 생각해 볼 때 과연 인간이 그게 가능한 것인지에 대해 질문을 제기합니다. 모든 사람이 평균치의 감정을 갖는 게 맞는 것인가? 이런 것에 대해서 생각을 하게 된 것입니다. 그렇지만 스피노자의 감정에 대한 관점은 사람들에게 잘 전달되지 못했습니다. 왜냐하면 라틴어로 글을 썼는데, 번역에 있어서 이견이 있었기 때문입니다. 가령 이렇게 번역하면 이런 해석이 나오고, 저렇게 번역하면 저런 해석이 나오는데, 라캉은 '사람마다 감정의 기복이 다르다'는 식의 번역을 차용해서 그걸 밀고 나갑니다. '사람마다 감정의 기복이 다 다르다'는 이런 인식 속에서 살게 된 라캉은 기존의 사람들이 생각하는 인간에 대한 태도와는 굉장히 많은 차이를 나타냅니다. 이것은 내담자를 대하는 의사이자 정신분석가인 라캉이 사례를 대하는 태도와 연관됩니다. 즉, 라캉식 정신분석 이론에 따르면, '모든 사례는 개별적인 사례다'는 관점을 견지합니다. 우리가 요즘 가족 상담, 집단 상담 등 여러 유형의 상담을 하지 않습니까? 이때 상담 해석에 임하게 되는데, 의학 영역이 아닌 상담학에서도 진단을 위해 미국정신의학회에서 정립한 DSM(정신질환의 진단 및 통계 편람 Diagnostic and Statistical Manual of Mental Disorder) 같은 기준을 사용합니다. 이것은 매우 실용적인 측면이 있습니다. 그런데 라캉 쪽에서는 그런 거를 만들지도 않고 사용하지도 않습니다. 이 부류의 사람들이 그런 걸 만들 줄 몰라서 안 만들겠습니까? 이론이 다르기 때문에 다른 길을 가는 것입니다. 한 사람을 분석해서 그 사람만을 위한 치료 진단을 하는 것입니다. 그러니까 DSM과 같은 공통적인 매뉴얼이 필요가 없는 겁니다. 라캉에게 그런 생각을 가져다주었던 것이 아마도 스피노자의 그런 생각이 아니었을까 추측해 봅니다. 사람은 다 다르기 때문에 획일적으로 어떤 매뉴얼을 만들 수가 없다는 겁니다.

프로이트로 돌아가다

라캉식 정신분석은 자아심리학Ego psychology이라는 진영이 해석한 프로이트에 맞서, 다시 프로이트의 원전으로 돌아가서 살펴보자는 취지에서 출발합니다. 그렇기에 안나 프로이트 이후 하르트만에 의해 주도되는 미국식 실용적인 학문의 틀에서 이해된 정신의학-정신분석에 질문을 제기하는 것입니다. 여러분 중에 자아심리학에 기반을 둔 상담을 하시는 분이 계신지요? 라캉식 정신분석은 기본적으로 자아심리학의 이론을 재고하는 것이니만큼 그것을 이해하시고 접근하시면 좋을 것입니다.

라캉이 30대에 망상증 사례를 연구하여 박사가 된 만큼, 정신증은 그의 출발점이었습니다. 그러니까 그가 정신증의 메커니즘을 더 깊게 연구하기 위해 헤겔 철학에 접근한 것일 수 있습니다. 정신증이라는 것은 여러분이 아시는 것처럼, 안팎을 구분하지 않는 것입니다. 내 것, 네 것을 구분하지 않고 전체로 보는 것입니다. 아기가 태어나면 내 것, 네 것 구분이 없지 않습니까? 그러다가 자기 위주의 관점을 갖지 않습니까? 그런데 점점 타인하고 나를 분리해 가는 과정이 생기게 되는데 그것을 소외라고 부릅니다. 소외가 부정적인 것인지 긍정적인 것인지는 어떤 입장에서 보느냐에 따라 다른 의견이 나올 것입니다. 정신분석적 관점에서 보면, 실재의 세계에서 분리되어 나만의 어떤 세계를 가져야 된다고 주장하는데, 그런 세계로 들어가지 못하면 자폐 같은 상태가 되고, 자기 세계를 외부 세계와 혼돈하면 망상이라고 합니다. 분리가 되지 않아 실재의 세계에 갇혀 자신의 세계로 들어가지 못하면 자기가 추구하는 독특성이 나오지 못하고, 비분리에 따른 정신증적psychotic 상태에 머물게 됩니다.

정신증적 상태는 헤겔 철학을 통해 잘 설명되는데, 이때 라캉이 도입하는 이론이 바로 '거울이론'입니다. '거울이론'은 거울에 맺히는 상에 따라 여러 단계로 설명이 되는데, 어쩌면 라캉식 발달이론이라고 볼 수 있습니다. 라캉이 처음 이 이론을 제시한 것이 1936년이고 1949년에는 잡지에 기고도 합니다. 그러니까 라캉의 30대, 40대는 발달이론 정립 시기라고 말할 수도 있습니다. 인간 정신의 발달에 대한 이론을 '거울이론'이라는 걸 가지고 설명한 것입니다. '거울단계' '거울이론' 많이 들어 보셨죠? 이 장치의 근본은 『꿈의 해석』 7장에서 프로이트가 제시한 현미경과 망원경이고, 또한 그 당시에 발달한 사진 기술과 영상 매체입니다. 당시 예술에서 빛의 원리에 따른 작품 활동이 유행하는데(가령 인상파 화가들), 정신의학 및 정신분석에서 활동한 라캉도 그것을 나름대로 받아들여 응용한 것이라고 이해할 수 있습니다.

제3강에서 살펴볼 '주체는 어떤 과정을 통해 발달하는가?'에서 더 자세히 보겠지만, 거울이론을 거치면서 라캉은 50대에 이르고, 자신이 이해한 인간 정신의 발달에 관해 대중들과 소통하기를 원했습니다. 그래서 1951년부터 공개 세미나를 시작합니다. 1951~52년 무렵부터 '세미나 -1, 0'을 했는데, 이때는 지인들을 모아 집에서 했습니다. 마치 가정교회처럼 집에서 시작한 것입니다. 그러다가 생탄(Sainte-Anne)병원에서 공간을 얻게 되어 1953년 11월부터 세미나 1을 시작으로 열 번의 세미나를 하게 됩니다. 그 이후 열한 번째 세미나부터 여섯 번의 세미나는 파리고등사범학교(Ecole normal supérieur)에서 하고, 열일곱 번째 세미나부터 스물한 번의 세미나는 팡테온 법과대학(Faculté de droit du Pantheon)에서 하게 됩니다. 집에서 시작된 세미나는 대형병원으로 장소를 변경하면서 정신분석의 기술적 측면을 섬세하게 다루게 되었고, 그런 과정에서 점점 유명세를 탔고, 대학에서 강의할 때는 천 명에 달하는 청중들이 함께 하였습니다. 이렇게 라캉의 세미나는 종료되고 이듬해 가을, 라캉은 타계(1981.9.9)합니다.

이런 행보 중에 여러분이 아시듯이 『에크리(*Écrits*)』가 1966년에 나왔는데, 그 당시에 20만 부 정도가 팔렸다고 합니다. 1953년부터 1980년까지 세미나를 했으니까, 그 중간에서 『에크리』가 나왔다고 보면 되겠습니다. 이 책은 사람들에게 라캉을 알리는 계기가 되었습니다. 그는 혼자가 아니었습니다. 처음부터 그는 프로이트와 함께였습니다. 그가 개최한 공식 세미나의 슬로건이 '프로이트로 돌아가자!'였는데, '돌아간다'는 말은 불어로 'retourner', 즉 '돌아간다'는 말도 되고, '다시 생각해 보자'는 말도 되고, '의심해 보자'는 말도 됩니다. 그는 세미나 1강을 진행하면서 '프로이트의 저작에 쓸데없는 부분이 전혀 없다는 사실은 여러분도 잘 알고 계실 겁니다'라고 말합니다. 프로이트의 그것이 긍정적인 측면이건 부정적인 측면이건 간에 라캉은 프로이트가 남긴 것을 최대한으로 활용한다는 것을 알 수 있습니다.

정신분석의 역사에서 볼 때, 1951년 당시의 유럽 정신분석학파는 대략 세 분파로 구분됩니다. 1938년에 프로이트가 영국으로 간 이듬해에 죽는데, 그가 죽고 나자 안나 프로이트 진영과 클라인(Klein) 진영의 논쟁은 1945년에 극에 달하고 대논쟁에 따른 대분열이 일어납니다. 이때 정신분석의 교육과 예방을 강조한 안나 프로이트, 치료에 강점을 둔 클라인, 그리고 중간 입장을 취하는 위니코트(Winnicott) 등 세 개의 그룹이 생깁니다. 이런 때에 라캉은 '프로이트에게로 돌아가자!' '프로이트를 다시 생각해 보자!' 그런 겁니다. 그래서 첫 번째 세미나 주제가 프로이트의 테크닉, 즉 프로이트 정신분석의 기술론입니다. 유럽은 한 학기를 9월부터 다음 해 6월까지로 잡습니다. 그런 식으로 해서 1년에 하나의 주제를 가지고 세미나를 했는데 총 스물일곱 번의 강의를 했습니다. 필자의 책 『자크 라캉의 《세미나》 읽기』 8페이지에는 출판된 것과 출판되지 않은 것이 무엇인지, 세미나 전반에 관해 나와 있습니다. 라캉의 저작은 크게 둘로 나누는데, 하나는 말로 행한 세미나이고 또 하나는 글로 쓴 것입니다. 조금 전에도 말씀드린 대로 『에크리(*Écrits*)』는 영어로 표현하면 Written입니다. 라캉 자신이 글로 쓴 것을 1966년에 책으로 펴냅니다. 그다음에 2001년에도 『다른 에크리(*Autres Ecrits*)』가 나왔습니다. 첫 번째 『에크리』가 20만 부나 팔렸다는데, 이 책을 읽어도 사람들이 이해를 하기가 쉽지 않았다고 합니다. 왜 어려울까요? 이해를 못 하는 건 말이 어려운 것도 있지만 라캉이 집약해서 글을 썼기 때문입니다. 가령 일 년 동안 세미나를 열게 되면 세미나 내용을 축약해서 글에다 담습니다. 그래서 그것을 자세하게 설명하지 않는다면 그 글을 이해하기가 쉽지 않은 겁니다. 강의에 참석했던 사람들은 이해할 수 있겠죠? 그래서 『에크리』라는 책을 읽으려면 라캉이 했던 세미나에 접근해야 합니다. 다행히도 그는 자신의 세미나를 녹음하거나 속기했고, 제자들은 강의를 기록했습니다. 이런 방식은 예전부터 유럽에서 해 왔던 속기 전통 속에 과학기술을 도입한 것입니다. 가령 라캉이 제시했던 '욕망의 그래프' 같은 게 있습니다. 이것을 네 번째 세미나에서부터 여섯 번째 세미나에 걸쳐 설명합니다. 이 세미나들에서는 '욕망의 그래프'의 기본 형식에서부터 완성 형식에 이르기까지 자세한 설명이 나옵니다. 그런데 『에크리』에는 그런 설명이 제시되지 않습니다. 3년에 걸쳐 완성한 그래프를 하나의 논문에서 설명하려니 그것을 접하는 사람들이 쉽게 이해할 수는 없었겠죠? 지금까지 출간된 라캉 관련 책을 보면, 이 그래프를 자세하게 설명하거나 안내하지는 못하고 있다고 생각됩니다. 그렇기에 『세미나』 4, 5, 6권이 출간되어 있으니 『세미나』를 통해 라캉식 사유에 접근하는 것이 중요해 보입니다.

한국 사람이 라캉에 접하기란 쉬운 것이 아닙니다. 프랑스에서 16권의 세미나가 출판되었는데 영어판은 이보다 적을 것입니다. 필자도 아홉 번째 세미나를 중심으로 박사 논문을 썼는데(1998년 여름), 이게 지금도 출판되지 않고 있습니다. 정신분석에서 Identification(정체화, 동일화, 동일시)에 대해 말은 하지만, 라캉이 말하고자 했던 것이 무엇인지에 대해서는 접근하기가 쉽지 않습니다. 굉장히 깊이 있는 내용을 다루고 있는데, 이 책이 출간되어 많은 연구자들이 읽어 더 연구가 진전되면 좋겠습니다. 이렇게 라캉에 접근하기 어려운 것은 그의 글 자체에 접근하기가 어렵기 때문일 수도 있습니다. 한국에서는 세미나 11권이 2008년에 번역되었고, 2016년 8월에 세미나 1권이 번역되었습니다. 새물결 출판사는 라캉의 저서 전체에 대한 저작권을 가지고 있는데, 한글로 번역된 원고는 프랑스 출판사에서 승인을 받아야 출판을 할 수 있습니다. 그렇기에 라캉의 글을 우리말로 읽으려면 오랜 세월이 걸릴 것으로 예상됩니다.

정신에 비계를 설치하다

'프로이트로 돌아간다'는 게 무슨 의미입니까? '프로이트로 돌아가서 정신분석 기술을 발전시킨다'는 게 어떤 의미일까요? 정신의학 전문의 라캉이 생각할 때, 정신분석 기술을 발전시키려면 거기에 대한 토대 이론이 있어야 할 것이 아니겠습니까? 그래서 그는 정신분석을 창시한 프로이트를 다시, 전체적으로 재조망하고자 한 것입니다. 여러분들은 프로이트에 대해서 어떻게 생각하십니까? 우리는 지금 '열린책들'에서 펴낸 프로이트 선집을 갖고 있습니다. 예전에는 스무 권이 나왔었는데, 어느 순간부터 열다섯 권으로 줄여서 펴내고 있습니다. 그래서 프로이트 선집이 두 질이 되어 버렸습니다.

라캉은 프로이트의 저작 전체를 조망하면서 전기 프로이트와 후기 프로이트를 구분합니다. 여러분이 잘 아시는 것처럼, 전기 프로이트는 1차 위상first topic에 해당하는 시기입니다. '무의식, 전의식, 의식'의 심급審級, Instance을 말하는 시기죠. 다음으로 2차 위상

second topic인 '이드, 자아, 초자아'를 말하던 시기가 후기 프로이트입니다. 그런데 왜 프로이트가 두 개의 위상topic을 이야기하게 되었을까요? 이런 질문에서 전기와 후기가 나눠지고, 프로이트의 변화를 살필 수가 있습니다. 이런 변화 과정은 정신분석 기술과 밀접하게 관련이 있습니다. 그렇기에 프로이트를 안다는 것이 무엇인지에 대하여 라캉은 도전장을 내밀고 있습니다. 앞서 말씀드린 대로, 안나 프로이트를 중심으로 한 자아심리학이 프로이트의 근본 토대를 잘 반영하는 것인지, 클라인이 프로이트의 진정한 후계자인지, 아니면 또 다른 방식의 프로이트 해석을 해야 하는지, 라캉을 따라가다 보면 그 길이 나타납니다.

라캉이 이해한 프로이트는 'Imaginaire, Symbolique, Réel'로 정리됩니다. 한국에서는 Imaginaire를 상상적인 것, 상상계라고 번역하고, Symbolique를 상징적인 것, 상징계, Réel을 실재적인 것, 실재계로 번역하고 있습니다. 여기서 '계(界)'는 경계(經界)를 의미할 수도 있고, 층계(層階)를 의미할 수도 있습니다. 즉, 정신의 경계, 정신의 층계를 의미합니다. 상상적인 것의 '경계나 층계'에 머물다가 상징적인 것의 '경계나 층계'로 넘어가는 것을 의미합니다. 여기서 중요한 것은 '실재적인 것' 즉 '실재'를 이해하는 것입니다. 실재적인 것은 상상적인 것이 작용할 수 있게 하는 것입니다. 상상적인 것이 작동하면서 실재적인 것과 분리가 됩니다. 그렇기에 실재적인 것을 정신의 구조에 넣을 수 있을지 질문하게 됩니다. 이처럼 정신의 작동 과정을 설명할 때, 프로이트가 '무의식, 전의식, 의식'

'이드, 자아, 초자아'라고 했다면, 라캉이 '상상적인 것, 상징적인 것, 실재적인 것'이라고 설명하는데, 이를 두고 라캉은 비계(das Gerüste, l'echafaudage, 飛階, 骨組)라고 말합니다. 비계란 건설, 건축 등 산업현장에서 쓰이는 가설 발판, 즉 시설물 유지 관리를 위해 사람이나 장비, 자재 등을 올려 작업할 수 있도록 임시로 설치한 가시설물 등을 일컫습니다. 건설 현장에서는 일본어로 '아시바(あしば, 足場)'라고 말하기도 합니다. 건축물이 완성되거나 작업이 끝나면 비계는 철거됩니다. 비계가 없다면 건축물의 층계는 올라가지 못할 것입니다. 건축의 비계란 건축물을 올라가게 하는 데 도움을 주는 것이지만 건축물 자체(der Bau)는 아닙니다. 정신의 비계도 정신 자체는 아닙니다. 건축가마다 나름의 건축 비계를 설치하듯이, 정신분석가도 나름의 정신 비계를 가설하는데, 라캉은 프로이트로 돌아가서, 프로이트를 의심해 보고, 프로이트에 대해서 나름대로 자기가 만들어 낸 정신의 비계로 인간의 정신을 설명했습니다. 그렇기에 프로이트와 라캉을 공부한다는 것은 프로이트의 심급과 라캉의 비계를 통해 실재로서의 인간 정신을 바라보는 것입니다.

다양한 분야에서 사례를 구하다

여러분이 생각하실 때 프로이트가 제시한 1차

위상과 2차 위상 중 어느 부분이 강조되어야 된다고 생각하시는지요? 1차 위상이 더 중요하다고 생각하십니까, 아니면 2차 위상이 더 중요하다고 생각하십니까? 또는 둘 다 중요합니까? 1차 위상의 프로이트를 전기 프로이트라고 부른다면 2차 위상의 프로이트는 후기 프로이트라고 부른다고 했습니다. 프로이트는 저서를 낼 때마다 대부분 자신이 경험한 사례를 근거로 하였습니다. 그렇기에 그가 설명하는 이론을 이해하는 데 그렇게 어려움은 없습니다. 단지 내용이 방대하다 보니까 그런 것을 다 접하기까지 노력과 시간이 필요하다는 것이지요. 반면에 라캉은 단지 1931년의 박사논문에서 다룬 사례를 제외하고는 자신의 사례를 사용하여 자신의 이론을 설명하지는 않습니다. 프로이트가 내담자의 유년기 관점에서 사례를 이해하였다면, 라캉은 내담자의 성년기 관점에서 사례를 이해한다고 말할 수 있을까요? 이렇게 말할 수 있다면, 프로이트의 관점은 어떤 면에서는 이해가 용이하지만 라캉의 관점은 좀 복잡한 데가 있을 것입니다. 우리가 라캉에 접근하기 어려운 이유는 라캉이 사용하는 언어가 성년의 것이고, 성년 중에서도 철학이나 문학 등 다방면에서 박식한 성년의 지식이 녹아 있기 때문일 것입니다. 단편적으로 볼 때 라캉을 이해하려면, 언어학을 이해해야 합니다. 기표니 기의니 하는 것은 소쉬르에서 유래하고 환유의 축이니 은유의 축이라고 하는 것은 야콥슨에서 기인합니다. 하지만 프로이트는 이런 학자를 몰랐고, 그런 와중에도 말실수, 오타 등 일상생활에서 발견되는 정신병리를 말했고, 전치니 응축이니 하는 것을 이야기했습니다.

여러분 가운데 어떤 분은 라캉이 자신의 사례를 제시하지 않기 때문에 라캉이 상담과정을 운영해 보지 않은 이론가에 불과하다고 생각하기도 합니다. 하지만 그렇지 않습니다. 그는 우선 약물을 취급하는 정신과 의사였으며, 말로 치료하는 정신분석을 학문의 영역으로 자리 매기기 위해 상담과정에서 경험한 것을 이론으로 정립한 정신분석가였습니다. 필자가 정신분석'학(學, -logy)'이라고 말하지 않고 '정신분석'이라고 말하는 것도 아직 학문의 한 영역으로 자리매김하지 못한 것과 대학에서 하나의 학과로 수용되지 못한 실정을 염두에 둔 것입니다. 라캉이 자신의 사례를 직접적으로 제시하지 못한 데는 이유가 있습니다. 라캉이 박사논문에 다룬 사례의 사람은 '에메'라는 가명으로 표기되었는데, 그녀의 본명은 마르그리트 앙지외입니다. 그녀의 아들이 바로 나중에 정신분석가가 된 디디에 앙지외(Didier Anzieu)입니다. 그는 『프로이트의 자기분석』이라는 책을 펴내기도 했습니다. 그는 라캉의 '에메'가 자신의 어머니인 것을 몰랐었지만 어머니가 그 사례를 알게 되면서 '에메'가 자신의 어머니임을 알게 됩니다. 이 와중에 라캉은 마음고생을 합니다. 프로이트 때만 해도 가명으로 사례를 말하는 데 큰 어려움은 없었지만 라캉 때에는 좀 달랐던 것 같습니다. 그래서 이런 일을 겪은 라캉은 일절 자신의 사례를 말하지 않습니다. 그렇기에 그는 자신의 의견을 설명할 수 있는 사례가 절실했던 거죠. 그래서 그가 프로이트로 돌아가자, 프로이트의 저작으로 돌아가자고 외쳤을 것입니다. 그는 프로이트가 제시한 사례와 그에 대한 해석을 면밀하게 검토하면서 자신의 의견을 개진했습니다. 또한 라캉은 멜라니 클라인의 사례도 검토하면서 자신의 의견을 제시했습니다. 그는 자신의 입장을 알리기 위해 플라톤의 저작을 끌어들이기도 하고, 시대를 넘나들면서 철학서적이나 문학, 미술, 음악작품, 영화, 수학이론 등을 활용합니다. 이런 수많은 자료 가운데 단연 대표적인 것은 프로이트의 것입니다. 그렇기에 라캉을 접하려면 우선적으로 프로이트의 것을 접해야 합니다. 프로이트의 저작만 해도 방대하죠. 그런데 여러 영역을 더 이해해야 합니다. 이렇게 라캉을 공부하다 보면, 라캉을 철학자로 보기도 하고, 문화평론가로 보기도 하는 등 독자의 관점에서 라캉을 이해하게 됩니다. 그러나 라캉이 이렇게 다양한 자료를 활용하는 데는 그만의 목적이 있습니다. 그것은 정신분석 치료의 기술에 관계됩니다. 그는 치료기술방법을 학문적으로 정립하고자 했습니다. 가령, '전이'를 다룬 여덟 번째 세미나를 보면, 거의 10주 동안 플라톤의 『향연』을 가지고 이야기합니다. 이 책은 오래전부터 여러 분이 번역해 놓았기에 우리는 다양한 우리말 버전으로 접할 수 있습니다. 의사와 환자 사이의 관계를 설명하는 세미나에서 플라톤의 『향연』이 도입되는 이유를 잘 들여다보지 못한다면, 그는 철학 저서 주석가로 이해될 수도 있을 것입니다. 또한 이어서 그는 프랑스 작가 폴 클로델(Paul Claudel)의 3부작 소설이 있는데, 그것을 또 한동안 들여다봅니다.(한국에 번역되지 않은 소설입니다.) 라캉의 글을 읽으려면 그가 제시하는 소설의 내용 자체를 알기 위해서 또 읽어야 하고, 그걸 라캉이 어떻게 분석하는가를 읽어야 하고, 그래서 어렵습니다.

그렇지만 그는 문학평론가가 아닙니다. 그는 이런 자료를 통해 사례를 구하고, 그 사례를 설명하는 도구로서 정신분석의 이론을 적용합니다.

말(語)의 정신분석을 구현하다

필자는 앞서 라캉이 정신을 설명할 때 사용하는 비계 3가지를 말했습니다. 거울단계를 거론했던 1930-40년대에 그는 상상계(I)-상징계(s)-실재(r) 순으로 설명했고, 세미나를 시작했던 1950년대에는 상징계(S)-상상계(i)-실재(r) 순으로 전개했지만, 1960년대에 들어서면서는 실재(R)-상징계(s)-상상계(i) 순으로 강조점에 변화를 두었습니다. 즉, Isr → Sir → Rsi 순으로 변천되었습니다. 후기로 갈수록 수학을 도입합니다. 한국에도 『지적 사기』라는 책이 번역되어 나와 있습니다. 이 책의 저자들은 라캉이 도입한 수학은 수학이 아니라는 것입니다. 이는 프로이트가 쓴 『토템과 터부』나 『인간 모세와 유일신교』가 인류학자나 신학자로부터 받은 평가와도 맥을 같이합니다. 프로이트나 라캉이 인류학자, 신학자, 수학자로부터 이런 평가를 받은 이유는 그들이 사용한 다양한 학문에 속하는 자료들을 다른 의도로 사용했기 때문입니다. 하지만 그 분야의 전공자들은 그들의 의도를 몰랐고, 그 의도를 알았더라도 그것을 용납하려고 하지 않았을 것입니다. 프로이트와 라캉은 그런 분야의 자료들을 정신분석의 눈으로 보았습니다. 그렇기에 프로이트와 라캉을 이해하려면 그들이 의도하는 바를 인정하고 그들을 따라가 보아야 합니다.

라캉 사유의 큰 특징 가운데 하나는 '말語, parole'입니다. 그는 말에 대해서 엄청나게 고민하고 그것을 정립한 사람입니다. 사실 상담학이 다 말로 하는 것이지 않습니까? 말하면 말을 듣는 것, 이것이 상담이지 않습니까? 아주 간단한 원리입니다. 그런데 어떤 사람이 나한테 말을 하면 그 말을 곧이곧대로 들어야 하는 것인지, 그 사람이 가지고 있는 단어의 개념과 내가 가지고 있는 단어의 개념이 같은지 등을 고려하게 됩니다. 앞서 말씀드린 대로 개인마다 다 감정의 차이가 있는 것처럼, 개인이 갖고 있는 어휘사전은 다 다릅니다. 우리는 각자의 사전을 가지고 있다고 볼 수 있지 않습니까? 나는 이런 식으로 이야기했는데, 저 사람은 저런 식으로 듣는 것이 있지 않습니까? 아무리 우리가 어휘의 사전적 의미를 열심히 배웠다 하더라도, 우리 나름대로 다른 사전을 가지고 있는 거죠. 우리가 사용하는 말의 의미를 사전의 테두리 안에 가두려는 시도와 이 시도를 벗어나려는 시도, 이 두 시도가 부딪친다는 것을 우리는 경험적으로 알고 있습니다. 특히, 상담에서는 내담자의 이야기에 의존하는데, 이때 내담자가 갖고 있는 어휘의 내용이 무엇인지를 아는 게 상담의 기본이라고 볼 수도 있습니다. 가령, 요즘 상담이론의 대세가 '인지이론'이라고 하는데, 인지에는 양가인지가 있지 않습니까? 어떤 것에 대해 최소한 두 가지 인지가 있다는 것입니다. 어떤 것에 대해 좋은 인지를 갖고 있다면 좋은 관계를 갖겠지만, 나쁜 인지를 갖고 있다면 좋은 관계를 가질 수 없습니다. 그래서 어떤 것에 대해 갖고 있는 나쁜 인지를 좋은 인지로 전환시키는 것이 치료 방안으로 제시되는 것입니다. 그렇게 하려면 어떤 것에 대한 양가인지를 찾아내야 합니다. 가령 형의 입장에서 동생은 나쁜 존재라고 생각한다면, 형제의 우애는 이루어질 수 없습니다. 그래서 형제간의 평화를 위해서는 형이라는 자존감 회복보다도(인간중심이론), 토근법에 따른 상벌 규칙보다도(행동주의이론), 동생이라는 존재에 대한 형의 이해를 제고하게 되는 것이죠. 이런 '인지이론'은 라캉의 관점에서 볼 때 기본적으로 수용되고 있습니다. 그렇기 때문에 라캉은 내담자가 말한 말의 내용을 풀 수 있는 도구를 만들려고 노력했습니다. 그래서 주변 학문에 관심을 많이 갖습니다. 여러 부류의 사람들이 라캉의 강의에 참여했고, 질문하면서 여러 책도 소개해 주면 그것들을 읽고 그게 또 반영된 것이겠죠. 그래서 라캉 후기로 가면 갈수록 라캉식 정신분석이 굉장히 복합적인 학문이 되어 있는 겁니다. 한국에 라캉이 들어온 경로는 주로 문학비평 영역을 통해서입니다. 국문학이나 영문학과 같은 분야에서 활동하는 비평학자들이 문학이론으로 도입했고, 경제학, 정치학, 예술학, 종교학 등에서도 사용했죠. 상담심리 영역에서는 프로이트를 정신역동의 관점에서 이해합니다. 라캉식 정신분석이 인문학적 성향을 갖는다면, 심리학은 사회학이나 의학, 공학 등과 결합하여 학문을 전개하고 있습니다. 한국에는 정신분석 관련 학회가 두 개 정도 있는데, 그중 '한국정신분석학회'는 정신과 의사의 모임이고, '한국라캉과현대정신분석학회'(2017년 12월, 이 학회는 한국현대정신분석학회로 개명했습니다)는 복합학에 속한 모임인데, 회원 중에는 의사 분도 계시지만 대부분의 회원은 각기 자신의 전공 영역을 갖고 있습니다.

정신분석은 사람을 치유하는 기술에 관한 학문이지 않습니까? 생각보다 기술의 구조는 굉장히 간단합니다. 환자와 의사, 내담자와 상담자 간의 관계가 바로 그것입니다. 라캉은 이 관계를 일컬어 무의식의 관계라고 하고, 언어활동처럼 짜인 관계라고 말합니다. 상담(정신분석)이란 증상을 가진 내담자가 상담자에게 말하는 것인데, 이때 증상의 구조는 언어활동처럼 짜인 구조입니다. 그렇다면 언어활동처럼 짜인 증상(무의식)을 어떻게 풀어낼 수 있을까 하는 물음이 나옵니다. 여기서 정신분석의 기술이 제기됩니다. 세 번째 세미나(1956년 3월 14일 강의)에서 라캉은 "모든 정신분석 현상은 언어활동처럼 짜인다"고 말합니다. 이런 결론은 다음과 같은 질문에서 비롯됩니다. 프로이트의 1차 위상인 '무의식, 전의식, 의식'에서 무의식은 어디에 있습니까? 환자의 뇌 깊은 부분에 있습니까? 그래서 심층심리학이라고 부르나 봅니다. 아마도 1차 위상의 테두리에서 생각하면 그렇게 생각할 수도 있을 거예요. 그런데 2차 위상으로 넘어가면 프로이트는 모든 것이 무의식에서 비롯된다는 확신을 가집니다. 1차 위상에서 의식은 무의식이 아니고, 전의식은 중간의 매개 지점에 불과하지 않습니까? 그런데 프로이트가 무의식의 형성물이나 무의식의 재현 등을 연구해 가면서 모든 게 무의식이라고 말합니다. 단지 해석이 될 수 있는 무의식과 해석이 될 수 없는 무의식이 있다고 말할 정도로 무의식을 중심에 둡니다. 1차 위상의 시기 때, 꿈을 이야기하면서 '꿈의 내용'과 '꿈의 사고'를 말합니다. '꿈의 사고'는 알 수 없는 거고, '꿈의 사고'의 재현(기억)이 바로 '꿈의 내용'이라고 말하지 않습니까? 모든 것이 무의식에서 비롯된다고 말한 2차 위상의 구도 '이드, 자아, 초자아'에는 무의식의 심급이 명기되지 않았습니다. 왜냐하면 모든 것이 무의식에서 비롯되기 때문입니다. 문자적으로는 무의식이 나타나지 않습니다만 무의식에서 비롯되는 것 중에 알 수 없는 어떤 것이 '이드Es, Id'고, 무의식의 재현이 바로 '자아Ich, Ego' 곧 '나'이고, 내 위에 있는 또 다른 무의식의 재현이 초자아 Über-Ich, Super-Ego 곧 '위에 있는-나'입니다. 2차 위상이 독일어에서 영어로 번역되면서 좀 다른 느낌을 갖게 되었고, 한글로 번역되는 과정에서도 그렇습니다. 독일어로 볼 때는 'Es, Ich, Über-Ich'이고, 이것을 라틴어로 번역해 보면 'Id, Ego, Super-Ego'인데, 영어 번역은 라틴어 번역을 따랐습니다. 단순히 영어 번역으로 하면, 'It, I, over-I' 일 듯합니다. 여기서 '~위쪽에' '~보다 상위에' 등을 의미하는 독일어 Über는 라틴어에서 '~위쪽에' '그 이상으로' '그 외에' 영어에서 '극도로' '~위쪽에' 등의 의미를 갖습니다. Über가 장소적인 측면(위상학)에 강조점을 두는지, 권력적인 측면(역학, 역동)에 강조점을 두는지에 따라 초자아의 의미는 바뀔 것입니다. 그렇다면 정신의 비계를 '상상계, 상징계, 실재'라고 말하는 라캉이 언어활동처럼 짜인 무의식이라고 말할 때, 프로이트의 제1, 2차 위상을 어떻게 받아들인다고 봐야 할까요? 언어활동처럼 짜인 모든 것을 무의식이라고 말하는 라캉은 기본적으로 프로이트의 2차 위상에서 출발한다고 말할 수 있을 겁니다. 하지만 언어활동의 구조를 환유의 축과 은유의 축으로 나눈다는 점에서 볼 때, 1차 위상을 정립한 『꿈의 해석』에 머문다고도 볼 수 있습니다. 프로이트는 1899년 12월 정도에 출판된 『꿈의 해석』에서 단어의 기표적 특성을 부각시켰을 뿐만 아니라 무의식의 1차 과정을 압축condensation과 전치déplacement로 설명했습니다. 현대언어학의 선구자인 소쉬르가 죽자 그의 제자들은 스승의 강의록을 정리하여 『일반언어학 강의』를 펴냈는데, 소쉬르가 말한 기호 개념은 이미 프로이트가 꿈 해석의 원리 가운데 하나로 사용하였습니다. 그리고 야콥슨이 1956년에 환유의 축과 은유의 축을 말했지만, 언어학을 몰랐던 프로이트는 그 두 축을 이용하여 무의식의 1차 과정을 설명하였습니다. 어떤 면에서 보면 라캉이 프로이트의 2차 위상에 근거하여 언어활동처럼 짜인 무의식을 주장하는 듯하지만, 그것의 근원이 이미 프로이트의 1차 위상 시기에 있음을 알 수 있습니다. 이렇게 라캉은 프로이트를 다시금 조명하면서 그의 가치를 높이고 있습니다.

간략한 '라캉의 생애와 사상'은 여기서 멈추고, 앞으로 진행할 다섯 개의 주제를 통해 더 구체적으로 살펴보겠습니다. 그 다섯 가지는 우선, '인지과학의 등장 앞에 선 라캉: 언어활동처럼 구조화된 무의식l'inconscient과 빅 데이터Big Data'이고, 두 번째는 '주체는 어떤 과정을 통해 발달하는가? 욕동la pulsion의 이원성과 4차 산업혁명 시대의 거울단계이론'입니다. 세 번째는 '감정의 학문으로서 정신분석의 전이le transfert: 분석수행자가 안다고 가정된 주체에게 보내(야 하)는 것들'이고, 네 번째는 '첫사랑은 어떻게 다시 돌아오는가? '구멍'을 둘러싼 반복la repetition에 관한 담론'이며, 마지막 다섯 번째는 '키덜트에 담긴 라캉식 논의: 구멍을 메우는 요구의 대상 팔루스phallus와 욕망le désir의 대상 오브제 아objet *a*에 관해'입니다.

제 2 강

인지과학의 등장 앞에 선 라캉:

언어활동처럼 구조화된 무의식l'inconscient과 빅 데이터

지금 우리가 다룰 주제는 '인지과학의 등장 앞에 선 라캉' '인지과학 시대에 임하는 라캉'입니다. 즉, 당시 대두된 인지과학에 대하여 라캉식 정신분석이 어떤 입장을 표명하는지 살펴보고자 합니다.

제가 출퇴근 시 라디오를 듣는데, 주로 뉴스 채널을 듣습니다. 이때 심심찮게 들려오는 게 '빅 데이터Big Data' 이야기입니다. 제가 아는 문헌정보학과 교수님의 세부전공이 바로 이겁니다. 그래서 제가 그분께 네이버, 다음 등의 포털 사이트에 접근해서 특정한 시기의 데이터를 어떻게 얻을 수 있느냐고 물으니, 프로그램 하나만 있으면 그런 자료에 접근할 수 있다고 했습니다. 제가 생각하기로는 주요 포털 사이트 기관에서 일하시거나 친분이 있는 분만 자료를 얻을 수 있을 듯했는데, 누구에게나 열려 있다는 것입니다. 가령, 이번 주에 네티즌이 가장 많이 검색한 단어는 무엇인가? 특정 연령에서 가장 많이 검색한 것은 무엇인가? 성별에 따른 검색 순위는 무엇인가? 등을 알 수 있다는 겁니다. 참 신기하죠? 이런 자료를 통해 다양한 것을 할 수 있을 겁니다. 마케팅에 사용할 수도 있고, 정책에 활용할 수도 있을 것입니다.

프로이트,
라캉,
인지과학

제가 왜 빅 데이터 이야기를 하냐면, 상담이란, 상담실에서 환자와 의사가 나눈 대화니까, 이것을 녹음하고 필사하여 빅 데이터를 구한다면 상담에 유용하지 않을까 하는 생각 때문입니다. 우선 빅 데이터 자료를 정리하는 것이 중요하지만 그 자료를 해석하는 것도 중요하겠죠? 상담도 해석이 중요하다는 것은 우리가 다 아는 사실입니다. 내담자가 상담 과정에서 많은 단어를 말하는데 어떤 단어는 몇 번밖에 사용하지 않을 수도 있어요. 많이 말한 단어라고 해서 중요하다거나 적게 말한 단어라고 해서 덜 중요하다고는 말할 수 없을 겁니다. 어떤 단어는 의미가 없는 단어이기에 신경쓰지 않아도 될 것인가 하는 질문은 이미 프로이트가 정신분석으로 나아가는 길목에서 제기했던 것입니다. 그렇기 때문에 빅 데이터 시대에 임하는 정신분석 영역의 태도가 중요합니다. 학문의 기준으로 보자면, 빅 데이터는 인지과학에 속합니다. 인지과학은 1950년대에 시작되었는데, 인지심리학, 인공지능(AI), 언어학, 신경과학, 뇌과학, 인류학, 철학, 컴퓨터과학 등 여러 학문 분야에 걸친 복합학 연구 분야라고 볼 수 있습니다. 요즘 매체에 나와서 강의하시는 분들을 보면, 심리학과 뇌과학을 연결하여 박사학위를 받는 등 학제간 연구를 하시는 분들이 많습니다. 인지과학은 이런 것을 대표하는 젊은 학문 영역입니다.

라캉이 공식 세미나를 시작하던 시기는 인지과학이 대두되던 시기였습니다. 그래서 라캉은 인공지능 등 새로운 용어들을 세미나 시간에 사용하곤 했습니다. 제가 생각하기에, 라캉이 제시한 무의식 개념은 프로이트를 재해석한 것이며, 또한 인지과학과 대화하려는 의도가 있었던 것이라고 봅니다. 그래서 저는 프로이트, 라캉, 인지과학을 연결하여 여러분에게 설명하면서 한국에서 라캉이 어떤 의미를 가지는지 나눠 보고자 합니다.

빅 데이터와 언어활동의 무의식

빅 데이터 자체를 두고 정신분석은 어떻게 이해해야 할까요? 대중 매체에서 빅 데이터를 해석하는 사람들을 보면, 주로 포털 사이트의 직원이거나 빅 데이터에 관련된 정보 산업 공학 전공자이거나 최신 빅 데이터 자료에 접근이 용이한 분들로 보입니다. 상대적인 면에서 볼 때 인문학을 하시는 분들이 방송에 게스트로 나오는 경우는 거의 없는 듯합니다. 아마도 시사적인 빅 데이터 자료에 접근하기가 쉽지 않아서 그런 것이 아닌가 생각해 봅니다. 그분들은 이런 자료가 공개되면 그때 가서 나름의 안목으로 해석을 하기는 하겠죠.

요즘 시대에 라캉이 있었다면 어떤 입장이었을까요? 저는 이 질문을 다뤄 보고자 합니다. 그러기 위해서 '빅 데이터'가 무엇인지 먼저 알아봅시다. 검색해 보니 한국정보통신기술협회(TTA)에서 올려놓은 자료가 있습니다. "기존의 관리 방법이나 분석 체계로는 처리하기 어려운 막대한 양의 정형 또는 비정형 데이터 집합"이라고 합니다. 그리고 "스마트 단말기의 빠른 확산, 소셜 네트워크 서비스(SNS)의 활성화, 사물 네트워크의 확대로 데이터 폭발이 더욱 가속화되고 있다. 빅 데이터가 주목받고 있는 이유는 기업이나 정부, 포털 등이 빅 데이터를 효과적으로 분석함으로써 미래를 예측해 최적의 대응 방안을 찾고, 이를 수익으로 연결하여 새로운 가치를 창출하기 때문이다"라고 부연하고 있습니다. 이미 10여 년 전에 이런 개념을 제시하고 있었던 것입니다. 이것을 좀 풀이해 보자면, 네티즌들이 하루 동안 포털 사이트에 접속하여 검색하고 입력한 내용을 분석한다는 것입니다. 분석한 데이터를 기반으로 다음날 아침에 포털 사이트 첫 화면에 광고도 하고, 기사도 올리면, 그만큼 더 관심을 모을 수 있습니다. 그렇게 되면 누구에게 좋은 일이 생길까요? 이처럼 빅 데이터에 근거해서 시장의 흐름을 읽고 그것을 반영하면 이익 창출에 큰 도움이 됩니다.

우리가 라캉을 접할 때 상식처럼 알고 있는 것 가운데 하나가 바로 '무의식은 언어활동처럼 짜여 있다'는 말입니다. 앞서 '라캉의 생애와 사상'에서도 잠깐 다루었는데, '무의식' 그러면 보통 머릿속에 있는 거라고 생각하는데, 라캉에 의하면 무의식은 언어활동처럼 짜여 있습니다. 이런 결론은 세 번째 세미나(1956년 3월 14일)에서 처음 명시되는데, 이것은 정신분석 기술을 적용한 모든 것에서 확인된다고 즉, "모든 정신분석적 현상은 언어활동처럼 짜인다"라고 말합니다. 그러니까 지금 여러분과 저 사이에 언어처럼 짜여 있는 게 있습니다. 가령 지금 제가 하는 말을 영상으로 찍어서 여러분에게 드린다면, 여러분의 반응이나 속마음을 말풍선이나 CG로 처리하여 표시한다든지 하겠죠. 언어활동이란 환유의 축과 은유의 축이 서로 교차하는 활동을 말하는데, 야콥슨이 "언어의 두 측면과 실어증의 두 유형"(1956년)에서 설명했고, 이 글을 『일반언어학 이론』(1963년)에 수록했습니다. 라캉은 1956년 초봄에 발표된 그 논문을 읽고 5월 2일 세미나에서 도입하여 환유의 축과 은유의 축을 설명합니다. 환유의 축이란 시간의 흐름에 따라 말소리가 진행되는 것인데, 보통 기표(시니피앙)라고 말합니다. 은유의 축이란 환유의 축에 결합해서 의미를 발생시키는 것인데, 기의(시니피에)라고 말합니다. 이렇게 두 축이 만나는 것이 언어활동이고, 교차지점에서 의미가 발생합니다. 씨실이 환유의 축이라면 날실은 은유의 축에 비유되는데, 이 두 축이 만난다는 것을 실이 짜인다고 말하는 겁니다. 환유의 축이 진행되는 과정에서 은유의 축이 개입하여 무수한 교차지점이 생깁니다. 그 지점들에서 발생한 의미들은 환유의 축이 진행되는 과정에서 또 다른 의미를 생성하게 됩니다. 물론 이때 잘 통하지 않는 교차지점도 있을 것입니다. 짜인 모습이 듬성듬성 성긴 곳도 있겠죠? 이처럼 무의식의 모습은 두 축이 만난 모습을 하고 있다는 게 라캉의 생각입니다. 다시 말해, 환유의 축과 은유의 축이 정신줄을 엮는 언어활동을 한다는 것입니다. 그럼 이제 언어활동처럼 짜여 있는 무의식에 대해 감이 잡히시죠?

라캉이 왜 이런 비유를 통해서 무의식을 설명하냐면, 우선 프로이트의 2차 위상에서 시작하기 때문입니다. 즉, 모든 것이 무의식에서 기인한다는 것에서 출발하기 때문입니다. 이미 짜인 무의식의 세계에 던져진 아이는 그 속에서 자신이 짜이는 거죠. 그래서 자신과 타인은 서로 짜인 무의식에 연결됩니다. 그러니까 내담자와 상담자 사이에 이미 짜인 것이 있고, 상담자는 내담자의 짜임이 어떤 것인지를 파악합니다. 상담자는 내담자의 말을 들으면서 '아, 이 사람에게 이 부분이 엉켜 있구나' '이 사람에게 이 부분이 끊어져 있구나' 등을 파악하고 그 부분을 해결하기 위해 정신분석의 기술을 도입합니다. 교차지점이 엉켜 있으면 신경증, 노이로제Neurosis라고 보고, 그 부분이 끊겨 있거나 외부와 단절되어 있다면 정신증, 사이코Psychosis라고 보고, 짜인 구조가 도착적이라면 도착증Perversion이라고 보는 겁니다. 그러니까 라캉에게 말, 언어활동은 굉장히 중요하고, 그 언어활동의 짜임새를 파악하는 것은 치료 과정에서 필수적인 것입니다.

빅 데이터, 네티즌의 무의식

제가 볼 때, '빅 데이터'는 엄지손가락의 언어활동을 통해 인터넷에 명기한 네티즌들의 무의식입니다. 즉, 닐 거쉰펠드의 용어로 말하자면 아톰의 세계가 비트의 세계로 옮겨진 것입니다. 빅 데이터 전문가들이 말하길, 빅 데이터의 약 20% 정도만 분석하고 나머지 80%는 모른 채 그냥 둔다고 합니다. 여기서 20%에 접근하는 이는 누구일까요? 빅 데이터에 접근 가능한 기업이나 IT 쪽 분야에 밝은 사람들일 것입니다. 그것을 해석하는 이도 그런 쪽에 연관된 분들일 것입니다. 그렇다면 정신분석이나 상담에 관련된 분들도 빅 데이터에 접근하여 일할 수 있지 않을까요? 라캉이 제시한 정신분석 기술을 보면, 구두점, 분절, 집중하지 않는 주목 등인데, 이런 방법을 통해 말하는 내담자의 무의식에 접속하고 증상의 기원으로 다가섭니다. 물론 상담자에 따라 적용은 다르게 될 것입니다. 정신분석이 동트던 시기에 프로이트는 최면법도 해 보고, 내담자와 마주 보기도 하고, 이마에 손을 얹어 집중을 꾀하기도 했는데, 프로이트가 하루 종일 내담자를 만나다 보니 여러 면에서 힘들었나 봅니다. 특히 내담자의 눈과 마주치는 것을 힘들어 한 듯합니다. 그래서 고안한 것이 분석침대에 누운 환자 뒤에 앉아 환자의 눈을 피해 진료를 해 봤더니, 오히려 좋은 효과를 나타냈다는 거예요. 이게 프로이트가 발견하고 즐겨 사용했던 정신분석 상담 방법입니다. 그 당시 프로이트가 내담자의 이야기를 들을 때 취한 입장은 '집중하지 않는 주목'이라는 용어에 잘 녹아 있습니다. 프랑스어로 Attention flottante인데, Attention한다는 것은 환자의 말에 주의를 기울여 집중하는 겁니다. flottante는 출렁대는 물의 파동에 몸을 맡기듯, 파도가 울렁거릴 때 선장이 배를 잘 다루면 배가 좌초되지 않고 파도를 타고 잘 움직이는 것을 의미합니다. 그처럼 상담자가 내담자의 말에 따라서 넘실대며 일체가 되는 것을 말합니다. 상담자가 자신의 생각이나 판단에 따라 내담자의 말을 듣는 것이 아니라 내담자의 말에 따라 흘러가는 거죠. 내담자를 따라가면서 놀다가 그 사람이 말을 머뭇거린다든지 억양이 바뀌는 지점에서 말을 끊고 거기로 들어가는 겁니다. 의사와 환자 간의 이런 담화가 프로이트가 제시한 정신분석의 기술 방법입니다. 이처럼 내담자가 중심이 되는 것이 정신분석적 상담입니다.

그렇다면 상담자는 누구일까요? 라캉은 '안다고 가정된 주체'라는 용어를 사용했습니다. 이 용어가 의미하는 것은 내담자가 '저 사람(의사)은 내가 하는 말의 모든 것을 알 거야'라고 상담자를 가정한다는 것입니다. 그렇다면 상담자는 이 말에 대해 어떤 입장을 취할까요? 내담자의 말대로 상담자는 전능자처럼 내담자를 대면하면서 치료할 수도 있을 것입니다만, 라캉은 그렇게 생각하지 않았습니다. 상담자는 오히려 자신은 내담자에 대해 아는 것이 전혀 없다고 입장을 견지합니다. 이처럼 상담자와 내담자 간의 관계는 저자중심이냐 독자중심이냐 하는 독서법과도 일맥합니다. 가령, 예술작품을 접할 때, 작가가 의도한 대로 작품을 이해해야 하는지, 관객이 느끼고 이해한 대로 수용해야 하는지에 관한 것과도 통합니다. 다시 말해 갑(작가)이 우선이냐 을(관객)이 우선이냐는 문제와 비교해 볼 수도 있습니다. 다른 분야는 어떨는지 모르겠지만 라캉식 상담(정신분석)에서는 내담자가 열쇠를 갖고 있습니다. 통상적으로 상담자를 갑으로 보고 내담자를 을로 볼 때, 을(내담자)이 갑(상담자)에게 키워드를 제시해야 하는데, 이때 갑이 을에게 강압적인 권력을 행사한다든지 해서는 을이 가진 것을 손에 넣을 수 없습니다. 그래서 라캉식 정신분석에서는 갑과 을의 역할이 바뀌어 있습니다. 이 말을 하니 얼마 전에 있었던 일이 생각납니다. 출판 계약서에 서명하려고 계약 내용을 보니, 저자가 갑이고 출판사가 을로 되어 있었습니다. 간혹 갑과 을이 바뀌는 경우가 있습니다만, 보통은 이렇습니다. 근데 계약 내용을 보니, 을(출판사)이 갑(저자)에게 행할 수 있는 일이 훨씬 많고 강력했습니다. 출판이 잘못될 경우 모든 책임을 갑이 지는 거죠. 그래서 속으로 얼마나 웃었는지 모릅니다. 이걸 도착이라고 말할 수 있을까요? 차라리 출판사를 갑으로 하고 저자를 을로 하여 출판사가 권력을 휘두르면 될 텐데 말이죠. 이처럼 라캉식 정신분석에서도 을인 내담자가 상담의 주도권을 쥐고 있다고 말합니다. 그 이유는 을이 증상의 진실을 알고 있기 때문입니다. 을인 내담자는 갑인 상담자를 '안다고 가정된 주체'로 가정하고, 자신의 모든 것이 상담자(갑)에게 달렸다고 주장하면서도 상담 시 자신의 권력을 휘두릅니다. 정작 을인 내담자는 상담이 잘 되지 않았을 때 모든 책임을 갑인 상담자에게 전가합니다. 어찌 보면 상담자는 권력을 가졌다는 것을 의미하는 갑이란 이름을 얻지만, 실상은 을이 권력을 갖습니다. 이 사실을 분명하게 인지하는 것이 라캉식 상담자의 본분입니다. 그래서 라캉은 을인 내담자를 analysant(분석수행자, 분석주체)이라고 불렀는데, 이 말은 분석의 주체가 내담자임을 말하는 것입니다. 이처럼 의사와 환자 간의 라캉식 권력구조는 학생이 학교의 주인이 되고, 환자가 병원의 주인이 되고, 국민이 국가의 주인이 되는 요즘 세대의 흐름을 담고 있습니다.

프로이트의 무의식 근원

우리는 지금 라캉이 보는 빅 데이터에 대해 이야기 나누고 있습니다. 즉, 언어활동처럼 구조화된 무의식에 대해서 이야기하고 있는데, 무의식에 관해 이야기하려면 1895년의 프로이트를 먼저 알아야 합니다. 그때 「과학적 심리학 초고」라는 원고가 작성됩니다. (이 원고는 '열린책들'에서 펴낸 『정신분석의 탄생』에 들어 있습니다. 같은 해에 『히스테리 연구』가 출판되었습니다.) 프로이트의 친구 가운데 베를린에 사는 빌헬름 플리스가 있었는데, 프로이트는 이 원고를 그에게 보냅니다. 하지만 친구의 반응은 좋지 않았습니다. 그럼에도 프로이트는 이 원고에서 거론한 것을 바탕으로 『꿈의 해석』

제7장의 도식을 전개해 갑니다. 프로이트의 저작권 상속권자인 안나 프로이트와 에른스트 W. 프로이트(Ernst W. Freud)는 1895년에 작성된 두 개의 글(『히스테리 연구』와 「과학적 심리학 초고」)을 프로이트 전집(GS: Gesammelte Schriften, 총12권, 1924-34년)에 포함시키지 않았습니다. GS는 프로이트가 살아 있을 때 만들어진 전집인데, 이것을 만들 때 1886년 이전의 글만 전집에 포함시키지 않는다는 지침을 갖고 있었기에 1895년의 저서를 전집에서 빼는 것은 이러한 지침에도 맞지 않았습니다. 「과학적 심리학 초고」의 운명은 극적이라고 말할 수 있을 것입니다. 이 원고를 갖고 있던 플리스가 죽자 그의 아내는 이 원고와 함께 300개에 달하는 프로이트의 서신을 베를린의 라인홀트 슈타르 서점에 팔았습니다. 하지만 프로이트에게 정신분석을 받기도 했던 그리스의 왕자비이자 프랑스인 보나파르트(Marie Bonaparte)가 그것을 입수했습니다. 프로이트는 이 소식을 들고 이 문서를 되찾아 없애려고 하지만, 보나파르트는 이를 빈의 로스차일드 은행에 맡깁니다. 나치에 의해 빈이 점령당하자 그녀는 이 편지와 원고를 파리로 반입하였고, 파리마저 나치에 의해 점령당할 위험에 처하자 그녀는 그것을 덴마크 공사관에 맡기게 됩니다. 그리고 그것을 런던으로 보내었습니다. 결국 프랑스어로 번역되어서 출판되었습니다.

그런데 왜 프로이트 쪽에서는 이 책을 파기하려고 했던 걸까요? 『히스테리 연구』를 보면 프로이트의 사례가 다섯 가지이고, 다른 하나의 사례가 '안나 오'의 사례인데, 프로이트와 공동 저술을 했던 요제프 브로이어(Josef Breuer)의 사례입니다. '안나 오'는 1885년 당시 브로이어의 환자였는데 어느 날, 진료 중에 갑자기 배가 아프다면서 아기를 낳을 것 같다고 말하고는 뱃속에 있는 아기의 아버지는 브로이어라고 말합니다. 브로이어는 그 말을 듣고 놀란 나머지 만삭이던 자신의 부인을 데리고 빈에서 베네치아까지 가서 아기를 낳았습니다. 이 이야기를 들은 프로이트는 브로이어와 '안나 오' 사이에 부적절한 관계가 있지 않았다는 것을 알고 있었기에 '안나 오'가 한 말에는 다른 의미가 있을 것이라고 추측했습니다. 나중에 프로이트는 이 사례를 통해 감정전이를 구상하게 되고, 환자가 의사에게 보내는 말과 감정은 의사 자신을 향해 겨냥한 것이 아니라 의사가 알아줬으면 하는 환자 자신에 연관된 것임을 알게 되었습니다. 그렇기에 환자의 말에 의사는 부화뇌동할 필요는 없습니다. 그런데 왜 브로이어는 그런 행동을 했을까요? 여러분이 프로이트라면 그의 행동에 대해 어떤 말을 했을까요? 저는 이렇게 가정해 봅니다. "그 여자분이 하는 말에 형이 그런 반응을 했다는 것은 형이 그 여자분에게 관심이 있었다는 표시인데, 내 말 맞지?" 브로이어는 프로이트보다 14살 위였고, 프로이트가 3살일 때 의학에 입문했습니다. 뒷날, 프로이트가 정신분석을 업으로 삼고자 했을 때, 브로이어가 재정적인 도움을 주는 등 두 사람은 여러 면에서 우정을 이어 갔습니다. 그랬기에 둘 사이에는 허물이 없었습니다. 그렇지만 '안나 오'에 대한 프로이트의 의견에 대해 브로이어는 인정하지 않았고, 그 이후 그는 프로이트 식의 치료법에 관심을 두지 않습니다. 그는 그러한 자신의 입장을 1908년 7월에 발간된 『히스테리 연구』 재판본에서 밝혔습니다. 반면에 프로이트는 그 이후의 연구 성과에 근거할 때 수정하거나 폐기할 것이 많다고 말했습니다. 라캉식 정신분석에서 널리 알려진 문구 중 '성관계는 없다'는 말이 있습니다. "Il n'y a pas de rapports sexuels"은 남녀 간에 육체적인 관계가 없다는 것뿐 아니라, 남성과 여성이 관계가 없다는 거예요. 남자의 성과 여자의 성은 완전히 다르다는 겁니다. 『화성에서 온 남자 금성에서 온 여자』라는 책 제목에서 보듯이, 서로를 어떻게 이해해야 하는지 라캉은 말하고 있습니다.

이처럼 남자와 여자는 일상생활에서 성관계가 없다고 기술되는데, 상담에서는 어떨까요? 상담자가 남자이고 내담자가 여자일 경우, 또는 그 반대일 경우에 어떤 이해를 할 수 있을까요? 내담자가 상담자에게 전이하면, 상담자는 내담자에게 어떻게 해야 할까요? 역(逆, counter)-전이를 해야 할까요? 이 문제는 상담기법에서 논란입니다. 어쩌면 '안나 오'의 말(전이)에 브로이어가 했던 반응이 역전이 또는 투사 동일시(정체화, 동일화)라고 볼 수 있을 겁니다. 상담자가 상담과정을 알지 못했던 시절에 할 수 있었던 행동이라고 생각됩니다. 이런 걸 경험한 프로이트는 내담자의 말에 상담자가 부화뇌동하지 않도록 권하고 있습니다. 앞서 보았듯이, '집중하지 않는 주목'이 바로 그런 의미를 내포하고 있습니다.

프로이트에 따른 정신의 인지 구조

우리는 지금 무의식의 단초를 놓았던 1895년 프로이트의 저작 두 개를 두고 논의하고 있습니다. 「과학적 심리학 초고」를 보면, '뉴런'이라는 용어가 나옵니다. 우리가 생물 시간에 배웠던 겁니다. '뉴런'은 '가지 돌기-신경세포체-축삭 돌기'로 구성된 신경계를 구성하는 신경세포입니다. 우리는 감각 기관을 통해 외부에서 들어온 자극을 몸의 각 기관에서 받아들이는데, 그 자극은 감각 뉴런을 통해 연합 뉴런으로 전달되며, 연합 뉴런은 명령을 내려 운동 뉴런을 통해 운동 기관으로 전달하여 반응을 나타냅니다. 가령, 핸드폰을 받게 되는 과정을 봅시다. 우선 핸드폰이 진동합니다(자극). 몸으로 느낀 그 진동(감각 기관)을 전달하여(감각 뉴런) 대뇌에서 판단 및 명령을 내리고(연합 뉴런) 그 명령을 전달하는데(운동 뉴런) 이때 명령받은 팔의 근육(운동 기관)은 핸드폰을 집어 듭니다(반응). 우리는 생후에 이런 과정을 무수하게 경험합니다. 여러분이 아시듯이 프로이트는 신경학자, 신경전문의이지 않습니까? 오늘날의 신경과 의사였습니다. 뱀장어의 신경을 해부하면서 신경을 연구했죠. 사람의 신경체계에 관해서도 관심이 많았습니다. 그래서 파리에 있는 살페트리에 병원에서 근무하는 의사 샤르코를 만나길 원했습니다. 샤르코는 최면법을 사용하여 진료하는 의사로 널리 알려져 있었습니다. 프로이트는 최면법을 신경체계로 이해하고 싶었고 진료에 얼마나 효과적인지도 알고 싶었습니다. 그래서 그는 파리 여행을 위한 장학금을 받기 위해 노력했고 결국 그것을 얻게 됩니다. 프로이트는 샤르코의 화요강의에 참석하여 샤르코의 최면시연을 보았습니다. 거기서 프로이트는 최면법의 한계를 발견하게 됩니다. 정상적인 의식상태에서 환자의 이야기를 들어야지, 비정상적인 의식상태에서 들은 환자의 이야기가 치료에 어떤 도움이 될지에 대해 의문을 품었습니다. 그러면서 자신의 방법을 터득하기 위해 노력합니다. 그런 과정에서 신경체계를 도입하여 인간의 마음을 설명하게 됩니다. 그것이 바로 1895년 발간된 『과학적 심리학 초고』입니다. 이 책은 자극이 들어오면 이에 반응하는 인간의 몸을 세 가지 체계(Φ 체계, ψ 체계, w 체계)로 설명합니다. 맨 앞에 있는 Φ(pi, 파이) 체계는 수용한 자극을 모두 방출하는 기능을 설명하고, 중간에 있는 ψ(psi, 프시, 프사이) 체계는 그 방출을 억제하는 기능을 설명하고, 마지막 w(omega, 오메가) 체계는 억제로 인해 남은 것을 활용하는 기능을 설명합니다. 그것을 다음과 같이 도표로 정리했습니다. 이 부분에 대한 자세한 설명은 필자의 저서 『프로이트』(한길사, 2010, 제2장)를 참조할 수 있습니다.

세 개의 뉴런 체계		
Φ(pi, 파이) 체계	Ψ(psi, 프시, 프사이) 체계	W(omega, 오메가) 체계
1차 기능이다. 양(Qή)을 투과시킨다. 수용하고 방출시킨다. 주어진 것이다	2차 기능이다. 양을 투과시키지 않으려 한다. 방출을 억제한다. 만들어진 것이다.	3차 기능이다. ψ뉴런의 양을 활용하여 질을 생산한다. 쾌-불쾌의 생성소멸에 관계된다.

반비례 관계(단절)　　비례 관계(연절)

항간에는 정신분석이 감정의 학문이라고 합니다. 틀린 말은 아니지만 정신분석은 인지의 학문이기도 합니다. 자극이 들어오면 감정이 활성화되기도 하고 인지가 활성화되기도 합니다. 『꿈의 해석』에 나오는 수많은 사례와 해석을 봐도 인지(=사고, 생각)가 거론됩니다. 프로이트가 무의식을 규정하는 과정에서 꿈의 사고와 꿈의 내용을 구분하는데, 이 둘 간에는 단절이 있습니다. 왜 그 단절이 발생하는지 고민했고, 인지의 단절에서부터 무의식 개념이 등장합니다. 꿈의 원본이라 불리는 꿈의 사고, 꿈의 번역본이라 불리는 꿈의 내용, 이 둘 간에는 좁힐 수 없는 인식의 갭(Gap)이 있습니다. 여기서 1차 위상이 나옵니다. 아래에 나오는 도식은 『꿈의 해석』 7장에서 가져온 것인데, 『과학적 심리학 초고』에서 제시한 것을 간편화한 것입니다. 외부로부터 지각을 통해 들어온 것이 내부에서 어떤 과정을 거쳐 기억과 무의식에 저장되고, 그러다가 외부로 나간다는 것을 설명합니다.

무의식과 인지

프로이트가 제시하는 정신의 구조를 볼 때, 정신분석을 감정에 국한시키는 것은 프로이트를 전혀 이해하지 못하는 것이라고 생각됩니다. 왜냐하면 무의식은 기억조직과의 관계에서 언급되기 때문입니다. 일련의 지각조직, 기억조직, 운동조직의 과정을 통해 프로이트는 1차 위상을 제시합니다. 프로이트에게서 정신활동은 기본적으로 자극에 따른 지각조직의 수용, 그것에 대한 기억(인지), 운동조직을 통한 반응에 관한 것입니다. 이때 무의식은 기억(인지)에 관계됩니다. 라캉이 언어활동처럼 짜인 무의식이라 할 때, 무의식은 언어활동을 통한 '인지'를 전제합니다. 인지상담이 제시하는 원리를 보면, '핵심 신념→중간신념→자동적 신념(사고)'의 3단계 인지 과정인데, 이것은 프로이트의 1차 위상(무의식→전의식→의식)과 유사합니다. 인지모델에서 말하는 '핵심신념'은 프로이트가 말하는 '무의식'에 해당한다고 볼 수 있습니다. 황성원을 대표저자로 하는 『아동심리와 상담』(창지사, 2010)을 보면, '핵심 신념'은 "어린 시절부터 형성해 온 자신, 타인, 세상에 대한 가장 중심적인 믿음이며, 근원적이고, 깊은 수준의 신념"이며 "이러한 핵심 신념은 개인의 모든 영역에 영향을 미치고, 경직되어 있으며, 지나치게 일반화되어 있다"고 합니다. 이러한 핵심 신념은 핵심 감정을 형성하고 개인의 모든 영역을 지배하는 무의식처럼 작용합니다. 인지상담에서 제시하는 이런 개념은 '사물-이름개념' 논리에 따라 설명되는데, 인지에 접근함에 있어서 이런 논리는 인문학의 기본이 된다고 생각합니다. '사물-이름개념'은 플라톤의 『크라틸로스』에서도 논의되었고, 중세의 스콜라학의 토대가 되었고, 몸과 정신을 잇는 언어활동에 있어서도, 또한 현대 예술에 있어서도 인식의 논리 근거가 되고 있습니다. '사물-이름개념'은 기본적으로 사물과 이름 간에 세 가지의 관계가 있다고 보는데, 일치-단절-유비가 바로 그것입니다. 라캉식 상담에서 '사물-이름개념'은 주체와 대상 간의 관계를 설명하는 대상관계의 해명 개념입니다. 즉, 내담자는 자아와 주체로 분열되고, 그런 내담자가 관계 맺는 대상은 소타자, 대타자로 구분됩니다. 이런 복잡한 구조를 설명하기 위해 라캉은 플라톤에 따른 '사물-이름개념'을 도입하고, 이를 설명하기 위해 거울도식이나 장막도식 등을 고안합니다.

『과학적 심리학 초고』에서 제시한 w 체계는 『꿈의 해석』에서 무의식(심급) 체계로 구체화됩니다. 여러분께서 프로이트를 배우시다 보면, 1차 위상이니 2차 위상이니 하는 것도 들어 보실 테고,

또한 심급이란 말도 들어 보실 겁니다. 1차 위상이 '무의식-전의식-의식'이라면, 이 각각은 심급이라고 말합니다. 심급은 '같은 소송 사건을 반복해서 심판하는 각각 다른 법원 사이의 심판 순서 또는 상하 관계'인데, 프로이트가 이 용어를 인간의 정신에 설명하는 데 도입하고 있습니다. 보통 소송이 3심으로 이루어지는데, 이에 따라 인간정신도 3심급으로 설명합니다. 제1심은 1차 억압과 1차 과정으로 진행되는데, '언어(말-소리) →이미지'로의 과정에서 응축과 전치가 작동되고, 지각동일성을 추구합니다. 제2심은 2차 억압과 2차 과정으로 진행되고, '이미지→언어(말-소리)'로의 과정에서 검문소의 검열을 받으며, 사고동일성을 추구합니다. 이때 1차, 2차는 서열, 활동능력, 시간관계를 의미하는데, 법정에서 1심보다 2심이, 2심보다 3심이 결정력을 지니듯이, 정신 또한 그렇다는 것입니다. 즉, 무의식보다 전의식이, 전의식보다 의식이 높은 의미를 지닌다는 것입니다. 의식이 전의식보다 우위에 있고, 전의식이 무의식보다 우위에 있다는 의미는 인간정신의 표현이 곧 의식에 의한 것임을 보여 줍니다. 그래서 제1심의 지각동일성과 제2심의 사고동일성이 의미하는 바는 무의식에서 전의식, 의식으로 이행하는 할 때, 의식이 획득하는 동일성에 강조점을 둡니다. 이것은 의식에 기반을 둔 철학에서 강조하는 것이면서, 사실주의 등의 사조에서 주장하는 '사물-이름개념'의 일치이기도 합니다. 즉, 지각동일성에 따른 꿈의 사고(원본)와 사고동일성에 따른 꿈의 내용(번역본) 간의 일치를 추구합니다. 프로이트가 이렇게 세 심급을 말했지만 그에게는 고민이 있었습니다. 그 고민은 바로 원본과 번역본 사이의 좁힐 수 없는 간극, 이 둘 간에 존재하는 근본적인 결함(menque)입니다. 그렇기에 유비적인 관점에서 볼 때, 소송에서 말하는 3심과 인간정신의 3심급이 일치하지는 않습니다. 라캉은 이 점을 프로이트 사유의 핵심으로 보았고, 이 지점에서 사유(인지)를 펼칩니다. 앞서 보았듯이, 라캉이 초기에는 상징계를 강조하면서도 후기에는 실재를 부각시키는데, 이것은 라캉이 근본적으로 부정의 길via negative에 위치한 학자임을 보여 줍니다.

여러분이 프로이트를 공부하시려면 『꿈의 해석』을 처음부터 읽어 보시기 바랍니다. 제가 볼 땐 『꿈의 해석』만 제대로 이해하셔도 상담에 큰 도움이 될 듯합니다. 그만큼 『꿈의 해석』은 상담 이론이자 실제를 담고 있는 중요한 책입니다. 저는 대학원 세미나에서 일 년간 『꿈의 해석』을 읽었습니다. 제1장이 '꿈의 문헌'인데, 그걸 순서상 마지막에 썼다고 합니다. '꿈의 문헌'만 봐도 그 당시의 서양 사람들이 꿈에 대해서 얼마나 관심을 두었는지 알 수 있습니다. 역사도 길고, 양도 엄청 많은데 프로이트는 그 문헌의 줄기를 잡고 분류를 해 줍니다. 그것이 소쉬르와 야콥슨의 언어학과도 연결됩니다. 그는 3,000개가 넘는 자신의 꿈을 해석했고 그 가운데 필요한 것을 인용하고 있습니다. 꿈의 해석은 언어 분석입니다. 프로이트는 언어 분석에서 요구되는 기술을 직접 고안하여 제시했습니다. 그것이 꿈의 과학을 출범시켰습니다. 그 뒤를 이어 라캉은 정신분석을 과학으로서 자리 매기기 위해 노력했는데, 그 결과 제기한 것

가운데 하나가 바로 '무의식은 언어활동처럼 구조화되어 있다'는 것입니다. 이것은 세 번째 세미나(1956년 3월 14일)에서부터 말했고, 열한 번째 세미나를 통해 널리 알려지게 되었습니다.

대타자로서의 빅 데이터

지금 우리가 다루고 있는 빅 데이터도 따지고 보면 인터넷상에서 언어활동처럼 짜인 것을 구조화시킨 자료입니다. 과학기술적인 도구를 사용하여 수집한 자료는 그저 원석에 가깝습니다. 그것을 해석하는 몫이 남아 있습니다. 원석을 채취하는 일이 있기까지 과학의 발전이 있었습니다만 그것을 해석하는 것도 과학의 몫이 되고 있습니다. 이런 시점에서 인문학이나 정신분석에 의한 해석학의 위치는 어디쯤 될까요? 저는 1950년대 초반에 라캉이 제시한 정신분석 기술이 빅 데이터의 시대에 어떻게 활용될지 궁리하고 있습니다. 향후 인공지능이 상담 영역을 담당하는 시기가 온다고 할지라도, 지금 우리가 배우고 있는 정신분석이나 카운슬링이 어떤 역할을 할 수 있을지 예견하고 대비하는 것입니다.

IT 쪽에서 말하는 빅 데이터를 라캉 쪽에서는 무의식의 데이터라고 말할 수 있을 것입니다. 지금 IT 쪽에서 캐내는 원석으로서 빅 데이터를 IT 쪽 전문가들이 해석하는 추세입니다만 라캉식 무의식의 과학을 배운 상담가가 이 영역에 뛰어들어 활동한다면 안성맞춤이 되리라고 예상합니다. 라캉식 정신분석은 내담자가 사회라는 대타자와 연결되어 있기에 대타자의 욕망에 사로잡힌다고 말합니다. 라캉식에 의하면 정신분석은 더 이상 진료실이나 가정에 국한되는 것이 아닙니다. '대타자(영어로 하면 대문자 Other, 프랑스어로 하면 대문자 Autre)'는 말로서의 주체이고, '소타자'는 육으로서의 주체입니다. 한국에 잘 알려진 베르나르 베르베르는 『나무』에서 '대타자'를 잘 풍자하였습니다. 철학을 가르치는 고등학교 선생님이 이상한 게 보여서 정신과에 진료를 받으러 갔습니다. 대상을 보면 물자체로서의 대상이 보이는 게 아니라 그것을 설명하는 뜻풀이 풍선이 보이는 겁니다. 가령, 비둘기를 보면, 형상으로서 비둘기는 사라지고 비둘기의 몸무게, 능력, 먹이 등이 말풍선에 표시되는 겁니다. 그래서 정신과 진료를 받으러 간 겁니다. 근데 정신과 의사는 그냥 약을 처방하는 것으로 치료를 마칩니다. 이런 풍자를 통해 베르베르가 말하고자 하는 것은 정신의학이 물자체, 대상 그 자체에만 관심을 두지, 기의와 기표로 된 기호로서 물자체에 대해서는 관심이 없다는 것입니다. 다시 말해, 정신의학은 '소타자'와 관계하고 '대타자'와 상대하지 않는다는 것입니다. 이처럼 의사에게 환자는 '소타자'로 이해되기도 하고, '대타자'로 이해되기도 합니다. 그렇다면 빅 데이터는 '소타자'로 이해되어야 할까요, '대타자'로 이해되어야 할까요? 정신의학자가 본다면 소타자로 이해될 것이고, 라캉식 정신분석가가 본다면 대타자로 이해될 것입니다. 이 관점의 차이는 매우 중요합니다.

소쉬르와 라캉,
기의냐 기표냐

지금까지 우리는 프로이트가 제시한 무의식의 두 가지 측면을 살펴보았습니다. 첫 번째 측면은 『과학적 심리학 초고』에서 제시된 자극과 운동에 의한 설명이었습니다. 즉, 데이터가 유입(Φ 체계)되면 그것을 모두 유출(ψ 체계)하고자 합니다. 이 원리는 당시 발견된 열역학 제1법칙인 에너지보존법칙에 따른 것입니다. 그런데 진공상태가 아니라면 저항 때문에 도중에 유실(w 체계)됩니다. 유실된 데이터는 내부에 남아서 반응을 일으키는데, 이 데이터는 무의식의 요소가 됩니다. 이것은 에너지론에 따른 무의식 이론이라고 볼 수 있습니다. 두 번째 측면은 『꿈의 해석』에서 제시된 기표(말, 言)에 의한 설명이었습니다. 즉, 말이 유입되면 그것을 유출하고자 합니다. 그런데 남는 말이 있습니다. 이 말은 무의식의 요소가 되고, 말은 무의식을 재현합니다. 이것은 기표론에 따른 무의식 이론이라고 볼 수 있습니다. 이렇게 프로이트는 무의식을 에너지론과 기표론 두 측면으로 보았습니다. 2차 위상으로 간 프로이트가 모든 것이 무의식이라고 한 것은 기표론적인 측면을 강조한 것이라고 볼 수 있습니다. 물론 언어활동처럼 짜인 무의식을 주장한 라캉도 동일합니다. 라캉이 강조한 언어활동처럼 짜인 무의식은 방금 다룬 '대타자'라는 용어로 표현되기도 했습니다. 라캉이 육으로서의 '소타자'와 말로서의 '대타자'로 구분할 때, '대타자'는 기표로서의 주체를 지칭합니다. 이것을 설명하기 위해 라캉은 소쉬르의 기호론을 도입합니다. 라캉은 소쉬르가 주장한 기호론을 아래와 같은 공식으로 표기했습니다.

$\frac{s}{S}$(소쉬르)

여기서 소문자 s는 기의signifié, 시니피에의 약자이고, 대문자 S는 기표signifiant, 시니피앙의 약자입니다. 여기서 강조되는 것은 분자의 위치에 있는 소문자 s입니다. 라캉이 볼 때, 소쉬르는 기호를 구성하는 기의와 기표 가운데 기의가 우위에 있다고 보았습니다. 즉, 사물을 재현하는 기호는 그 기호가 담고 있는 의미대로 소통된다는 것입니다. 기호가 담고 있는 의미는 합의된 것이기 때문에 누구나 그것이 지칭하는 의미를 안다는 것입니다.

그런데 라캉은 소쉬르의 기호 공식을 수정하여 자신의 기호론을 내세웁니다. 그 공식은 다음과 같습니다.

$\frac{S}{s}$(라캉)

라캉이 강조하는 것은 기표입니다. 기호는 합의된 방식대로 의미를 갖기도 하지만 받아들이는 주체에 따라서 다른 의미로 받아들여집니다. 얼핏 보면, 소쉬르와 라캉이 주장하는 기호론이 단순하게 다른 것처럼 보입니다만 이것을 상담에 적용하면 큰 차이가 발생합니다. 가령, 내담자가 상담자에게 말(기호)할 때, 상담자는 자신이 알고 있는 방식으로 내담자의 말을 이해할 수도 있고, 내담자가 어떤 의미에서 그 말을 하는지 따져 가면서 이해할 수도 있을 것입니다. 단순하게 말해, 의사 중심으로 듣느냐 환자 중심으로 듣느냐의 문제입니다. 말은 선(線)으로 연결된 일련의 무의식의 고리입니다. 상담 시 중요한 것은 환자가 내뱉은 말이 어떤 의미를 지니는지를 정확히 파악하는 것입니다. 그렇기에 상담가가 자신이 가지고 있는 사전적 의미나 경험적 의미로 내담자의 말을 규정하면, 내담자의 무의식에 접근할 수 없습니다. 즉, 하나의 낱말에는 하나의 뜻만 있는 것이 아니라 여러 개의 뜻이 있다는 것입니다. 이것을 일사다의一辭多意, equivocall word라고 합니다. 사전을 펴서 보십시오. 하나의 단어에 하나의 뜻만 있는 것이 얼마나 되는지 보실 수 있을 것입니다. 하나의 단어에는 여러 개의 뜻이 있고, 심지어는 상반되는 뜻도 있기도 합니다. 물론 일사일의一辭一意, univocal word가 있기는 합니다만 현실에서 사용될 때는 상황이나 맥락에 따라 여러 의미로 사용됩니다. 그렇기에 말 그대로 받아들이고 그 말이 의미하는 바가 무엇인지를 유보하면서 그것이 의미하는 바를 찾아가는 노력이 요구됩니다. 이런 논의를 통해 볼 수 있는 것은 인간이 언어활동을 하지만 언어활동 속에 갇히지 않는다는 것입니다. 이것이 바로 '사물-이름개념'이 겨냥하는 주체의 구속과 해방에 관한 논의입니다.

다시 말해, 소쉬르는 기호의 의미를 강조했고, 라캉은 이걸 바꿔서 기표, 소리를 강조했습니다. 가령, 여러분이 소쉬르식의 관점을 가지고 있다고 생각해 보십시오. 누가 여러분에게 뭐라고 말을 하면, 그 말이 여러분이 가지고 있는 사전적 의미에서 볼 때 나쁜 쪽이면 기분이 나쁠 것입니다. 그런데 라캉의 관점에서 생각해 보면, 어떤 사람이 무슨 말을 하면 그 사람이 말한 것이 그 사람 입장에서는 어떤 의미일지를 고려하면서 이해한다는 것입니다. 이런 식으로 어떻게 살 수 있느냐고 반문할 수도 있습니다. 물론입니다. 가령, 법정에서나 청문회장에서 진술할 때는 명확하게 말해야 합니다. 즉, 보통 사실(팩트)을 말해야 된다고 요구하고, 사실을 말하면 그 말을 사실로 알아듣습니다. 법정 용어는 사실이냐 거짓이냐, 진실이냐 위증이냐로 나눕니다. 하지만 상담 용어는 이렇게 나누지 않습니다. 상담에서는 내담자가 하는 말이 무엇인지, 어떤 의미를 지니는지, 그것을 파악하는 것을 중요하게 다룹니다.

언어활동, 환유의 축과 은유의 축의 짜임

『히스테리 연구』에서 '안나 오'가 복통을 호소하면서 했던 말과 그 말을 듣고 만삭의 아내를 데리고 먼 길을 떠난 브로이어를 생각해 봅시다. 의사인 브로이어는 환자인 '안나 오'의 말을 기의로 들었습니다. 이 일이 있은 지 십여 년이 지난 뒤에도, 프로이트는 이 사례가 보여 주는 진실을 알아내고자 노력했습니다. 이러한 노력을 위대하게 생각한 이가 라캉인데, 라캉은 정신분석을 창시한 이가 프로이트가 아니라 '안나 오'라고 말하기까지 했습니다. 언어활동처럼 짜인 무의식은 소쉬르의 기호론에 담겨서 설명되기 시작했고, 라캉은 소쉬르와의 거리두기를 통해 자신이 주장하는 바를 명백하게 했습니다.

$$\frac{s}{S}\text{(소쉬르)} \longrightarrow \frac{S}{s}\text{(라캉)}$$

앞서 잠시 보았듯이, 언어활동은 환유의 축과 은유의 축으로 구축되는데, 라캉은 그것을 함수로 표시합니다.

$$\frac{S}{s}(라캉) \rightarrow f(S)\frac{1}{s}$$

환유의 축은 아래와 같이 표시합니다.

$$f(S\cdots S')S \cong S(-)s \cong \frac{S}{s}$$

은유의 축은 아래와 같이 표시합니다.

$$f(\frac{S}{s})S' \cong S(+)s \cong \frac{S}{s}$$

환유의 축은 $\frac{S}{s}$로 귀결되는데, 분모와 분자를 가르는 막대는 기표와 기의를 나눕니다. 위에 있는 대문자 S가 기표고, 밑에 있는 것이 기의입니다. 막대가 있으면 밑에 있는 기의가 위로 올라오지 못합니다. 그러면 진행이 되는 것은 대문자 S입니다. 이런 면에서 환유의 축은 라캉이 강조하는 기표 중심의 언어활동입니다. 이처럼 기표 중심이 되면 의미가 하나도 없는 것이겠죠? 다시 말해 '기의 없는 기표'가 됩니다. 이 말은 라캉의 기표론을 두고 지젝이 사용한 용어인데, 제가 『라캉과 지젝』의 '정신분석의 신학적 해석: 기의 없는 기표와 성서 읽기'에서 자세하게 다루었습니다. 그렇다면 의미가 지연되더라도 의미가 생겨야 되겠죠? 의미가 생기려면 은유의 축이 도래해야 합니다. 은유의 축은 분모와 분자를 가르는 막대가 제거된 것입니다. 이 막대가 저항인데, 이것이 없으니까 의미가 올라오는 겁니다. 이렇게 두 개의 축이 결합되어 의미가 도래합니다.

가령, 여러분이 아침에 일어나서 핸드폰을 열어 보니 '어젯밤에 큰 별 하나가 떨어졌다'는 제목의 기사를 보았다고 합시다. 잠시 동안 '뭐지?' 생각하면서 화면을 터치합니다. 손으로 화면을 내리면서 '과연 큰 별이 졌구나!' 이해합니다. 이때 기사 제목에서 기사 내용으로 가는 길이 환유의 축, 환유의 길이라고 한다면, 기사 내용을 읽으면서 큰 별이 졌다는 것이 의미하는 바를 이해하는 것이 은유의 길, 은유의 축이라고 말할 수 있을 것입니다. 환유의 길은 통사축, 인접, 조합인데, 기표를 조합합니다. 은유의 길은 동시축, 유사, 선택인데, 조합한 기표들이 갖는 의미를 선택하여 의미를 만들어 냅니다. 언어생활은 이런 두 축으로 이루어지고, 언어활동으로 짜이는 모든 것은 무의식을 재현합니다. 모든 것이 무의식인 셈입니다. 언어로 짜인 모든 것이 무의식입니다. 언어로 짜인 빅 데이터도 무의식이고, 제가 지금 여러분에게 글로 이야기하는 것도 무의식이고, 저와 여러분은 무의식의 고리, 무의식의 연쇄를 통해 의사소통하고 있습니다.

4차원상에서 거론되는 무의식

2차 위상을 말한 프로이트는 무의식의 무의식 ·

전의식의 무의식·의식의 무의식 이렇게 3개의 무의식을 가정하면서 모든 것이 무의식적인 것임을 드러냈습니다. 그런데 철학에서는 정신분석의 이런 개념을 인정하지 않습니다. 정신에 무의식이라는 심급이 있는 것이 아니라 단지 의식을 해석하는 가운데 무의식적인 것이 있다고 봅니다. 그러나 정신분석에서 무의식은 하나의 심급입니다. 2차 위상에서 무의식은 이드-자아-초자아로 설명되는데, 이때 무의식은 시간과 공간에 위치합니다. 즉, 4차원상에서 움직입니다. 다시 말해, 점이 0차원, 선이 1차원, 면이 2차원, 면체가 3차원인데, 면체가 시간과 공간에서 움직일 때, 4차원이라고 합니다. 언어활동의 두 개의 축은 시간과 공간의 4차원상에서 작용합니다. 그렇기에 인간의 정신, 특히 인간의 무의식을 다룬다는 것은 4차원의 영역에 있는 인간의 정신을 다룬다는 것입니다. 다시 말해, 4차원상에 투영된 인간의 정신에 대해 관심을 둔다는 것입니다. 이것은 증상으로 나타나기도 하며, 대상으로 재현되기도 합니다. 라캉에게 의학을 가르쳤던 선생님 가운데 한 분이 프로이트를 소개했는데, 클레랑보가 그분입니다. 클레랑보는 프랑스 정신의학 제1세대에 위치하는데, 그의 취미는 사진 찍는 것이었습니다. 1차 세계대전 때 북아프리카 알제리에 거주하면서 아랍 직물에 지대한 관심을 가졌습니다. 그곳에서 찍은 사진과 수집한 직물들이 파리에 있는 인간사박물관(Musée d'histoires des hommes)에 있습니다. 『에크리』에 수록된 글에 보면, 라캉은 자신의 유일한 스승이 클레랑보라고 말하고 있습니다. 그분의 책이 지금 한국에 번역되어 있는데, 제가 번역한 『여성의 에로틱한 열정과 페티시즘』입니다. 원제목은 '여성이 직물에 대하여 에로틱한 열정을 보일 때'인데, 생리 기간 때 비단을 훔치는 여성 사례를 다루고 있습니다. 그게 일종의 페티시즘인데, 그 당시만 해도 페티시즘은 남자의 증상이라고 알려졌습니다. 그런데 클레랑보가 그 사례 연구를 발표하면서 '여자도 페티시즘을 나타낼 수 있다'는 것을 주장했고, 지금은 그 사상이 받아들여지고 것입니다. 여러분, 혹시 얼마 전에 타계한 마광수 교수님을 아시는지요? 마 교수님은 여성의 페티시즘을 부각시키면서 남성 중심의 사회에 거하는 여성의 입장을 대변하신 대표적인 문인이셨습니다. 클레랑보는 실(絲)에 대해서 연구를 많이 했습니다. 실로 짠 아랍 직물에 매혹되어 그 실을 짜는 인간의 정신에 관심을 기울였습니다. 요즘처럼 기계가 짜는 직물에는 아무래도 기계의 성격이 담겨 있을 것이고, 인간이 일일이 손으로 짠 직물에는 인간의 정신이 투영되어 있을 것입니다. 클레랑보는 직물에 담긴 인간의 정신 활동을 글로 정리했고, 라캉은 이것을 이어받아 정신을 설명하는 데 사용했습니다. 직물은 4차원 상에 투영된 인간의 정신이자 4차원 상에 구조화된 인간의 무의식을 담고 있습니다. 직물은 환유의 축과 은유의 축으로 짜인 말(言)은 아니지만 씨실과 날실이 만들어 낸 인간정신의 재현물입니다. 이런 것에 관해 제가 저술한 『자크 라캉의 《세미나》 읽기』 261페이지 이하를 보십시오. 저는 여기서 0차원인 점(點), 1차원인 선(線), 2차원인 면(面), 3차원인 입체(立體), 4차원인 입체의 운동을 설명하면서, 인간 정신이 4차원의 세계에 있는 이유를 라캉을 도입하여 설명했습니다. 라캉은 차원의 단계를 거치면서 정신을 풀어내는데, 내담자의 정신을 이해하려는 시도입니다. 즉, 정신분석 기술을 학문적으로 정립하고자 하는 그의 열정이라고 보시면 됩니다. 굉장히 복잡하고 이해하기가 쉽지 않습니다. 그래서 이해하지 못하고 설명되지 않은 채 남아 있는 부분이 많습니다. 지금 라캉의 사위와 딸이 라캉의 저작권을 가지고 출판을 하고 있는데, 27권의 세미나 가운데 16개만 출판되어 있고, 다소 복잡한 강의는 아직 출판되지 않고 있습니다.

이처럼 무의식에서 비롯된 정신분석 영역이 무의식을 정의함에 있어서도 여러 굴절의 과정을 겪고 있습니다. 정신분석 영역의 개념들은 개념 자체로서의 기능도 있지만, 상담에 필요한 기술과도 연결됩니다. 그렇기에 이론과 실제가 동전의 양면처럼 함께 거론됩니다. 우리가 살펴본 언어활동처럼 짜인 무의식은 인지과학 영역에서 제기한 빅 데이터와 연관이 됩니다. 인지과학이 등장하기 시작한 1950년대에 라캉은 공개 세미나, 특히 두 번째 『세미나』를 개최하면서 정신분석과 인지과학의 연관을 염두에 두었습니다. 인지과학이 다루는 데이터와 정신분석이 다루는 무의식은 인간의 정신을 재현하는 요소(要素)라고 볼 수 있습니다. 라캉식 정신분석은 심층심리학이 설명하듯 인간의 무의식을 의식 깊은 곳에 숨겨진 요소로 보지 않습니다. 라캉식 정신분석은 환유의 축과 은유의 축으로 구성된 언어활동 자체(言)를 무의식이라고 이해합니다. 이런 면에서 볼 때, 인터넷상에서 흘러 다니는 말(이미지를 포함하여)은 무의식입니다. 이런 시대가 도래한 것을 본 라캉은 정신분석의 기술을 설명하기 위해서 여러 장치를 이용합니다. 그 장치는 프로이트에게서 비롯되었고, 프로이트에게서 비롯된 것을 학문적으로 정립하기 위해 언어학이라든지, 수학의 집합이나 기하학이라든지, 그리고 철학, 문학, 예술, 종교, 기독교 문화 등을 반영했습니다. 그렇기에 라캉에게 가는 길은 좀 복잡해 보입니다. 인공지능 등이 시대를 이끌어 가는 오늘날, 우리는 인지과학이 도래하는 것을 보고 무의식의 개념을 인지과학과 결합하고자 했던 라캉을 새롭게 평가하고, 기술 문명과 인간 정신의 만남이 어떤 방식으로 진행되어야 할지 고민하면 좋겠습니다. 특히 제가 기대하는 것은 정신분석(상담) 영역을 공부한 분들이 빅 데이터를 전문적으로 다루며, 이런 원리를 개인 상담뿐 아니라 집단 상담 등의 분야에서도 적용하는 것입니다. 이런 의미에서 라캉식 사유가 한국에서 다시금 재조명되길 바랍니다.

제 3 강

주체는 어떤 과정을 통해 발달하는가?

욕동la pulsion의 이원성과

4차 산업혁명 시대의 거울단계이론

정신분석에 관한 책을 읽다 보면, '자아'니 '주체'니 하는 용어가 나옵니다. '주체'를 이해하려면 우선적으로 '자아'를 알아야 합니다. 여기서는 '자아'에서 '주체'로 이르는 긴 여정을 살펴보겠습니다. 그래서 제목을 '주체는 어떤 과정을 통해 발달하는가? 욕동의 이원성과 4차 산업혁명 시대의 거울단계이론'이라고 정해 봤습니다. 제목에서 알 수 있듯이, 이 주제를 다루기 위해 프로이트의 욕동과 리비도, 라캉의 거울도식 그림을 설명할 것입니다. 우리가 발달단계를 배우다 보면 반드시 '욕동의 이원성'과 부딪칩니다. 욕동은 독어로 Trieb, 영어로 Drive라고 표현하고, 한글로는 추동, 충동이라고도 합니다. 열린책들에서 펴낸 프로이트 전집의 『정신분석학의 근본개념』 중에서 특히 「나르시시즘 서론」을 보면, 이 용어를 '본능'으로 번역했습니다. 이 번역은 프로이트가 하고자 했던 의도를 반영하지 못하는 것입니다. '욕동의 이원성'은 프로이트가 제시한 개념입니다. 프로이트가 태어난 1856년 당시에 '열역학 제1법칙'이라 불리는 에너지 보존법칙이 제시되었습니다. 이것은 1차 산업혁명을 이끌었던 증기기관에서 비롯된 것인데, 곧이어 2차 산업혁명을 이끌 전기가 발명됩니다. 여러분께서 잘 아시듯이 3차 산업혁명은 컴퓨터와 인터넷에 따른 정보화 및 정보통신의 시대이고, 지금은 인공지능을 내세운 4차 산업혁명의 시대에 들어섰다고 말합니다.

인간의 정신은 예나 지금이나 동일한 신체기관에 의해 작동되는 듯해도, 외부의 조건에 따라 반응하는 기능이 다르다고 볼 수 있을 것입니다. 그렇다면 3차 산업혁명을 거쳐 4차 산업혁명에 들어온 우리의 정신을 어떻게 이해할 수 있을까 하는 것은 인간의 정신을 상담하는 영역에서는 반드시 짚고 넘어가야 할 것으로 보입니다. 앞서 보았듯이 라캉이 세미나를 시작하던 시기는 인지과학이 등장하던 시기, 즉 3차 산업혁명이 시작되던 시기였습니다. 이런 시기에 라캉은 인간의 정신을 설명하기 위해 거울도식, 즉 거울단계라는 것을 활용했습니다. 우리는 이 도식을 점검하면서 3차 산업혁명에서 4차 산업혁명으로 이행하는 가운데 인간정신이 어떻게 전개되며 어느 쪽으로 흐를지 예측해 볼 수 있고, 이런 안목으로 상담에 임하면서 내담자를 이해할 수 있을 것입니다. 이 부분의 강의를 위해 제가 저술한 『자크 라캉의 《세미나》 읽기』 1장과 2장, 그리고 『첫사랑은 다시 돌아온다』(218페이지 전후)에서 다룬 거울도식을 참고할 수 있습니다. 이 도식은 『자크 라캉과 성서 해석』(177페이지)에서도 다루었습니다. 이런 책을 참고해서 읽어 보시면 도움이 되겠습니다.

(텅)빈 말을 하는 자아와 (꽉)찬 말을 하는 주체

앞서 저는 빅 데이터와 무의식을 연관지어 설명드리면서 빅 데이터를 해석하는 데 정신분석(상담)을 공부한 분들이 진출하면 좋을 것이라고 제안 드렸습니다. 정신분석은 말(言)의 양(데이터, 빈도수)이 많고 적음에 주의를 기울인다기보다 말의 질을 따진다고 볼 수 있습니다. 그런 면에서 라캉은 '(텅)빈 말' '(꽉)찬 말' 이런 용어를 사용합니다. '(텅)빈 말'은 자아가 하는 말이라고, 주체가 하는 말은 '(꽉)찬 말'이라고 볼 수 있습니다. 이게 무슨 말일까요? 자아의 말이 있고, 주체의 말이 있다는 걸까요? 그렇다면 '자아'는 언제 등장한 용어일까요? 앞서 보았듯이, 프로이트가 제시하는 정신 구조는 '무의식, 전의식, 의식(1차 위상)'의 심급, '이드, 자아, 초자아(2차 위상)'의 심급으로 되어 있는데, '자아'는 2차 위상 때 등장합니다. 이 말은 '자아'가 무의식의 산물이라는 것입니다. '자아' 그러니까 좀 생소하지만 프로이트가 제시한 것을 보면 굉장히 쉽습니다. 그렇다면 프로이트는 '주체'라는 용어를 사용했을까요? 그렇지는 않습니다. 이 용어는 라캉이 거울도식을 전개하면서 제기한 '(텅)빈 말을 하는 자아'와 '(꽉)찬 말을 하는 주체'를 구분할 때 사용했습니다. 프로이트를 읽다 보면 '자아의 분열'을, 라캉의 책을 읽다 보면 '무의식의 주체'를 심심찮게 보실 것입니다. 프로이트에게로 돌아간 라캉이 프로이트가 말한 '자아와 자아의 분열'을 '자아와 주체'로 설명하였다고 말한다면 좀 감이 올까요?

'자아'에 해당하는 독일어는 'Ich'이고, 영어로는 'I'입니다. 즉, '나'입니다. 그런데 제임스 스트레치가 이 용어를 영어로 번역하면서 'I' 대신 'Ego'라고 했습니다. 'Ego'는 라틴어이기도 하고, 그리스어이기도 합니다. 그리스어로는 'ἐγώ'라고 표기합니다. 뜻은 영어의 'I'에 해당합니다. 그런데 독일어에서 'Ich'는 바로 '나'인 데 반해서, 영어권에서 읽을 때 'I'와 'Ego'는 두 개의 다른 '나'가 됩니다. 이게 사람들을 굉장히 헷갈리게 합니다. 영어권뿐 아니라 불어권에서도 한국어권에서도 그렇습니다. '초자아'는 독일어로 'Über-Ich'입니다. '위(上)-나(我)' 그러니까 '위에 있는-나'란 뜻입니다. 그런데 영어 번역은 'Over-Ego'가 아니라 'Super-Ego'라고 했습니다. '이드'는 독일어 'Es'인데, '그것'이라는 뜻입니다. 영어로는 'It'이라고 보면 됩니다. 'Id'는 라틴어로 '그것'이란 뜻입니다. 이처럼 프로이트의 2차 위상 'Es, Ich, Über-Ich'는 영어로 'Id, Ego, Super-Ego'라고 번역되었습니다. 우리가 다룰 '자아'는 바로 여기서 비롯됩니다. 프로이트는 말하길, 이 자아가 분열되었다는 것입니다. '분열된 자아'는 '자아'와는 다른 '나'일까요? 그 '다른 나'는 무엇일까요? 라캉이 관심을 두는 것은 바로 이 지점인데, 여기서 라캉은 주체를 거론합니다. '주체'는 영어로 하면 'Subject'고, 불어로 하면 'Sujet'입니다. 단어로만 보자면, 'Sujet'는 라틴어 'Subjicere'에서 유래하고, 'soumis à' 'mettre sous'라는 의미를 지닙니다. 즉, '~에 종속된, ~아래 놓이다'입니다. 다시 말해 '나'라는 존재는 어떤 것에 종속되고,

어떤 것 아래 놓여 있습니다. 그래서 '주체Sujet'라는 말은 어디 뭔가에 그리고 어떤 것에 예속되어 있고, 어떤 것에 의해서 조종되는 나를 지칭하여 사용됩니다. 이에 반해 '자아'는 '주체'와는 달리 스스로 능동적인 활동을 합니다. 프로이트가 2차 위상에서 자아를 도입했다면, 라캉은 거울도식에서 자아와 주체를 도입하여 '(텅)빈 말'을 하는 자아와 '(꽉)찬 말'을 하는 주체를 말합니다. 즉, '자아'가 하는 말은 진실을 담고 있지 못한 말이고, '주체'가 하는 말은 진실을 담고 있는 말로 봅니다. 다시 말해, 분석 상황에서 자아가 하는 말은 증상에 대한 참의미를 담고 있지 않지만 주체가 하는 말은 참의미를 지닌다는 겁니다. 자아는 말하는 풍차마냥 계속해서 무엇인가 소리내어 말합니다만 상담에서 내담자의 증상을 보여 주는 진실한 말은 되지 못한다는 것입니다. 그렇다면 찬 말이 아닌 것과 찬 말을 어떻게 구분할 수 있을까요? 내담자가 와서 이야기할 때 이거는 자아가 하는 말이고, 이거는 주체가 하는 말이고, 상담자는 어떻게 판단을 할까요? 이것이 바로 라캉식 정신분석 기술에 관한 것입니다. 즉, 상담자는 내담자가 하는 말을 듣습니다. 이때 '집중하지 않는 주목'의 방식으로 듣는다고 앞서 소개해 드렸습니다. 그런데 어떤 말에 가서 내담자가 좀 다르게 반응할 때가 있습니다. 이때 상담자는 잠시 말을 중지하게 합니다. 그리고는 질문할 수도 있고, 다시 말을 하게도 합니다. 이렇게 리듬을 한번 꺾는 이유는 쉴 새 없이 내놓는 내담자의 (텅)빈 말을 제어하기 위한 것입니다. 이럴 때 내담자의 자아는 저지를 당하게 되고, 상담자에 예속된 내담자의 어떤 모습이 나타나게 됩니다. 상담의 기술은 상담자에 따라 다릅니다. 어떤 상담자는 (텅)빈 말을 내어놓는 자아에 초점을 두고 어떤 상담자는 (꽉)찬 말을 하는 주체를 부각시킵니다.

탈중심의 주체와 케플러의 타원형

라캉의 두 번째 세미나 주제가 프로이트의 자아인데, 프로이트가 말하는 자아를 명확하게 밝혀야 라캉이 말하고자 하는 주체가 드러납니다. 라캉은 자신이 말하는 주체가 중심에서 벗어난 존재라고 말합니다. 그럼 중심에는 무엇이 있겠습니까? 주체가 탈중심적 존재라고 말한다는 것은 자아가 중심적 존재라는 것을 말하는 것일까요? 물론 원형(圓形)에서 보면, 자아중심(centrement)과 주체편심(decentrement)이라고 말할 수 있을 것입니다. 그런데 타원형(橢圓形)에서 보면 어떨까요? 케플러는 태양계가 원형이 아니라 타원형으로 구성되었다고 말하였습니다. 즉, 태양계의 중심은 태양이지만 태양이 태양계의 정중앙에 위치하는 것이 아니라는 것입니다. 라캉은 케플러의 이런 이론을 인간의 정신에 비유했습니다. 이 비유를 통해 라캉이 말하고자 하는 것은 프로이트가 말한 분열된 자아와 그에 따른 심급입니다. 인간의 정신은 두 개의 탈중심을 가지고 있다는 것입니다. 하나는 '자아'요 또 하나는 '주체'입니다. 라캉이 제시하는 '거울그림'을 보시면 그 모양이 타원형입니다. 그 가운데 평면거울이 있고, 좌측에는 자아, 우측에는 주체가 들어섭니다. 또한 좌측은 1차 나르시시즘(O), 우측은 2차 나르시시즘(O')이라고 설명합니다. 첫 번째 세미나에서 라캉은 거울단계를 도입하면서 프로이트의 상담 기술을 이야기하고, 두 번째 세미나에서는 프로이트의 자아를 거론하면서 라캉식 주체를 도입합니다. 보통 상담이론에서는 '자아'에 관해 이야기하는데, 프로이트를 계승한다고 말하는 라캉이 주체를 끌어들이는 이유는 무엇일까요? 대중 세미나를 시작하면서 라캉은 '프로이트에게로 돌아가자'는 슬로건을 내겁니다. 이 말은 프로이트의 독일어 저작으로 돌아가는 것을 의미합니다. 라캉은 프로이트의 프랑스어 번역판본에 대해 비판적이었습니다. 용어 번역에도 민감했습니다. 라캉은 자신이 상담한 사례를 사용하지 않았습니다. 그는 프로이트의 사례를 즐겨 사용했는데, 자기 나름의 해석을 통해 프로이트와 거리 두기를 했습니다. 프로이트 사례를 재해석하면서 자신의 개념을 정리해 나갔습니다. 이런 과정을 통해 분열된 자아로부터 주체를 구성합니다.

프로이트를
언급하는 사람들

정신분석 영역에 발을 담그고 있는 사람이라면

누구나 프로이트의 것을 언급하는 가운데 자신의 것을 만들어 갑니다. 한국에서도 프로이트를 책 제목에 넣거나 프로이트에 관련해서 쓴 책만 수천 권에 달합니다. 그만큼 프로이트는 한 분야를 시작한 창시자로서 비중 있는 인물입니다. 정신건강의학과 정도언 교수님의 『프로이트의 의자』 부제는 '숨겨진 나와 마주하는 정신분석 이야기'인데, 이 책의 후작은 『프로이트 레시피』입니다. 요즘 '먹방'이 대세를 이루고 있는데 이 틈바구니에 프로이트도 가세하였습니다. 저자는 우리의 미각 중에서 다섯 가지의 감각을 이용하여 감정을 풀어냈습니다. 가령 단맛은 기억과 추억, 쓴맛은 성장과 성숙, 짠맛은 멘티와 멘토, 신맛은 편식과 편견, 매운맛은 저항과 인내를 재현한다고 말합니다. 이 책의 부제는 '음식을 통한 무의식의 탐구, 의식의 발견'인데, 오미(五味)에 따른 정형화된 무의식을 제시하기 위해 애쓴 흔적이 많이 보입니다. 이처럼 프로이트를 통해 자신의 이야기를 전개할 때, 프로이트의 견해와 자신의 견해가 어떤 상관 관계여야 하는지에 대해서 논한다는 것은 쉬운 일은 아닙니다. 라캉은 프로이트의 2차 위상을 들여다보면서 '무의식의 주체'를 끌어내었고, 정도언은 오미(五味)에 담긴 무의식의 탐구를 시도했습니다. 라캉의 경우는 앞으로 계속 살펴보겠지만 정도언의 경우는 『히스테리 연구』에 제시된 몇 가지 사례와 비교해 볼 수 있을 듯합니다. 가령, 어떤 집에서 일하는 가정부가 타는 냄새 때문에 고통스럽다며 프로이트에게 도움을 요청합니다. 이를 분석해 봤더니, 가정부로 일할 때, 안주인이 죽자 자신이 아이들을 돌보고, 아이 아버지도 챙기게 되었다고 합니다. 그래서 위치는 가정부였지만 심정으로 엄마이자 아내 노릇을 하게 되었다고 합니다. 그런데 어느날 부엌에서 요리하다가 아이 아버지에게 음식이 탔다며 심한 질책을 받았고 그 뒤 타는 냄새가 나지 않아도 타는 냄새 때문에 고생합니다. 프로이트는 분석을 통해 가정부인 내담자가 고통받게 된 이유를 밝힙니다. 탄맛은 정도언의 오미(五味)에는 속하지 않습니다. 만약 그가 탄맛을 제6미(第六味)로 다루었다면 탄맛이 재현하는 의미는 무엇이라고 했을까요? 제가 볼 때, 맛과 의미를 연결하여 무의식을 탐구하려는 시도는 무의식을 정형화하는 쪽으로 기운다고 봅니다. 이런 방법으로 연구하다 보면, 미국정신의학회에서 만든 DSM, 즉 '정신질환의 진단 및 통계 편람'(Diagnostic and Statistical Manual of Mental Disorder)과 같은 매뉴얼로 귀인하게 된다고 생각이 됩니다. 뭔가를 매뉴얼로 만든다는 것은 장단점이 있습니다. 무엇인가를 구조화시키다 보면 그 구조에 들어가지 않는 것에 대해서는 굉장히 소홀해질 수도 있습니다. 프로이트라는 이름을 걸고 책을 쓴다는 것은 다분히 프로이트적이어야 하는데, 프로이트적이라는 것이 어떤 것인지 규정하는 것이 쉽지 않아 보입니다. 라캉이 언어활동처럼 구조화된 무의식이라고 말하는데, 무의식이 구조화되었다는 것은 오미(五味)에 따른 의미들과는 좀 거리가 있어 보입니다. 동일한 맛의 음식을 먹으면 동일한 무의식의 감정을 탐구하고 의식을 발견하는지 질문하게 됩니다. 똑같은 커피를 마신다고 해서, 모든 사람이 같은 감정을 느끼지는 않을 것입니다.

주체의 해방

정신분석이라는 것은 어찌 보면 매우 구조적인 영역으로 보입니다. 모더니즘 그러면 구조적이지 않습니까? 포스트 모더니즘 그러면 탈-구조입니다. 포스트(post)라는 말은 '이후(以後)'라는 말도 되고, '탈(脫)'이라는 말도 됩니다. '이후'라는 말은 이전과 연결되고, '탈'이라는 말은 이전과 단절된다는 의미를 내포합니다. 구조주의에 속한다고 볼 수 있는 정신분석은 가정이라는 구조를 기반으로 서 있습니다. 이것을 정리한 것이 오이디푸스 콤플렉스입니다. 사람 마음의 복합성(콤플렉스)은 가정에서 기인합니다. 즉 가정이라는 구조에서 비롯됩니다. 그렇다면 가정이라는 구조에서 벗어나면 문제의 실마리가 보일까요? 어머니와 아버지의 관계 속에서 아이를 거론하는 구조를 벗어나면 복합적인 마음이 정리될까요? 앞서 보았듯이, 어떤 것에 종속되고, 어떤 것 아래 놓인 존재가 '주체'인데, 주체는 자아와 어떤 관계를 가질까요? 주체를 해방시키려면 어떻게 해야 할까요? 가정이라는 구조를 넘어서야 하겠죠? 정신분석은 구조와 면밀하게 대면합니다만, 주체의 해방을 위해서는 그 구조와 불편한 관계에 놓이게 됩니다. 여기서부터 굉장히 복잡해집니다. 의견도 달라질 수 있습니다. '포스트'가 이전과 연결과는 '이후'이거나 이전과 단절되는 '탈'일 수 있다고 말씀드렸는데, 어떤 입장에 서서 주체의 해방을 논하느냐에 따라 다양한 견해가 나올 수 있습니다. 정신분석의 목표는 무엇일까요? 그 구조 속에서 그대로 살 수 있게 도와주는 것인지, 그 구조에 변화를 가하면서 살도록 도와주는 것인지, 그 구조를 다른 관점으로 이해하도록 도와주는 것인지, 상담자는 내담자에게 어떤 입장에 서서 반응을 해야 할까요? 이런 담론은 철학의 영역으로 들어가는 것이며, 사회 전반에 관련되는 것입니다. 경제적인 문제라든지, 정치 문제와 연결되는 복잡한 문제입니다. 1968년 당시 프랑스를 비롯한 유럽에서 발생한 68항쟁은 주체의 해방과 연관하여 살펴볼 수 있습니다. 그렇기에 대중과 함께 세미나를 했던 라캉에게 1968년은 아주 중요한 시기였습니다. 당시 세미나에 함께 했던 들뢰즈와 가타리는 68항쟁을 기점으로 의견을 달리하게 되었고, 그것을 『안티 오이디푸스』에 표명하였습니다.

지금 한국은 4차 산업혁명이라는 세계적인 흐름의 반열 가운데 서 있습니다. 이미 지나간 세 번의 산업혁명 시기 때는 그렇지 못했었습니다. 1차 산업혁명은 1784년경 증기기관이 만들어지면서 일어났고, 2차 산업혁명이 1870년경 전기가 발명되면서고, 3차 산업혁명은 1969년경 컴퓨터 정보화 및 자동화로 인해 시작되었다고 합니다. 컴퓨터가 등장한 건 1946년경인데 3차 산업혁명의 시기는 이보다 좀 늦습니다. 지금 우리는 4차 산업혁명의 시기에 접어들었다고는 말하지만, 역사가 이 시기를 언제부터라고 정할지는 잘 알 수 없습니다. 검색을 해 봐도 정확한 연도는 나오지 않습니다. 이처럼 인류 도구(기술)의 발전 역사를 네 단계로 나누기도 하지만 케

빈 켈리(Kevin Kelly)처럼 두 단계로 나누기도 합니다. 그는 처음 세 번의 산업혁명을 1차 산업혁명이라고 부르고, 마지막의 산업혁명을 2차 산업혁명이라고 명합니다. 왜냐하면 처음 세 번은 다소 차이는 있지만 거의 동일한 연장선상에서 볼 수 있다는 겁니다. 하지만 지금 우리가 접어들고 있다고 말하는 산업혁명은 기술 수준 면에서나 파급 효과 면에서 볼 때 이전과는 매우 다른 양상을 보인다는 겁니다. 단계의 이름을 어떻게 하든, 4차 산업혁명의 중심은 인공지능(AI)이라고 말합니다. 물론 3차 산업혁명의 시기에도 인공지능은 연구주제였습니다만 4차 산업혁명에 들어와서 인공지능 부분이 급속도록 발전하였습니다. 특히 2016년 3월, 구글 딥마인드에서 개발한 인공지능 바둑 프로그램인 알파고AlphaGo와 이세돌 바둑 9단 간의 대국은 인공지능을 세간에 널리 알린 계기가 되었으며 이에 따라 4차 산업혁명에 접어든 세계의 미래를 실감하게 되었습니다. 3차 산업혁명과 4차 산업혁명 간의 시간적 간극은 1차와 2차에 비하면 절반으로 줄어들었습니다. 4차 산업혁명의 특징은 IT 산업에 기반을 둔 인공지능이 실재와 가상현실을 통합하는 데 있습니다. 실재와 가상현실을 통합한다는 게 뭘까요? 바로 육체의 노농(제조)과 정신의 노동(교육산업)에 변화의 바람이 일어난다는 겁니다. 3차 산업혁명 때 이미 컴퓨터가 있었지만, 이제 4차 산업혁명의 시기에는 컴퓨터가 단순하게 데이터를 저장하거나 검색하는 수준을 넘어 자기학습을 하고, 이를 통해 인간의 지능에 가까이 다가선다는 것입니다. 지금도 인공지능을 탑재한 로봇이 사람과 대화하거나 자동차를 운전하는 등 인간이 하는 기능을 수행하고 있습니다. 그렇다면 우리는 질문할 수 있습니다. 인간의 지능이란 무엇인가? 그리고 인공지능이란 무엇인가? 인간의 역사는 인간은 누구인가에 대한 질문과 답의 역사라고 볼 수도 있습니다. 인간의 기원이 거론되었고, 차츰 인간의 정신, 그리고 인간과 인간을 둘러싼 것과의 관계를 다루게 되었습니다. 이것을 다루려면 별도의 책을 저술해야 할 것입니다. 여기서 제가 설명 드리고자 하는 것은 인공지능과 자아, 주체에 관한 것입니다. 인간 개체는 태어나 성장하는 과정에서 자아가 형성되고 주체가 도래하고 성격이 형성되고 타자와 관계를 갖고 육체의 나이가 들수록 그에 따라 정신도 변화(발달)의 과정을 거치게 됩니다. 하지만 인공지능과 관계된 로봇은 인간과는 다른 길을 걷게 될 것입니다. 생로병사의 과정을 거치지 않고 계속해서 지속할 수 있는 인공지능의 시대에 과연 인간은 어떤 미래를 맞게 될까요?

라캉의 '거울그림1'과 자아

저는 앞선 강의에서 라캉이 말하는 언어활동처럼 구조화된 무의식이 인지과학의 등장을 염두에 둔 것이라고 말씀드렸습니다. 3차 산업혁명에서 기인하는 인지과학은 인지심리학,

인공지능, 언어학, 신경과학, 뇌과학, 인문학, 컴퓨터과학 등 복합학이 일군 성과라고 볼 수 있습니다. 4차 산업혁명의 시기에 인지과학은 빅 데이터라는 키워드로 표방됩니다. 앞선 강의에서 보았듯이 빅 데이터는 일종의 뭉쳐진 말의 덩어리이기에 그것이 의미하는 바가 무엇인지 해석을 요청하고 있습니다. 빅 데이터는 자아의 (텅)빈 말처럼 의미가 결정되어 있지 않습니다. 그래서 정신분석의 과정을 거치면서 (꽉)찬 말을 이끌어 내어 주체를 부각시켜야 합니다. 주체의 도래를 통해 나의 진실에 도달하게 됩니다. 정신분석 과정은 누에가 실을 뽑아내듯이 내담자가 빅 데이터를 내어놓는 과정으로 볼 수 있습니다. 라캉의 첫 번째 세미나는 '프로이트의 정신분석 기술'을 다루는데, 그 기술이 겨냥하는 곳은 어디일까요? 내담자의 자아를 겨냥하느냐, 내담자의 주체를 겨냥하느냐? 두 번째 세미나는 '프로이트에게서 자아'가 무엇인지 다룹니다. 그 결과 라캉은 '주체'를 말합니다. 프로이트에게서 자아는 무의식적인 나입니다. 2차 위상 자체가 무의식에서 유래하는 것이기에 당연한 것으로 볼 수 있습니다. 라캉에게서 주체도 무의식적인 나입니다. 이처럼 자아와 주체는 무의식적인 나에 관한 것입니다. 라캉 이전에는 어느 누구도 주체에 대해서 얘기하지 않았기에 주체는 '나'의 새로운 면모를 보여주는 일종의 정신의 비계(飛階)라고 볼 수 있습니다. 인류의 역사를 보면 인간을 설명하기 위해 다양한 비계가 거론되었습니다. 프로이트는 1차 위상, 2차 위상을 제기했고, 라캉은 상상적인 것, 상징적인 것, 실재적인 것을 도입했습니다. 자아가 상상적인 것에서 기인한다면, 주체는 상징적인 것에서 거론됩니다.

라캉은 세미나 2권에서 프로이트가 말하는 자아가 무엇인지에 대해 말합니다. 자아는 정신분석 기술이 적용되는 곳인데, 내담자의 〈자아〉와 〈주체〉에 적용되어 상담이 이루어집니다. 이때 기술이 자아에 집중되어야 한다는 쪽과 주체에 집중되어야 한다는 쪽이 있습니다. 자아심리학의 대표적인 사람은 안나 프로이트, 하르트만 등입니다. 지금 한국에 안나 프로이트의 책이 두 권 정도 번역되어 있는데 『자아와 방어 기제』가 그중 하나입니다. 제목이 보여 주듯 자아와 자아의 방어 기제를 다룹니다. 이 경우에는 자아의 방어 기제를 잘 조정하여 상담하는 게 상담의 목표가 됩니다. 자아의 방어 기제를 어떻게 조종하느냐가 환자를 대면하는 상담자의 기술이라고 볼 수 있습니다. 그런데 라캉은 거기에 이의를 제기합니다. 라캉이 공식 세미나를 할 즈음, 프랑스에 상륙하여 활개 치던 자아심리학파를 우려했습니다. 그런 모습이 세미나 저변에 깔려 있습니다. 안나 프로이트와 멜라닌 클라인은 1945년을 전후로 영국에서 극한 논쟁을 했는데, 라캉은 그런 걸 프랑스 쪽에서 바라보면서 고민을 했던 겁니다.

라캉이 말하는 자아와 주체를 보려면 그가 제시한 거울그림을 참고할 수 있습니다. 1936년에 라캉은 제14차 IPA(국제정신분석학회)에 가서 발표를 합니다. 주제가 '나의 구성에 관한 거울이론'이었는데, 발표하는 도중에 사회자였던 어니스트 존스가 중단시키는 일이 발생합니다. 라캉은 기분이 매우 안 좋았고 발표문을 제출하지 않았습니다. 그래서 출판되지 않았습니다. 1949년에 다시 글을 정리해서 출판하는데, 나중에 『에크리』에 담깁니다. 이건 어쩌면 1895년에 프로이트의 『과학적 심리학 초고』와 굉장히 많이 닮아 있습니다. 이 『초고』가 신경학자로서의 프로이트가 인간의 정신 구조가 어떻게 형성되는가를 이야기했다면, 라캉은 거울단계에 관한 이론을 이야기하면서 '나'라는 것이 어떻게 형성되는가를 이야기했습니다. 아래의 '거울그림1'을 보시면서 이 이야기를 더 해 보겠습니다.

오목거울은 숟가락과 비슷합니다. 숟가락 안쪽 면을 보세요. 어떻게 보이는지 한번 살펴보시길 바랍니다. 그리고 상자, 꽃, 꽃병이 있습니다. 이 그림에서 좀 특이한 건, 상자 밑에다가 꽃다발을 묶어 놓고, 상자 위에다가 꽃병을 놓아둔다는 겁니다. 바라보는 사람은 오른쪽(O)에 위치합니다. 빛이 오른쪽에서 왼쪽으로 비추면 오목거울에 상이 생기겠죠? 이때 오목거울에 비치는 상은 여러 가

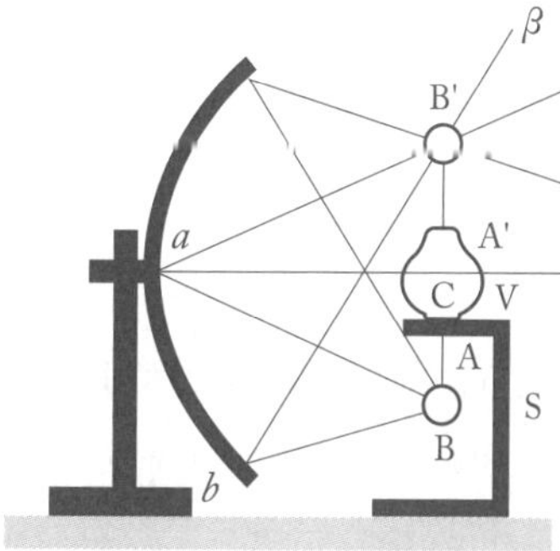

거울 그림 1

지입니다. 상자와 꽃, 꽃병이 어우러지면서 다양한 형태를 보입니다. 이것은 인간 정신이 외부의 사물을 받아들이는 과정입니다. 그러면서 인간 정신이 형성되는 겁니다.

가령, 아기(O)가 저 위치에서 누워 있다고 생각해 봅시다. 엄마 배 속에서 나온 아기가 '상자-꽃-꽃병'을 볼 때, 어떤 모습이 제대로 된 모습이라고 여길까요? 우리 어른이 봤을 때는 상자 위에 꽃병이 있고 꽃병 안에 꽃이 있어야 된다고 생각합니다. 그런데 아이는 그런 것이 당연하다고 생각하지 않고, 상자 밑에 꽃이 매달려 있는 게 제대로 된 것이라고 생각할 수도 있습니다. 근데 아이가 커 가면서 자신이 보았던 대로 해 보려고 하니 그렇게 되지 않습니다. 꽃이 꽃병에 들어가 있도록 하는 건 쉬운데, 꽃을 상자 아래에 매달려니 되지 않는 겁니다. 아이의 시선이 어느 쪽에 위치하느냐에 따라 거울에 맺히는 상의 형태는 달라집니다. 아이는 보는 대로 인식하게 됩니다. 그러다 보니 실제의 '상자-꽃-꽃병' 모습과 자신이 본 모습 간에 어떤 차이가 있는지를 알지 못하는 겁니다. 자신이 본 게 전부라고 생각합니다. 자신이 본 모습이 하나라면 갈등이 없을 겁니다. 그런데 이쪽에서 보니 이런 모양이고, 중간에서 보니 이런 모양이고, 저쪽에서 보니 저런 모양이 되는 겁니다. 아이의 눈(O)이 위에 갔을 때와 밑에 갔을 때의 위치에 따라서 눈에 맺히는 형태가 다 다를 것 아닙니까? 여러분이 직접 숟가락을 보십시오. 다 다르죠? 그런데 어느 순간에 가면 상자 위에 있는 꽃병에 꽃이 들어간 형태가 보이기도 할 것입니다. 그때 보이는 것을 설명해 보라고 말하면 "꽃병 안에 꽃이 있어요"라고 얘기하겠죠. 어쩌면 아기는 그게 '실재'라고 생각하겠죠. 근데 실제의 '실재'는 무엇입니까? 처음에 제가 말씀드린 대로 상자에 꽃이 매달려 있고, 상자 위에 빈 꽃병이 있는 겁니다. 이게 실재Réel입니다. 이것을 눈의 위치에 따라 빛을 통해 형태를 보게 됩니다. 이것이 상상에 의한 정신활동인데, 상상계, 상상적인 것Imaginaire이라고 말합니다. 이런 과정을 통해 여러 방향에서 보게 되는데, 이쪽에서 본 형태, 중간에서 본 형태, 저쪽에서 본 형태를 인식하고 비교하게 됩니다. 이것이 상징에 의한 정신활동, 상징계, 상징적인 것Symbolique이라고 말합니다. 이렇게 실재, 상상적인 것, 상징적인 것의 과정을 생각하는 겁니다. 경험을 통해 실재를 이해하는데, 경험의 과정은 상상적인 것에서 상징적인 것으로 이어집니다.

'거울그림2', 두 개의 나르시시즘과 두 개의 정체화(동일화, 동일시)

라캉은 프로이트의 두 개의 나르시시즘을 반영한 거울그림을 완성하여 제안합니다. 처음에 소개한 거울그림에는 오목거울만 있는데, 이번에 소개하는 거울그림에는 평면거울이 추가됩니다.

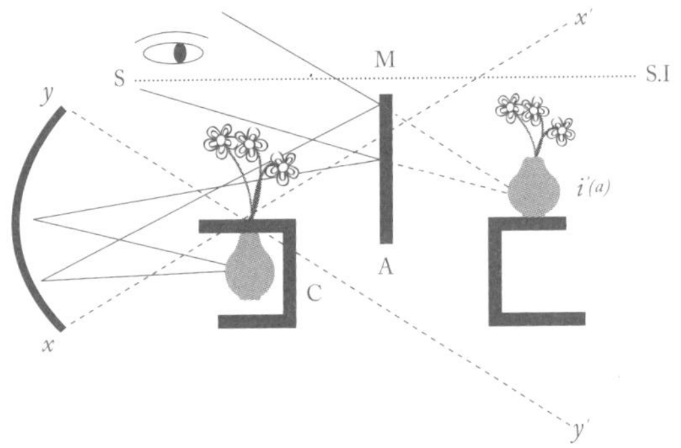

거울 그림 2

기호를 설명하면 다음과 같습니다. '$'는 분열된 주체(Sujet), '눈' 그림은 주체의 시선, 'M'은 평면거울(mirroir) 또는 자아(Moi), 'S'는 상상적 주체(Sujet), 'I'는 자아 이상(Ideal, 자극), '*a*'는 대상(autre, 타자, 상상적인 것), 'i′(a)'는 허구영상(상징적인 것), 'C'는 육체(corps, 실재), 'A'는 대타자(大他者, Autre, 평면거울), 'xy'는 오목거울의 폭, 'x′y′'는 오목거울의 시선의 폭, 그리고 기호로는 표시되어 있지 않지만 다양한 시선을 보여 주는 각도(角度)들이 실선과 점선으로 표시되고 있습니다. 또한 여기서는 나타나지 않지만 1차 나르시시즘과 2차 나르시시즘을 보여 주는 'O-O″'도 다른 그림에는 표시되어 있는데, 평면거울을 중심으로 좌가 O, 우가 O′입니다.

'거울그림2'를 '거울그림1'과 비교하면, 눈 위치가 오른쪽에서 왼쪽으로 옮겨졌습니다. 왜냐하면 가운데 평면거울이 들어왔기 때문입니다. '거울그림1'은 1차 나르시시즘만 이야기할 수 있지만, '거울그림2'는 2차 나르시시즘도 이야기할 수 있습니다. 여기서는 대상리비도가 작용하여 맺은 대상관계를 보여 줍니다. '거울그림2'에는 꽃병이 세 개 나타날 수 있습니다. 실재 꽃병, 오목거울에 비친 꽃병, 평면거울에 비친 꽃병 이렇게 세 개가 나타납니다. 그것을 간단하게 도식으로 표시하면 좀전에 보았던 것과 같습니다.

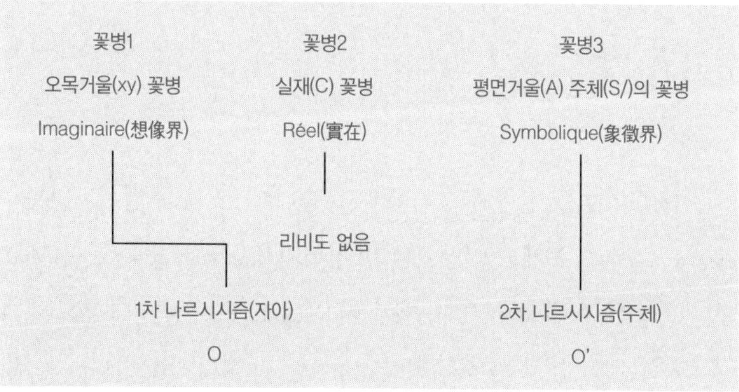

꽃병1은 상상적인 것이고, 꽃병2는 실재적인 것이고, 꽃병3은 상징적인 것입니다. 여기서 주체에 빗금이 그어져 있죠? 분열된 주체, 곧 무의식적 주체인데, 2차 나르시시즘에서 등장합니다. 1차 나르시시즘에서 2차 나르시시즘으로 이행해야 대상 관계를 맺는데, 곧 리비도가 외부로 가는 것을 일컫습니다. 가령, 아기가 배고파서 울면 엄마가 젖(가슴)을 물려 줍니다. 이제 배가 부릅니다. 근데 엄마 젖(가슴)을 계속 빨고 있습니다. 그래서 엄마가 아이를 떼어 놓고 갑니다. 또 우는 아이에게 엄마가 왜 우느냐고 물어봅니다만 아

이는 말을 못하니까 그냥 울기만 합니다. 아이가 우는 데는 다양한 이유가 있을 것입니다.

아기가 볼 때, 엄마 젖가슴은 누구의 것일까요? 엄마의 몸에 있는 거니까 엄마의 것일까요? 거울그림에서 보면, 젖가슴은 엄마의 것인지 아기 몸의 일부인지 분명하지 않습니다. 근데 엄마와 자기가 분리되면서 엄마의 젖가슴과 자기가 빠는 젖가슴이 구분됩니다. 분화되기 전에는 엄마를 실재라고 생각하지 않아요. 엄마는 나의 일부라고 생각합니다. 아이들의 놀이를 관찰해 보면, 옆의 애를 때려 놓고 자기가 웁니다. 그런 장면을 보시거나 이야기를 들어 보셨나요? 아직 나와 남을 구분하지 못하기 때문에 남을 때리고도 자기가 맞았다고 생각하는 겁니다. 이처럼 아기가 엄마 젖가슴을 자기 것이라고 생각하는 시기가 있습니다. 그런데 꽃병1과 꽃병2가 구분되는 과정을 거치게 되면, 엄마의 젖가슴이 내 것이 아니라는 걸 알게 됩니다. 그럼 엄마 젖가슴은 누구의 것일지 관찰합니다. 물론 엄마의 것이겠지만 엄마를 조종하는 게 아빠라는 걸 알게 되면서 아빠가 내 젖가슴을 가져간다고 생각하게 되고, 아빠를 방해꾼으로 규정합니다. 여기서 아이와 엄마, 아빠 간의 심리적 복합 구도가 형성됩니다. 이걸 오이디푸스 콤플렉스라고 부릅니다. 그러니까 아이와 젖가슴 간의 관계를 보면, 우선 '내가 곧 엄마의 젖가슴이다'라고 생각하는 단계가 있고, 이어서 '엄마의 젖가슴을 갖고 싶다'는 단계가 있습니다. 전자를 됨의 정체화(동일화, 동일시)라고 부르고, 후자를 가짐의 정체화라고 부릅니다. 『프로이트-무의식을 통해 마음을 분석하다』의 정체화 부분과 『첫사랑은 다시 돌아온다-프로이트와 라캉의 사랑론』을 읽어 보시면 잘 설명되어 있습니다. 됨의 정체화에서 가짐의 정체화로의 이행은 젖가슴을 갖고자 하는 아이의 전략에서 비롯됩니다. 젖가슴이 '될' 수 없다면 젖가슴을 '갖고자' 하는 겁니다. 이 구도는 엄마와 분리되면서 작동합니다. 분리가 안 되면 마마보이, 마마걸이라 말하고 분리되면 또 다른 젖가슴을 찾아 나서게 되는 겁니다. 이 과정에서 남성성과 여성성이 등장하게 됩니다. 즉 성 정체성이 생겨나는 거죠. 이처럼 성 정체성에는 문화적인 요소가 작용합니다.

거울그림과 세 심급

내담자가 분석가에게 와서 얘기할 때 분석가는 내담자의 이야기를 실재의 이야기라고 받아들여야 할까요? 소위 말하는 팩트(Fact)라고 보아야 하는지요? 만약 그렇게 생각한다면 분석가가 내담자를 너무 믿는다고 볼 수 있습니다. 그렇다고 모든 말을 불신하는 게 좋다는 말이 아닙니다. 그러면 내담가가 하는 말을 어떻게 이해해야 할 것이냐? 라캉이 인간의 정신활동을 세 심급(실재, 상상적인 것, 상징적인 것)으로 나누어서 설명한 라캉은 이것을 거울도식에서 설명했습니다. 거울도식에 나오는 그림 중 꽃병을 중심으로 다시 생각해 보겠습니다. 저는 꽃병을 세 겹으로 볼 수 있다고 생각합니다. 그러니까 꽃병1, 꽃병2, 꽃병3로 나누는 겁니다. 제가 아래에 세 겹의 꽃병을 설명했습니다. 이것을 라캉의 거울그림과 비교해 보시기 바랍니다.

꽃병1	=	꽃병2	꽃병3
오목거울 꽃병	=	실재 꽃병	주체의 꽃병
상상의 꽃병	=	실재의 꽃병	상징의 꽃병
Imaginaire(想像界)	=	Réel(實在)	Symbolique(象徵界)
자아(Ego)	=	Id	주체(Je,Sujet)

제가 여러분에게 세 겹(심급)의 꽃병을 소개하는 이유는 내담자가 상담자에게 와서 이야기하는 것을 설명하기 위해서입니다. 상담자는 내담자가 하는 말이 꽃병1인지, 꽃병2인지, 꽃병3인지 파악하는 게 중요합니다. 여기서 꽃병은 내담자가 상담자에게 얘기하는 하나의 단어일 뿐이고, 내담자가 상담자에게 말하는 여러 단어들 또한 이런 방식으로 이해한다는 것입니다. 시간순으로 보자면, 꽃병2→꽃병1→꽃병3이지만 인지순으로 보자면 꽃병1·2→꽃병3이 될 것입니다.

꽃병1은 제가 '오목거울 꽃병'이라고 했고, 'Imaginaire(想像界)', 상상의 어떤 경계입니다. 그 밑에 자아는 이걸(오목거울 꽃병) 가지고 사는 거죠. 그리고 가운데 있는 이걸(꽃병2) '실재 꽃병'이라고 했습니다. 이게 영어로는 'Real'이겠지만, 불어로는 'Réel(實在)'입니다. 불어에서는 '레'가 더 세게 되면 '헤'가 되거든요. 그래서 불어로 '헤엘'이라 읽습니다. 처음에는 꽃병1과 꽃병2가 구분되지 않습니다. 이 단계에서는 두 개의 차이를 이해하지 못하고 이 두 개가 같다고 봐요. 점점 크면서 이 두 개가 다르다는 것을 깨닫기 시작합니다. 내가 알고 있는 건 꽃병1인데, 꽃병2에 대해선 내가 알 수가 없다는 것을 깨닫는 거죠.

인간이라는 존재는 미래를 정확하게 예측할 수는 없습니다. 미래는 희망이고 과거는 지식(경험)입니다. 내담자가 와서 미래 이야기 대신 과거 이야기를 합니다. 과거는 시간이 지난 거니까 없는 겁니다. 그 당시로 돌아가서 다시 그때 상황을 본다면 모를까, 다시 돌아갈 수 없어서 기억에만 의존합니다. 그러니까 꽃병2를 모르는 겁니다. 꽃병1을 꽃병2라고 생각하고 있습니다. 내담자는 두 개의 꽃병이 있다는 것조차 모릅니다. 분석의 목표는 우선 이 둘을 구분하는 데 있습니다. 가상현실(꽃병1)과 실재(꽃병2)의 경계가 분명하게 되어야 합니다.

우리가 다큐멘터리를 시청하면서 아프리카 밀림에서 동물들이 뛰어노는 것을 보는데, 그게 '실재'라고 생각하지만 사실 그것은 '가상 세계'잖아요? 이미지로 우리에게 전달되는 겁니다. 우리는 실재와 가상 세계를 분명하게 구분합니다. 하지만 그 경계가 없어진다면 어떤 일이 발생할까요? 상담은 내담자가 이런 경계를 정확하게 구분하는지 파악하는 과정을 거칩니다. 우리가 살아간다는 것은 이 경계가 무너지는 과정이고 이게 탁 터질 때 건강한 정신을 갖게 됩니다. 터져서 이 두 개가 완전히 분리가 되는 과정, 그 과정이 되어야만 인간이 정신활동을 바로 하게 됩니다. 이게 안 터지면 autism이 되는 거죠. 자폐적인 상태에 놓입니다. 이게 탁 터져야지 분리가 되는 거죠.

그러니까 우리의 정신은 '꽃병1과 꽃병2'의 비구분(非區分)에서 '꽃병1과 꽃병2'의 구분으로 진행합니다. 즉, '상상계=실재'의 비구분에서 '상상계≠실재'의 구분으로 진행됩니다. 다시 말해, 언어 체계와 말의 체계가 같다(언어 체계=말의 체계)는 것에서 언어 체계와 말의 체계가 다르다(언어 체계=말의 체계)는 것으로 진행됩니다. 우리가 잘 아는 '산은 산이요, 물은 물이다'이라는 표현을 이해하기 위해서도 이런 논리를 적용할 수 있습니다. 즉, '산=산'인지 '산≠산'인지를 따져 볼 수 있습니다. 언어 체계와 말의 체계가 딱 결합된 상태가 '산=산'이고, 분리된 상태가 '산≠산'입니다. 우리의 일상생활에서도 이런 사례를 찾을 수 있습니다. '가가 가서 가를 보고 왔다 아이가'나 '거시기가 거시기 한 게 거시기 히갔고 거시기 함시롱 거시기 히부렀어' 경상도 사투리와 전라도 사투리에서 이런 말을 종종 하는데, 맥락을 잘 알면 알아듣기는 해도 그렇지 않으면 정확하게 알아듣기는 쉽지 않습니다. 말문을 트지 못한 아이들끼리 노는 것을 보면 이런 일은 자주 발생한다. "아!" 그러니까 "어!" 그러면서 알아듣고, "응!" 그러니까 "우웅!" 알아듣습니다. 그런데 제대로 알아들었는지, 매번 제대로 알아듣는지는 잘 알 수 없습니다. 아마도 서로 잘 통하지 않으니까 답답한 게 있을 겁니다. 그래서 언어 체계에서 말의 체계로 들어오려는 의지가 생기게 되고 언어학습에 흥미를 보이게 됩니다.

주체의 탄생 과정

라캉은 이런 것을 염두에 두고 6개월부터 18개월 동안 진행되는 정신활동을 거울단계라고 부르면서 이론화했습니다. 6개월부터 18개월 동안의 기간은 아기가 말의 체계에 정착하여 무의식이 짜이는 시기입니다. 무의식이 언어활동처럼 구조화되는 시기입니다. 김열규는 '무의식은 언어와 마찬가지로 구조화된다'고 번역했는데 '무의식은 언어활동과 마찬가지로 구조화된다'라고 하면 더 이해가 쉬울 것입니다. 언어활동langage이 은유의 축과 환유의 축의 교차로 이루어지듯, 이와 마찬가지로 무의식도 언어활동처럼 짜인다는 겁니다.

물론 아이들마다 편차가 있는데, 어떤 아이는 생후 10개월 만에 단어도 말하고 어떤 아이는 그 후에 말하기도 하잖습니까? 일반적으로 생후 18개월쯤 되면 어떤 말의 체계를 갖게 됩니다. 인간은 언어 체계를 갖고 태어납니다. 인간은 개나 침팬지와 다른 언어 체계를 가집니다. 미국에 있는 침팬지를 한국에 갖다 놓아도 한국말을 못 하지만 한국 아이를 미국에 갖다 놓으면 미국말을 합니다. 인간은 언어 체계를 가지고 있기에 어떤 말이라도 습득할 수 있습니다. 말은 그 문화를 반영합니다. 인간의 공통 기반인 언어 체계를 바탕으로 말이 구성됩니다. 18개월 정도에 말의 체계가 갖추어집니다. 이것이 인간의 신비로움이지 않습니까? 언어 체계가 있다고 해서 인간이 저절로 말하는 것은 아닙니다. 학습이 동반되어야 합니다. 말로 그 문화를 배우지 못하면 그 문화가 갖고 있는 것을 배울 수 없습니다. 정신의 3심급이 형성되어 작동되지 않으면 정신활동이 작동되지 않습니다. 하나의 심급이면 거의 신의 수준입니다. 꽃병2에서 꽃병1로의 이행 과정에서 억압을 하는 기제가 작동합니다. 그것을 우리는 자아의 기능이라고 말합니다. 자아는 다양한 기능을 하는데, 대표적인 게 꽃병2에서 꽃병1로의 이행이고, 또한 억압 기제의 작동입니다. 즉, 자아는 방어체계 및 상상계의 기능을 가동합니다.

그러니까 인간이 태어났을 때는, 기본적으로 꽃병2와 꽃병1은 연결되어 있습니다. 이것을 분리해 내는 기능을 하는 게 자아입니다. 자아가 굉장히 중요한 기능을 합니다. 분리해 내면서 동시에 억압하는 방어기제를 가집니다. 무의식의 1차 과정, 2차 과정을 거친다는 것은 응축과 전치라는 과정을 거친다는 것인데, 이 과정이 바로 언어의 체계에서 말의 세계로 이행하는 겁니다. 꽃을 꽃이라는 말로 표현하는 순간, 저 꽃과 이 꽃이 분리됩니다. 김춘수의 시 「꽃」의 구절 중 "내가 그의 이름을 불러 주었을 때 그는 나에게로 와서 꽃이 되었다"에서 보듯, 이제 저 꽃과 이 꽃은 다른 게 됩니다. 누군가를 어떤 기표로 부를 때 그 누군가는 이미 죽는 게 되는 겁니다. 그래서 우리가 실재의 죽음이라고 그러면 기호로 불리는 그 대상이 죽는다는 거예요. 그러면 사는 게 뭡니까? 그 기호가 사는 거죠. 실재는 죽는 겁니다. 실재는 죽고 기호가 사는 겁니다. 더 나아가서는 기표가 사는 겁니다. 기표로 말하는 주체가 사는 겁니다. 라캉이 말하는 주체는 바로 여기에 있습니다. 이런 과정을 통해 주체는 탄생합니다.

말의 두 체계,
(텅)빈 말과
(꽉)찬 말

구약성서의 창세기를 보면 아담과 하와가 에덴동산에 놓인 다음, 사물에 이름을 붙이는 일을 합니다. 이 일은 하나님의 형상과 모양을 따라서 만들어진 인간이 사물을 다스리는 행위입니다. 사물에 이름을 붙인다는 것은 실재를 죽이는 일이라고 말합니다. 사물의 목숨을 끊는다는 게 아니라 사물에 기호를 붙이는 과정에서 상상적인 것이 솟구치는 것을 의미합니다. 상상계의 자아는 실재와 직접 대면하지 않고 실재의 이미지와 대면하게 됩니다. 가령, 우리가 유아에게 말을 가르치는 과정을 봅시다. 자동차를 알려 줄 때, 그림의 자동차를 보여 줍니다. 왜 그럴까요? 현장 교육이라면 실제 자동차를 보여 주면 될 텐데, 왜 그림으로 보여 줍니까? 이것은 정신의 3심급을 향한 발달단계를 거치는 거라 볼 수 있습니다. 그때부터 아이는 사물을 오인합니다. 기차가 아닌 것을 기차로 생각하고, 차가 아닌 것을 차로 생각하며 사는 거예요. 실제의 사물로부터 소외되는 겁니다. 이미 그게 증상입니다. 그래서 증상으로 짜이는 것이 자아입니다. 그렇게 형성된 자아는 어느 정도 단계를 거치면 '아, 모든 게 허구였구나!' 깨닫습니다. 이때부터 아이는 허구 말고 진짜를 봐야겠다고 생각합니다. 그래서 기차를 보러 떠나고, 자동차를 보러 떠납니다. 사물과 직접 대면하는 과정을 거칩니다. 동물원에서 본 사자에 만족하지 못하고 사자를 보러 아프리카 들판으로 가기도 합니다. 자동차를 대면하고 기차를 대면하는 겁니다. 실재와 마주하는 겁니다. 이때 어떤 경험을 하게 될까요? 그러면서 비로소 소외로부터 해방될 수 있겠죠? 그럴 때 주체가 나타나는 겁니다. 만일 주체가 형성되지 않고 주입된 방식 그대로 살아가면 주체가 등재되지 않는 거예요. 그러면 자아 중심으로 사는 겁니다. 그래서 자아 중심의 존재와 자아의 허구성을 깨달은 주체가 탄생하려면 꽃병1과 꽃병2의 메커니즘을 이해해야 합니다. 그 과정을 이해해야 소외된 상태에서의 자아를 인식하게 되고, 거기서 주체가 나오는 겁니다. 그래서 상담자가 주체를 대면하면서 상담할 것이냐, 자아를 대면하면서 상담할 것이냐는 질문이 제기될 수 있습니다.

라캉은 자아의 말을 (텅)빈 말이라고 했습니다. 신약성서 고린도전서 13장 1절에 보면 “소리 나는 구리와 울리는 꽹과리”라는 문장이 나옵니다. 요란한 소리를 내는 타악기는 무슨 진실을 말하고자 계속해서 울립니다. 그러나 우리는 그 소리의 진실을 들을 수 없습니다. 그런 중에 소리꾼이 노래하게 되면 거기서 우리는 그 가락이 전하고자 하는 메시지를 받습니다. 가락으로만 받는 메시지도 있습니다만 소리꾼의 노래가사가 곁들여진 메시지는 우리 정신에 더 정확하게 작동합니다. 사물놀이나 관현악 연주를 듣다 보면, 우리의 감각에 전달되는 어떤 것이 있습니다만 그것이 이미지 형태나 기호 형태로 전달되지, 말의 수준으로는 도달하지 않습니다. 즉, 언어체계에 머물지 말의 체계로 진입하는 게 아닙니다. 라캉은 말의 체계를 다루었는데, (텅)빈 말과 (꽉)찬 말입니다. (텅)빈 말은 참의미가 담겨 있지 않고, (꽉)찬 말은 참의미를 담고 있다는 겁니다. 어떤 말을 상대하여 상담할 것인가? 자아를 강조하는 쪽에서는 이 말을 상대하고, 이걸 분석하기 위한 기술을 발전시킵니다.

욕동의 이원성과 거울그림

꽃병1의 위치에 있는 자아가 상상계를 구동(驅動)시킵니다. 이 구동을 통해서 상상계와 실재가 구분됩니다. 자아는 상상계를 구동시킴으로써 자동적으로 실재가 있다는 것을 알게 됩니다. 이런 역동성이 드러나는 거죠. 이 '구동'을 다르게 이야기하면 욕동(慾動), 추동(推動), 충동(衝動)이라고 이야기할 수 있습니다. 이런 단계를 프로이트는 '1차 나르시시즘'이라 그랬어요. 리비도가 자기 내부에서 머무르면서 돌아다닙니다. '욕동의 이원성'이라는 것은 처음에는 리비도가 없었는데, 어느 순간부터 리비도가 생긴다는 겁니다. 처음에 욕동이 없었을 때를 자아욕동, 리비도가 생길 때를 성욕동이라고 표현했습니다. 제가 저술한 『프로이트-무의식을 통해 마음을 분석하다』의 195페이지를 보시면 1차 위상 때의 욕동과 2차 위상 때의 욕동에 관한 설명이 나옵니다. 리비도가 있고 없고에 따라서 자아욕동과 성욕동으로 나눈 겁니다. 자아욕동에는 리비도가 없고, 성욕동에는 리비도가 있습니다. 그래서 욕동의 이원성이라고 합니다. 그런데 융은 처음부터 리비도가 있다고 말하면서 욕동의 1원성을 이야기합니다. 프로이트는 욕동의 이원성 이론을 계속 지켜 나갑니다. 2차 위상에 가서도 죽음욕동과 생명욕동으로 나눕니다. 1차 위상에서 했던 것을 조금 다른 식으로 더 포괄적으로 이야기한 겁니다. 프로이트는 성욕동을 다시 둘로 나누어 자아리비도와 대상리비도로 제시합니다. 자아리비도는 1차 나르시시즘, 나르시스적 유형에 관한 것이고, 대상리비도는 2차 나르시시즘, 의존적 유형에 관한 것입니다. 그러니까 자아리비도는 'Libido of Ego'인데, 여기서 'of'의 의미는 '~로부터 출발하는'이라는 뜻입니다. 그러니까 자아리비도에서 'of'는 '자아로부터 출발하는 리비도'란 뜻이에요. 근데 대상리비도에서 'of'는 '~에 가 닿는'이란 의미라서 '대상에가 닿는 리비도'가 됩니다. 그래서 내용을 잘 모르면 번역이 잘 되지 않습니다. 자아리비도는 자아에서부터 출발은 하지만 아직 대상과 관계를 맺지 못합니다. 그래서 1차 나르시시즘이라고 합니다. 계속 시도를 하다가 언젠가는 대상과 관계를 맺지 않습니까? 그럴 때 2차 나르시시즘이라고 합니다. 프로이트의 1차 나르시시즘은 라캉의 거울도식에서 꽃병1과 꽃병2에 관계되고, 프로이트의 2차 나르시시즘은 라캉의 거울도식에서 꽃병3에 관계됩니다.

다시 정리하면, 1차 위상 때 욕동의 이원성은 자아욕동과 성욕동입니다. 자아욕동 때는 꽃병1과 꽃병2가 나눠지지 않은 상태라고 볼 수 있습니다. 어쩌면 실재라고 볼 수 있습니다. 성욕동 때는 1차 나르시시즘과 2차 나르시시즘의 시기입니다. 1차 나르시시즘은 상상계에 머물면서 아직 상징계로 진입하지 못한 상태고, 2차 나르시시즘은 상징계로 진입하는 단계입니다. 이렇게 프로이트가 말한 욕동의 이원성을 수용한 라캉은 정신의 발달 과정을 실재, 상상적인 것, 상징적인 것으로 설명합니다. 그러니까 상담 과정이란 건 이런 과정을 거치면서 형성된 인간의 경험(기억, 지식)을 살피는 겁니다. 정신의 형성 과정을 되돌리면서 작업합니다. 필름을 거꾸로 돌리는 것과 같을 겁니다. 리모콘의 Rewind 기능을 작동시키는 거죠. 내담자가 실재의 이야기를 못 하니까, 실재와 상상계, 상징계를 구분 못 하니까 그것을 구분하도록 도와주는 겁니다. 구분하면서 자신의 역사를 다시 기술하도록 돕습니다. 말하자면 '다시 쓰는 나의 인생', 이런 과정이 상담 과정인 겁니다. 상담자는 내담자에게 계속 이야기해 보라고 거들면서 실재로 돌아가는 분석여행을 합니다. 계속 꽃병2로 돌아가는 거예요. 내담자는 실재를 자기 나름대로 이해하고 있습니다. 만약에 부모가 살아 있으면 물어볼 수도 있습니다. 프로이트도 자기 분석을 하는 과정에서 부모님의 기억과 형의 기억의 도움을 받아 자신의 왜곡된 기억을 바로잡기도 했습니다. 오해를 통해 자기를 힘들게 했던 기억에서 풀려나는 경험을 한 겁니다. 이런 의미에서 가족 상담은 실재를 이해하는 소중한 치료법이 됩니다. 실재에 대한 아버지의 이해가 다르고, 엄마의 이해가 다를 수도 있습니다만 최소한 내담자 자신이 알고 있던 것은 아니라는 것을 깨달을 수 있습니다. 플라톤이 동굴 비유를 하면서 '상기想起, 回想, reminiscence'의 문제를 거론했는데, 라캉도 이것을 도입하여 거울그림을 설명했습니다. 즉, 라캉은 상담 기술을 정리할 때 프로이트의 소논문들에서 끌어오기도 했지만 플라톤의 저서 여러 부분을 차용하여 자신의 이론을 풀었습니다.

거세와 실재

내담자의 심적 상태를 알아보려면, 내담자가 하는 말을 들어 보면 되는데, 거울단계의 관점으로 듣다 보면 그 상태를 파악하는 안목이 생기게 됩니다. 외국의 거주 문화를 보면, 어느 시점이 되면 아예 아이를 따로 재우고, 어느 시기가 되면 재정적으로도 독립시킵니다. 그런데 한국에서는 계속 한집에 사는 경우가 많습니다. 그래서 1차 나르시시즘이 문화에 강력하게 녹아 있습니다. 아담과 하와가 에덴동산에서 쫓겨나는 것을 보시면 그 단면을 잘 볼 수 있습니다. 신이 되려 했기 때문에 쫓겨나서 인간으로 살라는 겁니다. 선악을 알게 하는 나무 실과를 먹은 인간이 생명나무 실과도 따먹고 영생할까 봐 에덴동산에서 쫓겨난 겁니다. 추방당했다고 아담과 하와가 신이 되어 영생하고자 하는 욕망이 없어졌겠습니까? 그들의 욕망은 후손에게도 이어져 바벨탑을 쌓습니다. 그 결과 신은 다시금 그들의 욕망을 좌절시킵니다.

라캉의 용어 중에 가장 어려운 것이 실재라고 볼 수도 있습니다. 아버지를 말할 때, 실재의 아버지, 상상의 아버지, 상징의 아버지를 나누어 설명할 수 있는데, 내담자가 실재의 아버지를 이야기 한다고는 하지만 분석가 쪽에서는 그렇게 보지 않습니다. 실재를 대면한다는 것은 엄청난 겁니다. 성서를 보면, 신의 실재와 대면하면 죽는다고 했습니다. 그래서 인간은 신의 이미지 또는 다른 형태의 현현을 통해 신을 만납니다. 신 또한 그런 형태로 인간에게 나타납니다. 사람의 경우에도 이와 비슷한 경우가 있습니다. 노아가 술에 취해 장막에서 벌거벗은 채로 잠자고 있었는데, 아들 함이 노아의 하체를 보고는 두 형제에게 말해 줍니다. 이 이야기를 들은 셈과 야벳은 뒷걸음쳐 들어가서 아비의 하체를 덮고는 그것을 보지 않습니다. 술에서 깬 노아는 함에게 말하길 형제의 종들의 종이 되라면서 저주합니다. 히브리적 사유에서 실재는 이런 뉘앙스를 갖습니다. 그럼 헬라적 사유에서 실재는 어떤 모습을 할까요? 플라톤은 이데아론을 말합니다. 이데아의 세계를 알기 위해서는 '상기'라는 방법을 사용하는데, 이 일을 하는 이가 철인(哲人)이라고 말합니다. 이데아가 실재라면 이 땅의 모든 것은 이데아의 그림자라고 봅니다. 아리스토텔레스는 '부동의 동인不動의 動因'을 말합니다. 자기 스스로는 움직이지 않지만 다른 것을 움직이는 동인이라는 의미입니다. 제가 만약에 움직이지 않으면서 어떤 걸 돌려야 된다면, 그게 가능하겠습니까? 세상에 어떤 동력이 자기는 안 움직이면서, Drive 안 하면서 타인을 Drive 할 수 있겠습니까? 아리스토텔레스는 그걸 존재의 원인이라고 말한 겁니다. 정말 기막힌 정의를 내려놓은 겁니다. 그 존재에 대한 경험이 종교인 셈입니다. 부동의 동인에 대해서는 알 수 없지만 부동의 원자는 자기 나름대로 자기의 흔적을 남깁니다. 그것을 보고 신앙인은 종교체험을 이야기합니다. 실재의 흔적을 이야기하는 것입니다. 즉, 내담자가 와서 상담자에게 뭘 이야기해도 그것은 실재를 말하는 것이 아니라 실재와의 만난 경험, 실재로부터 받은 흔적을 이야기하는 겁니다. 상상계(상상적인 것)로 남고, 상징계(상징적인 것)로 남은 것을 이야기하는 겁니다. 그것을 내담자는 말하는 거죠. 그 흔적 너머에 있는 실재에 가까이 가는 건 인간이 꿈꾸는 겁니다. 그 꿈은 소포클레스가 『오이디푸스왕』에서 말했던 어머니와 잠자는 것으로 표현되기도 합니다. 또한 아담과 하와가 뱀에게 속아서 선악과 나무를 먹고 신처럼 죽지 않고자 했던 것에도 나타납니다. 이런 흔적은 지금 진행 중인 4차 산업혁명에도 나타납니다. 4차 산업혁명은 과학기술을 이용해 가상의 현실과 실재 간의 경계를 허무는 데로 나갑니다. 실재와 우리가 동일화(정체화)되는 시도를 하는데, 여기서 동일화가 상상적인 것인지, 상징적인 것인지, 실재적인 것인지를 따져 보고 비판하는 작업은 아직 걸음마 수준으로 보입니다. 이런 흐름은 요즘 인공지능을 도입하여 증강현실게임을 하는 데서도 나타납니다.

거울그림과 성격 형성

'S'에다가 빗금이 쳐 있는 주체($)가 분열된 주체(Sujet)라고 말했습니다. 이 주체는 상징계에서 등장합니다. 주체에 금이 간 건 거세된 겁니다. 상징계로 들어온 겁니다. 주체가 상징계에서 등장한다는 건 주체가 상징계에서 욕망한다는 걸 의미합니다. 하고 싶은 대로 다 하는 게 욕망이 아니라는 겁니다. 하고 싶은 대로 하되 법이 허용하는 한에서 하는 겁니다. 엄마의 젖가슴을 갖고 싶어도 아버지라는 법의 허용 범위 안에서 갖는 겁니다. 여기서 아버지는 상징적 의미인데, 아버지를 대신하는 상징적인 것이 주체의 욕망을 조절합니다. 상징적 아버지가 있다는 것은 상상적 아버지, 실재적 아버지도 있다는 겁니다. 상상적 아버지나 실재적 아버지는 상징적 주체와는 상관이 없습니다. 상상적 아버지는 상상적 자아와 연관이 있고, 실재적 아버지는 자아가 등장하기 이전의 나와 관계가 있습니다. 그러니까 원초적 나, 상상적 자아, 상징적 주체 등 세 겹의 나에 대해 이야기할 수 있는 셈입니다.

젖가슴이라는 대상(a, 실재대상, 타자)은 상상계에서는 'i(a)'(실재영상)이고, 상징계에서는 'i′(a)'(허구영상)라고 표시합니다. 젖가슴이라는 대상 앞에서 자아는 이상적 자아, 자아 이상, 초자아 등의 분화된 것으로 드러납니다. 또한 주체도 '실재대상→실재영상→허구영상'의 과정을 거치면서 실재 젖가슴을 이미지로 형태로 받아들여 언어 체계로 간직합니다. 상징계는 상상계를 통해 여과한 실재의 결과입니다. 그러니까 상징계의 대상은 실재의 대상과는 너무 다른 것입니다. 지금의 우리는 상상계의 매개 과정을 거치면서 형성되었고 지금도 계속 형성 중입니다. 상징계와 실재 사이에 상상계가 있는데, 4차 산업혁명은 실재와 상상계를 상징계에서 합치려는 경향을 보입니다. 어찌 보면 뭔가 편리한 점이 있기 때문에 그렇게 하고자 합니다. 그런데 우리같이 '실재대상→실재영상→허구영상'의 과정을 거친 사람들이 그것을 보는 거와 이 단계를 거치는 과정에 있는 아이들이 곧바로 4차 산업혁명의 결과물을 접하는 거는 다를 수 있지 않습니까? 요즘 아이들은 스마트 기기 작동법을 배우지 않아도 그냥 만지면서 터득합니다. 일련의 '실재대상-실재영상-허구영상'의 혼돈 과정을 거치면서 사물을 인식하는 것이 좋은지, 이런 과정을 생략하고 일치의 과정을 추구하는 것이 좋은지, 우리는 4차 산업혁명이 추구하는 것을 보면서 경험하게 될 것입니다.

'거울그림2'에 나오는 'A'는 평면거울을 지칭합니다만, 이것은 대타자(Autre, 영어로 말하면 Other, 大他者)입니다. 대타자라는 것은 우리한테 끊임없이 뭔가를 집어넣어 주었던 데이터들의 총합체, 기표들의 합체, 또는 어찌 보면 초자아들의 총망라 등입니다. 그러니까 한국에 사는 사람은 한국이라는 것이 가지고 있는 대타자를 갖습니다. 각 나라마다, 각 문화권마다, 각 공동체마다 대타자가 있습니다. 또 세계화라는 시대 속에서 대타자가 있습니다. 대타자는 이 평면거울 오른편에 맺힌 허구영상과 2차 나르시시즘을 통해 경험된 대상관계에서 비롯됩니다. 엄마, 아빠도 알게 모르게 자기들이 접했던 환경, 자기들이 접했던 대타자를 아이에게 전달하고 또 전달하여 하나의 문화를 이룹니다. 문화는 상징체계지 않습니까? 상징체계를 만드는 과정에서 상상계가 필요하고, 상상계는 실재라는 것과의 관계 속에서 파생이 되는 겁니다.

이렇게 라캉은 세 개의 비계, 공간 개념을 프로이트 개념에서 착안해서 설명한 겁니다. 이것이 라캉의 인간정신 발달론입니다. 주체가 형성되는 과정은 정신 형성의 과정이고, 그 과정을 거꾸로 거스르면 상담 과정이 되는 겁니다. 주체의 역사를 복원한다는 것은 내담자가 상담자에게 투사하는 것을 통해 이루어집니다. 자아심리학이 자아의 방어 기제를 강화시키는 데 역점을 둔다면, 라캉식 정신분석학 또는 주체의 정신분석학은 주체의 역사를 복원하고,

그 과정에서 자아의 역사 또한 복원합니다. 무턱대로 자아를 강화시키는 것이 아니라 자아의 모습을 들여다보고 그것이 어떻게 구성되었는가를 파악하는 겁니다. 자아의 역사만을 복원하는 데 신경을 쓴다면 또 하나의 나의 모습을 망각하게 됩니다. 자아심리학에서 코페르니쿠스의 지렛대를 자아에 둔다면, 라캉은 그것을 주체에 둡니다.

'거울그림2'는 상상계를 거쳐 상징계로 진입하는 과정을 보여 주는데, 상상계는 실재를 상징화시키는 기능을 합니다. 이 기능을 자아가 담당합니다. 근데 자아는 방어기제를 가동시키기도 하기 때문에 스스로 억압하기도 합니다. 방어 기제가 작동하는 건 실재와 분리되는 과정에서 억압되기 때문입니다. 억압이 되면서 방어체계가 강화됩니다. 실재를 오목거울을 통해 본다는 것은 실재의 영상을 보는 겁니다. 이 영상이 자아를 형성하고, 아이덴티티(identity)를 결정합니다. 여기서 성격(personality, 인격, 인성)이 형성됩니다. 이렇게 형성된 성격을 고친다는 것은 성격 형성 과정을 거꾸로 되돌리는 것과 같습니다. 우리의 성격은 자아라는 껍데기와도 같습니다. 뭔가에 의해서 덧입혀진 껍데기를 쓰고 있는 것과 같습니다. 그래서 성격을 교정한다는 것은 한 겹 한 겹 쌓인 것을 벗겨 내는 작업과도 같습니다. 껍데기로 덮인 내가 진정한 내가 아니라는 것을 깨닫는 것에서 주체는 태어나게 됩니다.

자아에서 주체로의 이행, 바울의 권면

기독교 경전인 성서에서는 자아에서 주체로의 이행을 새로운 피조물이 되는 것이라고 말합니다. 이전 것은 지나고 새로운 것이 도래하는 것이라고 말합니다. 바울이라는 사람이 정말 대단하다고 생각됩니다. 그는 소아시아 지역에 다니면서 교회를 세우고 그 교회에 편지를 썼는데 가만히 그 이야기를 들어 보면 그 교회 구성원들이 가지고 있는 문제점에 대해서 상담하고 있습니다. 그 단체가 가지고 있는 문제점을 지적하면서 그것에서 벗어나는 대안으로 대타자를 바꾸라고 말합니다. 그들이 갖고 있는 대타자로는 새로운 피조물이 될 수 없다는 겁니다. 그래서 전혀 다른 대타자를 덮어 쓰라고 강력하게 말합니다. 내 것을 버린다는 것은 내가 가진 대타자를 버린다는 겁니다. 바울은 그들이 가지고 있는 대타자를 볼 수 있는 안목을 가지고 있었습니다. 그래서 자유를 얻으려면 그것으로부터 해방되어야 가능하다고 말했습니다. 다시 말해 바울은 그들의 정체된 모습을 정확하게 진단하고 대안을 제시했습니다. 가령, 신약성서의 고린도전서 7장 같은 데를 보면, "아내 있는 자들은 없는 자같이 하며 우는 자들은 울지 않는 자같이 하며 기쁜 자들은 기쁘지 않은 자같이 하며 매매하는 자들은 없는 자 같이 하며 세상 물건을 쓰는 자들은 다 쓰지 못하는 자같이 하라. 이 세상의 형적은 지나감이니라"는 대목이 나옵니다. 간단한 문장입니다만 의미심장한 내용을 담고 있습니다. 이 문장의 특징은 직유법을 사용한다는 것입니다. 직유법은 직설법과는 다릅니다. 그러니까 아내를 버리라는 말이 아니라 아내 없는 자같이 하라고 합니다. 지금까지 남편이 갖고 있는 아내라는 개념을 버리고 새로운 아내 개념을 가지라는 겁니다. 여기서 아내 개념이 바로 대타자입니다. 아내로서의 대타자를 새롭게 맞이하라는 겁니다. 아내라는 실재가 바뀌는 것이 아닙니다. 상징계 속에서 아내라는 대타자를 새롭게 구성하라는 겁니다. 바울은 새로운 대타자를 예수의 말에 근거하여 가져옵니다. 예수가 이야기하는 식의 아내 개념을 가지고 아내를 대하라고 권유합니다. 지금까지는 고린도교회의 남편들이 가지고 있던 아내의 기의起義, signifié, signified를 가지고 사람을 대했다고 한다면, 이제는 그 기의에서 벗어나라는 겁니다. 그 기의를 비우고 새로운 기의를 담은 기표起標, signifiant, significant를 가지라는 겁니다. 그러기 위해 요청되는 것은 아내라는 기호를 '기의 없는 기표'로 대하라는 겁니다. 기표로서의 아내는 매 순간 새로운 아내가 될 수 있습니다. 풍습과 관습에 따른 아내가 아니라 풍습과 관습에서 해방된 아내가 되는 것입니다. 껍데기로 둘러싸인 것에서 해방되는 것은 자아에서 벗어나서 주체로 이행하는 것과 같은 맥락에서 이해될 수 있습니다.

도덕과 윤리

여러분, 우리는 '갑'의 세상에 적응하면서 살아야 합니까 아니면 '을'이 주체적으로 살 수 있는 세상을 기대해야 합니까? 정신분석의 윤리(ethic)는 주체가 꿈꾸는 해방입니다. 반면에 도덕(moral)은 자아가 예속된 질서입니다. 다시 말해 도덕이 갑을 위한 것이라면 윤리는 을을 위한 것입니다. 라캉식 정신분석의 윤리는 '너의 욕망을 포기하지 말라'고 조언하는데, 홍청망청 살라는 게 아닙니다. 상징계에서 주체의 욕망을 추구하라는 것입니다. 정신분석에서 말하는 '욕망'은 기독교식으로 말하면 '신앙'이라는 단어로 바꾸어 생각하면 적합합니다. 욕망이라는 단어가 한국에서는 안 좋은 의미로 많이 쓰이지만 라캉이 말하는 욕망은 신앙이라는 말로 바꾸어 생각하면 좋다는 겁니다. 물론 신앙이라는 단어도 오염이 되었지만 순수한 의미에서 신앙을 떠올려 보시면 좋습니다. 반면에 도덕은 상상계에서 언급되는데, 자아는 도덕법에서 기능합니다. 자아의 방어 기제가 도덕법이 담당하는 것과 유사하다면, 주체의 도덕으로부터의 해방은 정신분석의 윤리가 담당하는 것과 같습니다. 자아와 주체, 도덕과 윤리는 프로이트가 제시한 욕동의 이원성을 통해 이해할 수 있습니다. 욕동이 작용한다는 것은 쾌-불쾌의 원리가 작용함을 말하고 그 이후에는 현실의 원리가 작동함을 뜻합니다. 욕동이 100%의 만족을 얻고자 강력하게 작동하지만 저지당합니다.

이 기능을 자아가 담당하기에, 자아의 방어기제라고 부릅니다. 완전한 쾌를 얻지 못하면 불쾌를 갖게 됩니다. 그럼에도 자아의 방어 체계를 벗어나서 소원을 이루는 데 이르는 욕동이 있습니다. 이것이 가능한 이유는 현실의 원리가 작동하기 때문입니다.

프로이트에 의하면, 우리의 심리는 방어 기제하에서 작동하는 쾌-불쾌의 원리와 방어 기제를 벗어나는 현실의 원리에 의해 작동합니다. 이때 두 원리가 어느 정도의 강도로 작용하는지가 중요할 것입니다. 갑이 원하는 세상은 방어 기제가 잘 작동하여 을이 갑에게 충실한 것이고, 을이 원하는 세상은 방어 기제가 약화되어 을이 원하는 것을 갑이 용인하는 것일 겁니다. 그래서 도덕의 임무는 갑의 세상에 잘 맞는 인간이 되도록, 갑의 계약서에 충실하게 살아갈 수 있는 인간이 되도록 하는 데 있습니다. 이것은 을이나 갑이 모두 도덕에 종속됨을 의미합니다. 반면에 윤리의 임무는 갑의 체계에서 벗어나도록, 자신만의 원함을 추구하도록 하는 데 있습니다. 도덕과 윤리 간의 큰 충돌은 최근에도 일어났는데, 유럽의 68항쟁이 그것입니다. 이 사건 이후 들뢰즈와 가타리는 『안티 오이디푸스』(1972)를 통해 혁명을 평가하면서 오이디푸스 이론을 제고합니다. 그들은 정신분석의 불변의 상수인 오이디푸스 이론을 욕망하는 기계들에 대한 억압 장치라고 비판했습니다. 자본주의 체계에 이용당하면서 욕망하는 기계는 가족주의적으로 축소되고, 그 결과 모든 것이 신경증화된다는 것입니다. 결국 정신분석의 치료를 받아도 신경증 환자가 되고, 오이디푸스 이론에 저항하면서 정신병 환자가 된다는 겁니다.

들뢰즈와 가타리는 아주 강력하게 가족주의적 도덕 체계의 근간이 되는 정신분석 이론을 비판했습니다. 다시 말해, 주체는 도덕법의 지시사항에 예속되고, 자신의 진심을 말하고자 하지만 말할 곳이 없고 귀 기울여 들어 주는 이가 없어서 무기력한 상태에 있습니다.

지난 시간에 다루었던 빅 데이터는 도덕법에 관한 것인지, 윤리에 관한 것인지 분석해 볼 필요가 있습니다. 빅 데이터가 들뢰즈의 말처럼 욕망하는 기계들의 신경증화된 모습을 담고 있는지 확인할 필요가 있습니다. 그것이 확인된다면 그것을 물품 구매나 소비 촉진으로 몰고 갈 것인지도 진지하게 고민해 봐야 할 것입니다. 어떻게 빅 데이터를 활용할 것인가? 계속 말씀드립니다만, 억압으로 인해 자아는 (텅)빈 말을 합니다. 지젝의 용어로 말하면 (텅)빈 말이란 '기의 없는 기표', 또는 기의로 꽉 찬 기표라고 볼 수도 있습니다. 그 기표를 듣고 그것을 참이라고 인정해 준다는 것은 자아를 소외시키는 것입니다. 주체로 등극하지 못하도록 쓰러뜨리는 겁니다. 이런 상황은 정신분석 상황에서도 발생합니다. 내담자가 계속해서 (텅)빈 말을 할 때 상담자는 어떤 조치를 취해야 할까요? 다시 말해, 50분의 상담 시간 동안 내담자나 상담자가 단지 시간을 채우기 위해 서로 인내해야 하는가라는 질문입니다. 여기에 대해 라캉은 내담자의 말에 따라 길게도 짧게도 할 수 있다는 '기술론'을 제시합니다. 그렇기에 내담자는 분석에 임할 때 바른 태도를 취하도록 권유받습니다. 상담 시 요청되는 말은 주체의 (꽉)찬 말입니다. 기표가 의미하는 바를 찾아내는 것이 정신분석 기술인데, 분석 시간도 정신분석 기술 중의 하나로 등장한 겁니다. 무조건 50분을 의미적으로 하는 것이 아니라는 겁니다.

거울그림과 4차 산업혁명

이번에는 '거울그림2'에서 4차 산업혁명에 관한 이야기를 해 보고자 합니다. 라캉이 제시한 '거울그림2'는 상상계를 구동하면서 자아가 생성된다면, 상징계를 구동하면서 주체가 생긴다는 것을 보여 줍니다. 자아는 1차 나르시시즘의 체계에 속하고, 주체는 2차 나르시시즘의 체계에 속합니다. 앞서 본 것이지만, '거울그림2'와 두 개의 나르시시즘을 비교하면 아래와 같이 정리할 수 있습니다.

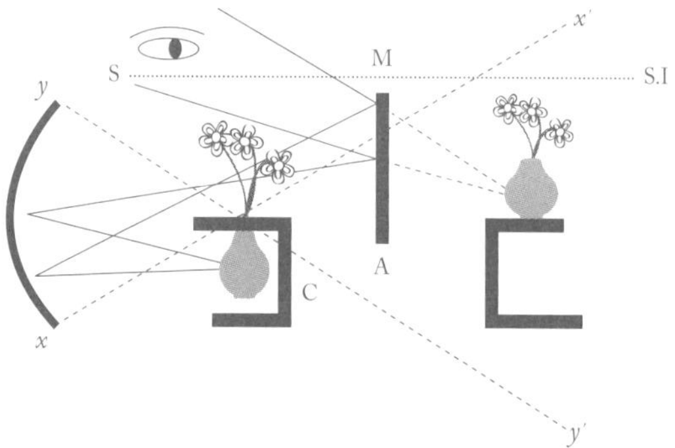

Imaginaire(想像界)	Réel(實在)	Symbolique(象徵界)
1차 나르시시즘(자아)		2차 나르시시즘(주체)
O		O′

평면거울의 왼쪽은 1차 나르시시즘(자아)이고, 평면거울의 오른쪽은 2차 나르시시즘(주체)입니다. 평면거울의 위치에서 저항이 발생하고, 이 저항은 분석가를 경유해서 다시 마주하게 됩니다. 즉, 내담자는 상담자에게 전이함으로 저항의 대상을 다시 만나게 됩니다. 이런 과정을 통해서 내담자가 이야기하고, 분석가가 도와주면서 내담자의 역사는 복원됩니다. 주체의 이야기history, histoire를 통해서 주체의 역사가 복원됩니다. 이런 과정을 4차 산업혁명이 추구하는 안목으로 본다면 어떤 해석이 가능할까요? 4차 산업혁명은 가상의 현실, 즉 만들어진 어떤 이미지와 실재와의 경계를 없애는 쪽으로 발달합니다. 꽃병1과 꽃병2의 경계를 없애거나 꽃병2와 꽃병3의 경계를 없애거나 할 수 있다는 겁니다. 다시 말해, 이미지(영상)와 실재, 허구 영상과 실재의 경계를 허물과 실재영상과 동일화를 추구한다는 겁니다. 자아의 기능이 꽃병1과 꽃병2의 구분의 문제였고, 이 둘 간의 불일치에서 방어 기제가 나온다고 했는데, 꽃병1과 꽃병2의 경계를 허문다는 것은 꽃병1과 꽃병2의 일치를 의미하는 겁니다. 영상 기술이 발달하여 실재와 그 실재의 영상이 똑같다고 할 때 일치가 이뤄집니다. 아마도 과학은 실재보다 더 선명하거

나 뚜렷한 영상을 만들 수 있을 것입니다. 그렇다면 인간의 눈이 실재를 보고 얻을 수 없는 영상을 화면에 비친 영상을 통해 볼 수 있다는 겁니다. 더 깊이 보고 더 선명하게 본다는 겁니다. 더 깊이 보고 더 선명하게 본다면 자아의 기능인 방어 기제는 어떻게 기능할까요? 더 강화될까요? 없어도 될 기제가 될까요? 더 정확하게 보기 때문에 방어 기제의 도움을 받지 않아도 된다고 생각하지는 않을까요? 앞으로 계속 지켜보면서 인간의 심리 구조가 변할지, 그 구조를 설명하는 방식이 변할지, 아무런 변화가 없을지 살펴보겠습니다. 4차 산업혁명의 시대에도 내담자는 상담자를 찾을 텐데, 내담자의 심리 구조를 파악하려면, 4차 산업혁명이 제시하는 것에 노출된 내담자를 이해해야 합니다. 어떤 과정을 통해서 내담자의 문제가 발생하였는지를 파악해야 되고, 그 과정을 내담자에게 설명하려면 새로운 체계의 구조를 잘 알고 있어야 합니다. 프로이트가 정신분석이라는 영역을 만들 때도 이미 산업화가 급속하게 진행되고 있던 시기였고, 그 과정에서 인간의 욕구(Besoin, Need, 필요), 요구(Demande), 욕망(Désir)이 한층 더해졌다는 것을 우리는 알고 있습니다.

4차 산업혁명의 시기는 인공지능의 시대인데, 인간이 철저하게 노동현장에서 배제될 것입니다. 문제의 심각성은 그 노동이 예전에는 육체적인 것에 한정되었다면, 이제는 정신적인 것을 포함한 다양한 것으로 확대될 것이란 데 있습니다. 물론 정신분석이 일자리에 관해 고민하는 분야는 아닙니다만 일자리의 상실로 인해 파생되는 문제, 과학이 만든 인공지능 제품을 사용하면서 따라오는 생활의 변화와 심리의 관계 등에 관해 관심을 갖는 겁니다. 이런 고민을 라캉이 3차 산업혁명이 진행되는 1950년대에 하고 있었다는 것을 '거울그림2'에서 확인할 수 있습니다.

코수스의 의자와 라캉의 거울

조셉 코수스의 「하나와 세 의자(One and Three Chairs)」는 3차 산업혁명이 진행 중인 시기의 정서를 반영한다고 볼 수 있습니다. 이와 유사한 그림이 르네 마르그리트의 「이미지의 배반(La trahison des images)」(1929)입니다. 마르그리트는 그림에 담배 파이프를 그려 놓고는 '이것은 파이프가 아니다(Ceci n'est pas une pipe)'라고 써 놓았습니다. 실재 파이프와 그림 속 파이프가 다르다는 것을 보여 준 겁니다. 누구나 아는 사실이지만 이런 인지를 해야 하는 시기가 도래한 겁니다. 사실주의적인 예술에 대한 반성이라고 볼 수 있습니다. 1929년 작인 『이미지의 배반』은 상징적인 역할을 한다고 볼 수 있습니다. 사실주의의 끝, 극사실주의의 종국은 픽션이라고 합니다. 한국에 강형구 화백이라는 분이 있는데, 초상화를 그리시는 분입니다. 너무나도 섬세한 사실주의적인 기법을 사용하여 그리기에 그분의 그림을 보면 감탄이 절로 나옵니다. 화소가 엄청 좋은 사진기로 사진을 찍은 것처럼, 초상화를 그립니다. 그가 그린 초상화가 사실주의나 극사실주의가 아니라 픽션인 이유가 있습니다. 젊은 모습만을 갖고 있는 사람의 노년 모습을 그렸고, 웃고 있는 모습으로만 알려진 사람의 우울한 모습을 그렸기 때문입니다. 그래서 화가의 상상력이 동원된 그림은 곧 '픽션'이 됩니다. '거울그림2'에서 보듯이, 실재대상이 실재영상과 허구영상으로 인지되는 것이 바로 픽션입니다. 아무리 사실적인 인지라도 이미지(영상)의 왜곡 과정을 피해 갈 수는 없다는 게 거울그림이 말하고자 하는 것입니다. 라캉이 제시하는 인지과학은 이런 과정에 기반을 두어야 한다는 것을 보여 줍니다. 그런 면에서 본다면, 라캉의 거울그림은 인지과학의 안내문과도 같습니다. 지난 시간에 이것에 관해 다뤘습니다. 이것과 함께 우리는 지금 4차 산업혁명 시기의 인지과학을 라캉식으로 접근하고 있습니다.

라캉이 제시하는 정신의 비계를 다루면서 언급한 마르그리트, 강형구와 함께, 조셉 코수스의 「하나와 세 의자」를 거론할 수 있습니다. 이 그림은 뉴욕 현대미술관에 소장되어 있는데 인터넷에서 검색할 수 있습니다. 개념미술가로 알려진 코수스의 이 작품을 라캉식 비계로 조망하자면, 다음과 같이 정리할 수 있을 것입니다.

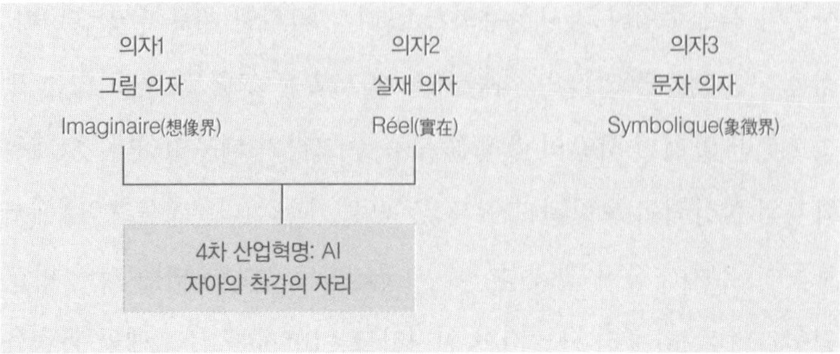

의자1, 의자2, 의자3 중 어떤 그림이 진짜 의자일까요? 의자1은 의자의 그림 또는 사진입니다. 의자2는 실제 의자이고, 의자3은 의자에 대한 설명입니다. 의자2는 실제 의자이고 의자1은 실제 의자의 사진(또는 정물화)인데, 라캉의 거울그림과 비교하면서 볼 수 있습니다. 발달과정에서 볼 때, 의자1과 의자2가 구분이 안 되다가 의자1과 의자2가 구분이 되는 시기가 옵니다. 이 지점에서 '상상계'의 구동, 즉 1차 나르시시즘이 발동됩니다. '실재'로부터 분리되는 과정입니다. 그러다가 2차 나르시시즘이 발동하면서 '상징계'가 펼쳐집니다. 상징계는 의자3인데, 이건 우리가 받아들인 이미지를 언어로 전환한 것입니다. 언어활동(langage)은 의자3에 근거합니다. 정신 활동이란 의자3과 의자1 내지 의자2의 차이를 얼마큼 잘 설명해내느냐 하는 겁니다. 이것을 잘 해낼 때 문학의 깊이를 말할 수 있고, 인문학의 힘을 볼 수 있을 것입니다. 근데 의자 그림 세 개가 구분되지 않으면 사이코틱이나 도착 등으로 귀착되고, 구분이 강압적일 때는 강박 신경증 등의 증상으로 나타날 수도 있습니다. 코수스

는 동의하지 않겠지만 그의 그림이 라캉의 비계를 하나의 화폭에서 보여 준다면, 디에고 벨라스케스의 「시녀들」(1656년)은 매우 복잡한 방식으로 그것을 보여 준다고 볼 수 있습니다. 이 그림에 관한 다양한 해석은 이 그림의 역사뿐 아니라 기법에서 기인합니다만 우리가 지금 논의하는 맥락에서 이 그림을 보는 관점도 미술사에서는 열려 있습니다. 즉, 어떤 면에서 보면 「시녀들」은 벨라스케스가 '펠리페 4세와 왕비'(réel)를 캔버스에 그리고 있는 그림인데 화가 자신이 그림에 등장합니다. 또한 캔버스에 그린 '왕과 왕비'(imaginaire)의 그림이 벽의 거울에 비쳐서 '왕과 왕비'(symbolique)가 보이는 특이한 그림입니다. 이렇게 추리할 수 있는 이유 가운데 하나는, 원근법을 이용해서 볼 때, 캔버스 내의 인물들(화가, 시녀들, 공주)이 바라보는 지점에 모델이 위치한다는 데 있습니다. 또한 그 지점에 이 그림을 그리는 화가가 위치할 수도 있습니다. 그러니까 화가의 시선은 그림 밖뿐 아니라 안의 자신에 둘 수도 있고, 또한 모델에게 둘 수도 있습니다. 이런 논의의 시초는 캔터베리의 대주교였던 안셀무스가 Proslogion에서 언급했던 화가와 사과의 예시에서도 볼 수 있습니다. 그는 '책상 위의 사과'(réel)를 그리는 '화가의 머릿속의 사과'(imaginaire)와 '화폭 위의 사과'(symbolique)를 이야기하면서 세 개의 사과 사이의 차이를 언급하면서 신(실재)의 존재를 증명했습니다. 물론 벨라스케스처럼 화가 자신을 그림 속에 넣어서 그리지는 않았지만 논리적으로나 존재론적으로 볼 때 구분되는 세 개의 사과를 말했습니다.

코수스의 의자 그림은 라캉의 세 심급으로 설명하면 좋을 뿐 아니라, 세 심급을 설명하는 데 아주 용이한 도구가 됩니다. 인간 정신을 이런 식으로 본 것은 오래전부터입니다. 서양 중세 시대 때 스콜라학에서 보편 논쟁을 하였는데, 그 논쟁을 통해 사물과 이름 간의 결합 방식이 논의됩니다. 지난 강의에서 저는 이것을 '사물-이름개념'이라고 말씀드렸습니다. 의자3은 '사전(辭典)'이라고 보시면 됩니다. 사전은 '의자1과 의자2'의 관계를 언어활동으로 짠 것이라고 볼 수 있습니다. 그렇기 때문에 사전은 언어활동으로 엮인 무의식을 담은 것이라 말할 수 있습니다. 알렉산더 대왕이 정복자를 헬레니즘화(Hellenism)할 때 그리스어를 퍼뜨리면서 문화 정책을 펼쳤다고 했는데, 이것은 마치 정복지의 '의자1과 의자2'를 헬레니즘식의 '의자3'으로 바꾼다는 것을 의미합니다. 그렇다면 라틴 문명은 어떠할까요? 로마 제국이 기독교를 국교로 정하면서(313년) 기존의 라틴 문명과 유입된 기독교 문명이 섞이게 되었습니다. 이 과정을 진행시킨 것이 스콜라학인데, 스콜라학의 중심에는 기독교 문명이 자리했습니다. 헬레니즘화의 중심에 알렉산더 대왕이 있었다면, 기독교화(Christianism)의 중심에는 샤를 마뉴 대제가 있었습니다. 그는 유럽의 정복지 거주민들이 기독교를 받아들이면 화친을 맺고 교회와 수도원을 세우고 기독교식 언어활동으로 엮었습니다. 그 결과 기독교화된 유럽이 만들어진 겁니다. 그러다가 르네상스가 대두되면서 기독교 문명으로부터 라틴 문명을 분리해 내는 일을 하게 된 것입니다. 하지만 이미 천 년의 세월 동안 이뤄진 기독교화는 쉽게 털어 낼 수 있는 게 아니었습니다.

기독교화의 본거지가 로마라면, 제2의 지역은 영국의 캔터베리였습니다. 로마의 교황이 서열 1위였다면 캔터베리 주교가 서열 2위였습니다. 그러니까 이탈리아 로마와 영국 캔터베리 사이의 유럽은 기독교권 안에 들어 있는 게 되는 겁니다. 이 권역을 기독교로 엮는 데 스콜라학이 큰 기여를 했습니다. 스콜라학은 '사물-이름개념' 논쟁을 통해 언어활동처럼 구조화된 공동의 무의식을 만들기 위해서 노력했습니다. 스콜라학의 '사물-이름개념' 논쟁이 절정에 달했을 때 중세 문예부흥이 일어났습니다. 11세기에 시작하여 13세기에 꽃을 피웠는데 이때 토마스 아퀴나스 등의 인물이 활동했습니다. 스콜라학의 '사물-이름개념' 논쟁의 중심에는 실재론 사상이 있습니다. 실재론(實在論, realism)은 '의자1과 의자2'를 기독교식의 '의자3'으로 정립했습니다. 그런데 여기에 반기를 든 것이 유명론(唯名論)인데, 새로운 방식으로 '의자3'을 변형하고자 한 겁니다. 이것을 주도한 이가 윌리엄 오캄인데, 종교개혁을 시작한 마르틴 루터도 그의 이론을 추정하던 수사였습니다. 즉, 루터는 유명론적 사유를 했기에 실재론적 세계를 개혁하고자 하는 안목을 갖게 된 것입니다. 그러면서 개신교가 생겼습니다. 이건 종교 쪽에서 일어난 일이지만 경제 쪽에서도 자본주의가 등장하기 시작했고, 정치 형태도 현대의 국가 형태로 변하기 시작한 겁니다. 철학 쪽에서도 코기토 사상이 등장합니다. 즉, 근대의 인간 세상에는 '생각하기 때문에 존재한다'는 인간중심의 사상이 뿌리를 내렸습니다. 이런 것에 힘입어 기술의 혁신이 이루어졌고 1차 산업혁명이 시작되었습니다. 이전의 인류가 경험하지 못했던 새로운 동력을 이용한 산업화가 시작되었습니다. 어찌 보면, 1차 산업혁명을 일으킨 동력은 증기 기관이라기보다, 세 개의 의자를 엮는 방식을 창안한 정신(cogito)의 힘이라고 볼 수 있을 것입니다. 그 힘에 의해 산업혁명이 급속하게 진전하여 이제는 인공지능을 만드는 단계에 이르고 있습니다.

자아와 주체에 대한 논쟁

라캉식 정신분석은 코기토를 주창한 데카르트처럼 육체와 정신을 구분하지 않습니다. 오히려 육체와 정신의 연결을 말합니다. '신체화'라는 것도 육체에 정신적인 것이 반영된 것을 말하지 않습니까? 프로이트와 라캉이 말하는 심급의 세 겹은 코기토와는 다른 체계를 갖습니다. 라캉식 상담 원리에 의하면 인간 정신은 최소한 세 개의 급으로 짜이고 발달 단계를 거칩니다. 그 과정에 자아는 어떻게 짜이고 어떤 내용을 가지고 있으며, 주체는 어떤 식으로 짜였고 어떤 내용을 가지고 있는가를 살핍니다.

독자 분들은 자아와 주체가 어떻게 다른지, 왜 굳이 이 두 용어로 설명하는지 궁금하실 것입니다. 거울그림을 통해 설명해 왔듯이, 자아의 기능과 주체의 기능, 자아의 (텅)빈 말과 주체의 (꽉)찬 말 등을 보면서 정신분석 상담이 추구하는 것이 무엇인지 감을 잡았

으리라 생각됩니다. 라캉이 공개세미나를 시작할 무렵 자아심리학과 인지과학이 학계에 영향을 미치고 있었습니다. 자아심리학은 이름에서 보듯이 자아를 다루는 심리학입니다. 자아심리학을 개척했다고 볼 수 있는 안나 프로이트는 런던에 센터를 마련하고 활동을 했는데, 대표적인 사역이 교육이었습니다. 반면에 멜라니 클라인은 치료에 중점을 두었습니다. 교육은 보편성을 추구합니다. 상담 시 확인되는 사항들을 사전에 예방하기 위해, 상담 시 얻은 내용을 미리 교육하는 겁니다. 어쩌면 초등학교 교사였던 안나 프로이트였기에 그런 관심을 더 가졌던 것이 아닐까 생각해 봅니다. 반면에 치료는 개별적입니다. 내담자 각각은 자신만의 특수한 상황에서 발생한 증상을 갖고 있는데, 상담은 그 정황 속으로 들어가서 구체적으로 다룹니다. 그렇기에 보편화할 수가 없습니다. 이런 차이로 인하여 두 상담자는 격렬한 논쟁을 하였습니다. 여러분이라면 어떤 쪽을 선택하겠습니까? 예방 교육을 위해 방어 메커니즘을 갖는 데 주력할 것인지요, 아니면 이미 증상을 가진 내담자를 돌보는 일을 할 것인지요? 이 둘의 노선이 아니라면 중간 지점이 있을 수 있겠죠? 바로 위니코트가 선택한 길입니다.

라캉은 1945년에 영국에서 극에 달한 논쟁을 프랑스에서 지켜보았을 것이고, 이런 영향이 프랑스로 유입되자 자신의 입장을 말하게 된 것입니다. 라캉은 안나보다는 멜라니의 견해에 찬성한 것으로 볼 수 있습니다. 그는 자아심리학을 매우 날카롭게 비판했습니다. 라캉 쪽에서는 분석가를 교육시키는 건 필요하지만 예비 내담자, 미래의 내담자를 위해서 정신분석 원리를 사전에 가르쳐서 증상을 미리 차단시키는 것에는 큰 관심을 두지 않았습니다. 라캉은 프로이트처럼 신경정신과 영역의 의사였기 때문에 환자를 진료하는 것이 주목적이고, 환자를 교육하거나 심지어 미래의 환자를 염두에 두고 교육하는 것은 자신의 임무가 아니라고 생각했을 겁니다.

좀 다른 이야기지만, 요즘 학교에서 성교육을 시행하지 않습니까? 연령별로 단계를 나누어서 가르칠 정도로 세분화되어 있습니다. 이 교육은 물론 필요합니다. 이것을 누가 할 것인가가 관건이었습니다. 안나 프로이트는 두 번에 걸친 세계대전으로 인해 황폐화된 유럽의 아동들을 위해 자신이 나섰습니다. 그의 이런 활동은 미국에서 잘 받아들여졌고 자아심리학이 꽃피는 계기가 됩니다. 최근에 미국에서 조사한 자료에 의하면, 십대 청소년(미혼모) 출산 비율이 낮아졌다고 합니다. 이 조사는 15세에서 19세의 미국 소녀 1000명을 대상으로 했는데, 1990년에는 61.8건, 2015년에는 22.3건이었습니다. 이렇게 수치가 낮아진 이유로 우선 성교육이 제시되었고, 두 번째로 피임을 위한 의료비 지원이 꼽혔습니다. 사회 공헌의 측면에서 볼 때 성교육이 큰 영향을 미쳤는데, 이제는 이 일을 정신분석이 담당할 것이냐에 대해서 논의하는 상황은 아닌 듯합니다. 한 명의 상담사가 이 둘을 다 하기는 쉽지 않아 보입니다만, 한국의 현실에서는 오전에는 교육하고, 오후에는 상담하고, 월·화요일에는 교육하고, 수·목요일에는 분석하기도 하는 경우도 있는 듯합니다. 아마도 위니코트처럼 중간 노선을 가는 분도 많은 듯합니다.

의사였던 라캉은 영국에서 논쟁한 세 그룹 가운데 정신분석 본연의 임무를 강조한 클라인의 입장을 따르는 프랑스의 정신분석가였습니다. 그는 안나 프로이트에게로 돌아가는 게 아니라, 프로이트에게로 돌아가서 프로이트의 어떤 부분을 더 발전시켜야 될 것인가를 고민했습니다. 그 고민 끝에 라캉이 제시한 것은 거울그림이었습니다. 코수스의 그림도 어느 정도 라캉의 거울그림을 반영하는데, 의자1은 의자2를 의자3이 되게 구동을 합니다. 이것이 자아의 기능입니다. 의자2가 의자1을 의자1이 되게 구동을 하는 것이 아니라는 겁니다. 자아는 물이 방아를 돌리며 동력을 만들듯 (텅)빈 말을 내뱉으면서 욕동을 발산합니다. 근데 (텅)빈 말은 내담자의 증상을 가리고 있습니다. 자아의 증상은 방어 기제로 위장되어 있습니다. 그래서 정신분석 기술은 그것을 제거하여 분석에서 '쓸모 있는 말(요청되는 말)', 즉 주체의 (꽉)찬 말을 끌어내는 것을 목표로 삼습니다. 내담자가 이 말을 하도록 이끄는 쪽은 분석가입니다. 저항이 내담자의 몫이라면 전이는 분석가의 몫입니다. 내담자 쪽에서 전이를 하는 거죠? 하지만 자발적으로 하는 게 아니기에 분석가가 그것을 유도해야 합니다. 그래서 라캉은 분석가를 플라톤식의 철학자에 견줍니다. 철학자는 이데아의 세계를 매개해 주는 사람입니다. 라캉식 정신분석에서 상담자는 내담자의 모든 것을 알고 있는 자가 아닙니다. 단지 내담자에 의해 그렇게 상정될 뿐입니다. 그렇기에 자아심리학에서처럼 상담가는 내담자에게 전지전능한 주체가 아닙니다. 즉, '나는 당신을 치료하는 의사이지만 당신이 가지고 있는 문제를 알아맞히는 점술가가 아니다'라는 겁니다. 단지 내담자가 갖고 있는 문제를 끌어내어 그것과 대면하게 하는 매개자로 자리합니다. '안다고 가정된 주체'일 뿐이라고 자신의 정체성을 표하는 게 라캉식 상담자입니다.

다시 말해, 내담자가 말을 할 때, 그 말이 (텅)빈 말인지, (꽉)찬 말인지 누가 판단하느냐는 문제가 제기됩니다. 내담자는 자신의 말이 (꽉)찬 말이라고 주장하겠지만, 그것을 인정하는 것은 분석가의 몫일 수 있습니다. 분석가가 그것을 해석하는 데 있어서 자아심리학적인 관점으로 볼 수 있고, 라캉적인 관점으로도 볼 수 있는데 어떤 관점으로 볼 것인가에 대해 우리는 살피고 있습니다.

욕동의 이원성과 인공지능

4차 산업혁명은 인공지능의 발달로 빅 데이터에 기반한 로봇, 일명 인간 기계가 등장하는 시대를 말합니다. 인간이 인공지능 로봇을 만들 때 프로그램화의 질적 수준에 따라 로봇의 지능 수준이 결정될 것입니다. 요즘 IBM에서 제작한 인공지능 컴퓨터 프로그램 왓슨(Watson)이라는 것이 있죠? 미국의 유명한 로펌에서는 왓슨 로봇 변호사를 고용하기도 하고, 병원에서는 로봇 의사 왓슨을 고용하여 수술하기도 합니다. 그 결과는 환자들이 인간 의사보다 로봇 왓슨의 처방과 진료를 더 신뢰한다는 데서 볼 수 있습니다. 증권가에서는 펀드매니저, 애널리스트, 외환딜러 등의 업무 75%를 인공지능이 담당하고 있다고 합니다. 인공지능이 궁극적으로 노리는 건 노동자 제로의 시대라고 하는데, 선진국으로 갈수록 이런 흐름은 가속화될 것입니다. 또한 노동 집약 산업을 하고 있는 저개발국가의 노동 시장도 이런 대세를 거스를 수는 없을 겁니다. 제조업이 파괴되지만 생산력은 오히려 증대되는 기한 현상이 도래할 것입니다. 인공지능은 인간이 축적해 놓은 자료를 입수해서 자기 학습을 하고, 상황에 맞게 판단을 합니다. 무인항공기·무인자동차 같은 것도 이러한 사례인데, 지금도 활용되고 있습니다. 더 많은 분야에서 이런 일이 이뤄질 것입니다. 다시 알파고와 이세돌 9단의 대결을 살펴봅시다. 다섯 번의 대국 가운데 한 번만 이세돌 기사가 이겼고 나머지 네 번은 알파고가 이겼습니다. 바둑의 역사가 2,500년 정도 된다고 합니다만 알파고는 단기간에 바둑의 역사를 섭렵하였습니다. 즉, 프로그래머들은 엄청난 양의 바둑시합 경기 내용을 입력했고, 인공지능에 그것을 소화해서 응용했습니다. 우리가 보기에 바둑은 배우기가 쉽지 않은데 알파고는 바둑이 쉬운가 봅니다.

지금 우리 주변에는 수많은 로봇이 있지만 로봇이 들어오지 못한 인간의 영역이 있습니다. 그것은 걷고, 달리고, 보고, 듣고, 인식하고, 대화하고, 농담하고, 노래하는 것 등입니다. 재해현장에서 로봇이 이것만 잘 해 줘도 큰 도움이 될 텐데 아직 기술이 그 단계에 다다르지 못하고 있습니다. 이처럼 인간에게 쉬운 게 로봇(인공지능)에게는 어렵고, 로봇에게 쉬운 게 인간에게는 어렵기도 한 겁니다. 이것을 모라베크의 역설Moravec's Paradox이라고 부릅니다. 로봇은 인간의 감각 기능과 운동 기능을 실행하기가 어렵다고 합니다. 그 이유는 인간이 이런 기능을 갖기까지 오랜 시간 동안 진화를 통해 발전했기 때문이라고 합니다. 그래서 그 원리가 아직 잘 파악되지 않는다고 합니다. 그 원리가 파악되어 프로그램화되면 그때는 로봇이 100m를 질주하고, 장애물을 자유자재로 피하면서 재난 현장에서 활동할 것입니다. 아직 발전 중에 있기에 '열린 인공지능의 시대'라고 하는데, 계산과 추론 같은 인간의 추상적·논리적 사고의 원리가 파악되면서 이런 것으로 프로그램화된 로봇이 나오고 있고, 인간 몸의 움직임에 상응하는 로봇은 아직 등장하지 않고 있습니다.

프로이트가 『과학적 심리학 초고』에서 밝힌 감각기관을 통한 데이터 유입 경로와 세 시스템의 원리는 4차 산업혁명의 인공지능에 기여할 수 있는 장치입니다. 또한 그가 두 번의 수정을 거치면서 제시한 세 심급에 따른 마음의 구조도 그런 장치라고 볼 수 있습니다. 또한 라캉이 창안한 거울그림도 인간의 인지과정을 설명한 것이기에 인공지능의 프로그램을 만드는 데 기여할 수 있을 것입니다.

<table>
<tr><td rowspan="3">2차 위상</td><td colspan="3">초자아(Über-Ich, Super-Ego)</td></tr>
<tr><td colspan="2">자아(Ich, Ego)</td><td>이상적 자아(Idealich, Ideal Ego)
자아이상(Ichideal, Ego ideal)</td></tr>
<tr><td colspan="3">이드(Es, Id, Ça)</td></tr>
<tr><td rowspan="4">욕동의 이원성</td><td rowspan="2">1차 위상의 욕동
(자아욕동-성욕동)</td><td colspan="2">자아욕동</td></tr>
<tr><td>성욕동</td><td>자아리비도(1차 나르시시즘, 나르시스적 유형)
대상리비도(2차 나르시시즘, 의존적 유형)</td></tr>
<tr><td rowspan="2">2차 위상의 욕동
(죽음욕동-생명욕동)</td><td colspan="2">죽음욕동, 타나토스</td></tr>
<tr><td>생명욕동
에로스</td><td>자아욕동
자아리비도(1차 나르시시즘)
대상리비도(2차 나르시시즘, 의존적 유형)</td></tr>
</table>

이 도표를 보시면 2차 위상의 이드, 자아, 초자아는 무의식에 속하는 심급입니다. 1차 위상은 앞선 강의에서 살펴보았습니다. 2차 위상에서 무의식은 더 이상 전의식과 의식의 하부에 있는 심급이 아닙니다. 2차 위상에서는 모든 것이 무의식에서 비롯되기 때문에 무의식의 무의식, 전의식의 무의식, 의식의 무의식이라고 명합니다. 무의식의 무의식은 '이드'라고 지칭됩니다. 언어활동을 통해 특정 명사로 지칭될 수 없기에 비인칭대명사 Es(Id, 그것)라고만 불립니다. 그리고 의식의 무의식은 '자아'라고 불리는데, 이상적 자아와 자아이상으로 구분됩니다. '초자아'는 자아 위에서 자아에 임합니다. 자아가 위쪽을 볼 때 볼 수 있는 것이 초자아, 즉 자아 위에 있는 자아입니다. 키 작은 자아에게 초자아는 자아보다 키 큰 사람입니다. 보통은 가족 구성원들입니다. 이렇게 프로이트가 위상에 변화를 가함에 따라 욕동에도 변화가 생깁니다. 1차 위상에서 자아

욕동과 성욕동으로 나누었다면, 2차 위상에서는 죽음욕동과 생명욕동으로 나눕니다. 자아욕동은 1차 위상에서는 자아욕동에 포함되었지만 2차 위상에서는 생명욕동에 포함됩니다. 즉, 자아욕동은 리비도가 없는 것으로 생각했으나 리비도가 있는 것으로 의견을 수정합니다. 다시 말해, 성욕동으로 이동한 것입니다. 그래서 생명욕동에는 자아욕동과 아울러 자아리비도와 대상리비도가 포함됩니다. 이렇게 자아욕동과 성욕동, 죽음욕동과 생명욕동으로 구분하는 것을 프로이트의 욕동의 이원성이라 하는데, 이 원리는 2차 위상에서도 이어집니다.

나르시시즘은 자기사랑이라고 합니다. 인공지능이 자기사랑의 개념을 가질까요? 어쩌면 프로그래머들은 인공지능이 전적으로 타자만을 사랑하도록 설정할 것입니다. 그래야 수익자 중심의 수혜를 제공할 수 있기 때문입니다. 그런데 인공지능이 자신을 사랑하도록 만들어진다면, 자기방어를 하게 될 것입니다. 그렇다면 어떤 일이 발생할까요? 인간에 가까운 기계사람을 만들려면, 1차 나르시시즘을 프로그램화해야 할 텐데, 그렇게 되면 어떻게 될까요? 이기적인 기계인간, 로봇이 나올 겁니다. 그런 면에서 볼 때, 기계인간의 프로그램화의 방향을 논할 필요가 있습니다. 로봇이 오직 선(善)하도록 프로그램화될 수 있을까요? 그렇게 되려면 선하다는 것이 무엇인지에 대한 정의가 논의될 것입니다. 프로그래머는 무인자동차가 사고의 목전에서 어떤 것을 선택할지, 그 경우의 수를 제시할 텐데, 그것에 따른 윤리의 문제가 거론될 것입니다.

나르시시즘을 구동시키는 것은 리비도입니다. 프로이트가 1905년에 저술한 『성에 대한 세 편의 에세이』를 개정하면서 리비도 개념을 도입합니다. 그때가 1910년쯤입니다. 그러면서 나르시시즘 개념도 확장되는데, 1910년도에서 1920년도 사이에 1차 나르시시즘과 2차 나르시시즘이 정리됩니다. 1914년에 「나르시시즘 서론」이 저술되었습니다. 1920년 이후에는 2차 위상에 따른 욕동의 이원성이 만들어집니다. 인공지능은 인간의 지능뿐 아니라 인간의 감정 등도 갖추는 것일 텐데, 욕동의 이원성이 인공지능에 반영되도록 프로그램화하는 것에 대한 논의가 있어야 될 것으로 보입니다. 왜냐하면 욕동의 이원성은 인지 과정에 따른 감정 기제에 관계되기 때문입니다.

프로이트의 리비도와 라캉의 이미지·기표

프로이트에게서 욕동의 원동력이 리비도라면 라캉에게서는 빛에 담긴 이미지(Image)라고 볼 수 있을 것입니다. 라캉의 거울그림을 보면, '꽃병2 → 꽃병1 → 꽃병3 → 주체의 시선'에 이르는 일련의 과정에 '빛(光)'이 있고, 그 빛에 실려 다니는 것이 이미지입니다. 빛을 통해서 이동되는 게 이미지입니다. 라캉이

1936년에 거울도식을 소개하면서 빛을 언급한 것은 인상파와도 연관이 있지 않을까요? 여러분이 생각할 때 이미지는 시각 이미지라고 생각하시겠지만 라캉은 청각도 이미지라고 생각합니다. 이런 견해는 이미 소쉬르가 제시했습니다. 청각 이미지란 가령, 대상이나 그림을 보지 않고 다만 "붉은 사과"라는 말만 들어도 이미지가 떠오르듯, 소리에 이미지가 결합되는 것을 말합니다. 시각 이미지도 있고, 청각 이미지도 있고, 촉각 이미지도 있습니다. 오감(五感)에 따른 이미지가 있는 겁니다. 이것이 의미하는 바는 이미지가 언어활동처럼 짜여 있다는 겁니다. 이미지가 언어활동과 마찬가지로 짜여 있다는 것은 이미지가 언어화되어 있다는 것입니다. 컴퓨터 화면이 이미지를 내어놓는 것도 프로그램 언어로 구성되어 있기 때문입니다. 아날로그가 필름을 사용하는 방식이라면 디지털은 숫자 0과 1을 조합하는 방식을 따릅니다. 모든 이미지를 언어화하는 방식은 『꿈의 해석』에서도 언급되었던 겁니다. 언어가 이미지로 들어와서(지각, 수용) 언어로 저장되었다가 다시 외부에서 언어가 유입되면(지각, 수용) 그에 맞는 이미지와 결합하여 인식이 이루어져 반응하게 됩니다(운동, 방출). 프로이트는 이것을 무의식의 1차 과정, 2차 과정으로 정리했습니다.

라캉이 만든 거울그림은 프로이트의 『꿈의 해석』 7장에 제시된 그림에서 착안한 것이라고 합니다. 라캉은 거울그림에서 제시하는 것처럼 이미지를 강조합니다. 이것은 프로이트가 제시한 그림보다 더 시각적인 효과를 나타냅니다. 프로이트가 리비도의 투사와 탈투사를 말하면서 범성욕주의라고 비난받았지만, 빛에 따른 이미지의 이동을 말한 라캉은 범성욕주의란 레테르를 받지는 않았습니다. 라캉이 말하는 이미지의 이동은 곧 기표의 이동(전치)을 의미합니다. 기표는 청각 이미지의 다른 이름입니다. 기표도 일종의 이미지입니다. 기표에 담겨 이동하는 것은 인지도 있고 감정도 있습니다. 라캉은 이미지의 이동을 기표의 이동이라고 보았습니다. 기표라는 것은 무의식으로 짜여 있는데, 그 기표는 이중으로 기입된다고 말합니다. 기표의 이중기입은 환유적인 기표와 은유적인 기표, 이렇게 두 개로 짜여 있다는 겁니다. 담화(Discours)는 타자의 담화, 대타자의 담화, 즉 남이 나에게 이야기해 준 것인데, 내가 그 기표로 엮여 있다는 겁니다. 자아도 그렇게 얽혀 있고, 주체 또한 그렇습니다. 이때 자아는 상상적인 측면이 강합니다. 이 말이 의미하는 바는 자아가 기의로 꽉 찬 기표의 덩어리, 텅 빈 기표의 덩어리라는 것입니다. 반면에 주체의 성격은 상징적인 측면이 강합니다. 주체는 기표의 고리들로 구성되는데, 이때 기표는 정체되고 기의로 찬 기표에서 벗어나는 성격을 갖습니다. 이러한 설명을 기표론이라고 본다면, 리비도의 전개에 따른 나르시시즘은 에너지론에 따른 발달론이라고 볼 수 있습니다. 라캉은 에너지론보다 기표론을 부각시켰습니다. 그가 '거울그림'에서 두 개의 나르시시즘(o-o')을 표시하는 것도 이미지의 이동 범위에서입니다. 이미지의 이동은 리비도의 이동이라기보다 청각 이미지의 이동, 시각 이미지의 이동 등 다섯 감각기관에 의해 유입된 이미지의 이동이라고 볼 수 있습니다. 즉 기표의 이동이라 볼 수 있습니다. 다시 말해, 거울그림은 빛을 통해서 이미지가 나에게 들어오는 과정을 설명하는 건데, 즉 실재 대상이 거울에 반사되어 빛을 통해 시선에 수용되는 것입니다. 이때 타자의 담화가 유입되는 것이고, 타자의 욕망(타인이 갖고 있는 욕망)이 '내투Introjection'되는 것입니다. 타자의 담화나 타자의 욕망은 타자가 원하는 방식으로 내가 되는 과정을 보여 줍니다. 이런 상황 가운데 나는 내가 되고 싶은 나와 타인이 원하는 나 사이에서 갈등합니다. 이런 과정을 정체화(동일화, 동일시)의 과정으로 설명합니다. 인공지능도 이런 과정으로 진화할까요? 아니면 처음부터 더 이상 진화할 필요가 없는 단계로 태어날까요? 이것은 마치 창세기에 나오는 첫사람 아담이 아기로 태어난 것이 아니라 성인으로 태어났다는 것과 비교해서 생각해 볼 수 있습니다. 아담의 아내 하와 역시 성인으로 만들어졌습니다. 인공지능 로봇을 만들 때, 실험실에서는(in vitro) 아기의 지능에서부터 시작하겠지만 상용화의 단계에서는 최종적인 단계에서 정체된(identifié) 상태로 출시될 것입니다. 그것이 그것의 정체성입니다. 물론 인공지능은 주기적인 업데이트를 통해 진화할 것입니다. 반드시 외부에서 데이터를 업데이트해야 더 나은 면모를 보일 것입니다. 이런 측면은 라캉식 정신분석의 주체론과도 통합니다. 언어활동이 어디에서부터 시작하느냐는 것은 중요한 문제입니다. 기계인간뿐 아니라 실제 인간도 스스로 내부에서 언어를 생산할 수는 없습니다. 그렇기에 '언어란 무엇인가'를 연구하는 언어학과는 달리, 라캉식 정신분석은 '언어는 어디서 유래하는가'에 초점을 둡니다.

자아는 방어 체계에 의해서 억압되어 있습니다. 자아의 (텅)빈 말은 억압에서 비롯됩니다. 그렇다면 억압되기 전에는 어떤 모습을 했을까요? '거울그림'에서 생각해 보면, 꽃병2와 꽃병1의 분화이전 상태는 어떠할까요? 그것이 나의 참모습일까요? 즉, 꽃병2와 꽃병1을 분화하지 않은 나의 모습이 참일까요, 분화를 거친 나의 모습이 참일까요? 분화하지 않은 상태를 사이코틱이라고 부릅니다. 매미가 아직 껍질을 벗기 전의 모습처럼요. 매미의 참모습은 거죽을 덮어 쓴 상태일까요, 아니면 거죽을 나무에 남겨 둔 채 날갯짓하여 날아간 모습일까요? 꽃병2와 꽃병1의 분화가 도래하려면 거세가 행해져야 합니다. 이 분화는 자아의 기능에 해당합니다. 자아는 억압되기도 하지만 꽃병2와 꽃병1의 분화가 이뤄지도록 거세를 가속화하여 꽃병3의 단계로 나아가게 합니다. 여기서 상징계가 구동되며, 드디어 주체가 나타납니다. 거기서 매미가 기나긴 세월 끝에 울기 시작합니다. 이 울음은 상상계와 상징계 사이에서 옹알대고 조잘거리다가 드디어 여름의 도래를 알리는 기상예보관의 일기예보와도 같습니다.

라캉은 프로이트의 사상을 4단계 정도로 나누는데, 1단계는 『과학적 심리학 초고』(1895년)와 『히스테리 연구』(1895년)의 시기입니다. 그다음에 2단계는 1차 위상을 제시하고 기표론을 전개한 『꿈의 해석』(1900)의 시기이고, 3단계는 나르시시즘을 제시한 1910-1920년 사이의 에너지론을 펼친 시기입니다. 4단계는 모든 것이 무의식에서 비롯된다면서 2차 위상으로 리모델링한 '이드, 자아, 초자아'를 이야기하던 시기입니다. 이 가운데 라캉이 강조한 것은 모든 것이 무의식이라고 말한 4단계와 2단계의 기표론입니다. 그러니까 후기와 전기를 결합시킨 겁니다.

생각하는 기계와 주체의 도래

라캉은 공개 세미나에서 '생각하는 기계machine à pensée'로서 인공지능을 언급합니다. 1946년 당시에 컴퓨터가 처음 나왔고, 1960년대에 3차 산업혁명이 시작되지 않습니까? 이런 시대의 흐름에서 라캉은 '생각하는 기계'도 외부에서 무엇을 넣어 주어야(In-put) 작동한다는 방식을 강조합니다. 기계는 스스로 데이터를 생산하지 못합니다. 외부에서 넣어 주면 그것을 이용해서 연산 등의 작업을 수행합니다. 이처럼 주체의 문제를 다룰 때도 주체는 누구인가가 아니라 주체는 어디에 있나, 어디로부터 오는가라고 질문해야 한다고 말합니다. 또한 언어도 무엇인가가 아니라 어디로부터 오는가라고 질문해야 한다는 겁니다. 주체는 어디로부터 옵니까? 외부로부터 옵니다. 인공지능도 바깥에서 지식을 넣어 주는 것이지 않습니까? 빅 데이터도 네티즌들이 넣어 준 것입니다. 미래학자로 알려진 앨빈 토플러(1928~2016)는 1960년대에 정보기기 업체에서 일한 경험을 바탕으로 정보화 사회가 올 것이라고 『미래의 충격』(1970)에서 제시했습니다. '생각하는 기계'로서 컴퓨터는 정보를 스스로 생산하기보다는 외부에서 넣어 준 데이터에 의해 작동합니다. 인공지능이 자기학습을 한다는 것도 외부에서 넣어 준 자료에 근거합니다. 바둑 인공지능인 '알파고'도 자기학습을 한다고 하는데, 이를 위해서는 프로그래머들이 엄청난 데이터를 넣어 주어야 되는 것입니다. 우리 인간도 수용된 자료를 가지고 응용하는 것이지 않습니까? 지금까지 학습한 것 범주 내에서 응용하는 것이지, 입력 안 된 것을 가지고 응용하는 건 아니지 않습니까? 알파고가 천문학에 관한 업무를 볼 수는 없는 겁니다. 유입된 자료는 바둑에 관한 것이기 때문입니다. 이처럼 인공지능은 언어활동처럼 구조화된 무의식을 반영합니다.

이렇게 주체는 어디로부터 오는가, 언어는 어디로부터 오는가에 대한 답은 〈외부로부터〉입니다. 자아심리학에서 자아는 나의 중심에 있지만 라캉에게 중심은 주체이고, 그것의 위치는 탈-중심(excentricité), 편심(偏心)입니다. 향후 인공지능이 자아의 고착이나 자아의 방어기제처럼 더 강화되어 갈지, 타자의 욕망 앞의 주체처럼 해방의 길을 걸을지, 그것은 생각하는 기계에 넣는 데이터에 의해 결정될 것입니다. 또한 자아의 욕구와 주체의 욕망을 어떻게 프로그램화할지도 주목할 부분입니다. 또한 자아가 겨냥하는 건 팔루스phallus이고, 주체는 오브제 아objet *a*로 향하지 않습니까? 이런 것을 어떻게 프로그래밍할지도 고민해야 할 듯합니다.

19세기의 미국 작가 에드거 앨런 포가 「도둑맞은 편지」라는 콩트를 썼는데, 『우울과 몽상』에 포함되어 있습니다. 이 콩트를 라캉이 해설했고, 데리다와 바바라 존슨도 해석했습니다. 여기서 도둑맞은 것, 도난당한 것으로서 편지는 단순히 종이, 백지로서 기능합니다. 편지에는 분명 무언가 글이 명기되어 있을 텐데, 그 글의 의미를 모르는 사람에게 글은 단지 까만 것이고 종이는 흰 것일 뿐입니다. 우리가 까막눈이라고 하잖아요? 글을 모르면 글씨는 검은 색이요 종이는 흰 색일 뿐 그 이상의 의미는 없다는 겁니다. 이것이 보여 주는 것은 주체의 (꽉)찬 말을 듣지 못하고 오직 자아의 (텅)빈 말에 의존하는 인간의 모습입니다. 근데 자아가 말을 해도 그것은 소리일 뿐 내용이 없다는 겁니다. 도둑맞은 건 종이기에 그 종이만 찾으면 편지를 찾은 거라고 생각하고 편지 내용을 알 수 있다고 생각하는 겁니다. 근데 이런 생각을 갖고 있는 이가 도둑맞은 편지를 손에 넣어 읽어 봐도 편지의 참 의미를 이해하지는 못합니다. 편지를 읽고 그것의 의미를 안다고 해도 그것은 마치 자아의 (텅)빈 말을 듣고 그것에 의미를 부여하는 것에 지나지 않을 것입니다. 내담자가 와서 이야기를 할 때, 자아의 빈 말일 경우가 많습니다. 주체를 모르는 분석가 쪽에서는 그 말을 그대로 받아들입니다. 그것이 진실이라고 믿습니다. 하지만 주체를 아는 분석가가 볼 때, 그 빈 말은 그냥 단순히 하나의 웅웅거리는 소리에 지나지 않습니다.

도둑맞은 것은 (꽉)찬 말입니다. 도둑맞은 건 종이로 된 편지가 아니라 (꽉)찬 말입니다. 실제로 「도둑맞은 편지」를 보면, 경찰이 그 편지를 가지고 있으면서도 그게 무슨 말인지 모릅니다. 그래서 라캉이 말하길 '경찰은 경찰이다'라고 합니다. 죄를 지으면 경찰 앞에 가서 진술서를 씁니다. 경찰은 취조하여 조서를 작성하지만 상담가는 어떠합니까? 상담가가 겨냥하는 것은 무엇이고 경찰이 겨냥하는 것은 무엇일까요? 경찰은 인간의 욕망을 보지 않습니다. 하지만 상담자는 주체의 욕망을 봅니다.

위와 같이 우리는 라캉의 '거울그림'을 통해 주체가 어떤 과정을 거치면서 형성되는지 살펴보았습니다. 그 과정과 4차 산업혁명이 추구하는 것과 비교해 보았습니다. 주체의 발달 과정은 당연히 자아의 발달 과정을 거치면서 논의됩니다. 리비도의 이동에서 이미지의 이동과 기표 이동이 거론되어야 합니다.

마무리하면서 우리는 주체의 이야기, 주체 역사와 상담치료는 어떤 관계가 있는지 궁리하게 됩니다. 철학에서 주체철학이라 하면, 그것은 우리가 자아심리학이라고 말하는 것과 유사합니다. 정신분석에서 말하는 라캉의 주체와 철학에서 말하는 주체는 매우 다릅니다. 용어가 같다고 내용이 같은 건 아닙니다. 이번 시간에 다룬 '분열된 주체($)는 어떻게 발달하는가'에 근거하여 다음 시간에는 '감정의 학문으로서 정신분석의 전이: 〈분석수행자〉가 〈안다고 가정된 주체〉에게 보내(야 하)는 것들'에 관해 다뤄 보겠습니다. 정신분석은 정신의 학문, 심리의 학문, 감정의 학문입니다. 또한 '거울단계'가 보여 주는 것은 감각의 경험, 인지의 경험, 감정의 교류입니다. '감정전이'라는 것이 상담에서 어떤 기술인지 다음 시간에 보도록 하겠습니다. 우리가 다룰 책은 자크 라캉의 세미나 읽기(7장, 8장), 플라톤의 『향연(잔치, 심포지움)』, 스피노자의 『에티카』(제3부 명제 57) 등입니다.

제 4 강

감정의 학문으로서 정신분석의 전이 le Transfert :

〈분석수행자〉가 〈안다고 가정된 주체〉에게 보내(야 하)는 것들

이전 강의 정리

2강에서는 앞서 '인지과학의 등장 앞에 선 라캉'을 다뤘습니다. 그때 부제목이 '언어활동처럼 구조화된 무의식l'inconscient과 빅 데이터'였습니다. 무의식이 언어활동처럼 구조화되어 있다는 말을 들으면서 좀 생소하다고 느낀 분도 계실 것입니다. 또한 '주체는 어떤 과정을 통해 발달하는가?'를 다루면서 '욕동la pulsion의 이원성과 4차 산업혁명 시대의 거울단계이론'를 중점적으로 알아보았습니다. 아무래도 자크 라캉이라는 사람에 대해서 많이 접해 보지 못한 상태에서 라캉이 말하는 무의식 개념을 이해한다는 것이 쉽지만은 않으실 겁니다. 그리고 거울단계이론이라는 것 또한 제목에서부터 생소했을 것입니다. 하지만 해 아래 새 것이 없다고 그러죠? 용어가 좀 익숙하지 않을 뿐, 일반적으로 여러분이 살아가면서 다 이해할 수 있는 내용들이라고 생각합니다.

오늘 다루게 될 '감정의 학문으로서 정신분석의 전이', 이것은 아마 여러분이 저보다 더 잘 알고 계시는 주제이고, 매우 평범한 주제입니다. 이 주제를 풀어 나가기 위해서 '인지과학의 등장 앞에 선 라캉'에서 했던 것과 '주체는 어떤 과정을 통해 발달하는가?'에서 했던 것을 바탕으로 라캉이 말하고 있는 전이에 대해서 한번 접근해 보도록 하겠습니다. 이전 강의에 대해서 이해가 잘 안 되시는 면이 있다면 이번 시간을 통해서 다시 리마인드할 수 있는 시간이 될 것입니다.

여기서는 다섯 개의 그림을 다룰 것입니다. 첫 번째 그림은 '뫼비우스의 띠'입니다. 두 번째 그림은 도넛 모양의 '원입체(원환체 tore)'인데, 이것은 세 번째 그림 '거꾸로 된 8'을 구성합니다. 네 번째 그림은 앞서 보셨던 '거울그림'을 더 발전시킨 것이고, 다섯 번째 그림 또한 앞서 보셨던 프로이트에 따른 정신의 구조와 연결됩니다. 이렇게 다섯 개 그림을 살펴보면 이전에 다루었던 것을 잘 이해할 수 있을 것입니다. 참고도서는 제가 쓴 『자크 라캉의 《세미나》 읽기』 7장, 8장입니다. 그리고 스피노자의 『에티카』(제3부 명제 57)와 플라톤의 『향연(잔치, 심포지움)』입니다.

'뫼비우스의 띠'에서 '거꾸로 된 8'로

지난 시간에 주체는 어떤 과정을 통해 발달하는

가를 다뤘습니다. 주체를 말하기 위해서는 자아를 먼저 말해야 하기 때문에 자아 또한 어떤 과정을 통해 발달하는가도 다뤘습니다. 이런 과정에서 주체가 탈중심, 편심이라고 했습니다. 그렇다면 중심은 자아일까요? 그렇지는 않습니다. 주체가 탈중심이듯, 자아 또한 탈중심입니다. 중심에서 벗어났다는 겁니다. 우리가 원을 말할 때는 하나의 중심을 말합니다. 하지만 타원형을 말할 때는 두 개 이상의 중심을 말합니다. 케플러(Johannes Kepler, 1571~1630)가 '타원 궤도 법칙'으로 태양계를 설명했는데, 라캉도 이것을 세미나 7권에서 다룹니다. '거울그림'은 나의 중심이 무엇인지 보여 줍니다. 세미나 1권에서 라캉이 제시한 '거울그림'은 최종적으로 1954년 5월 5일 강의에서 정리되는데, 그 그림을 보면 중심이 무엇인지 알 수 있습니다.

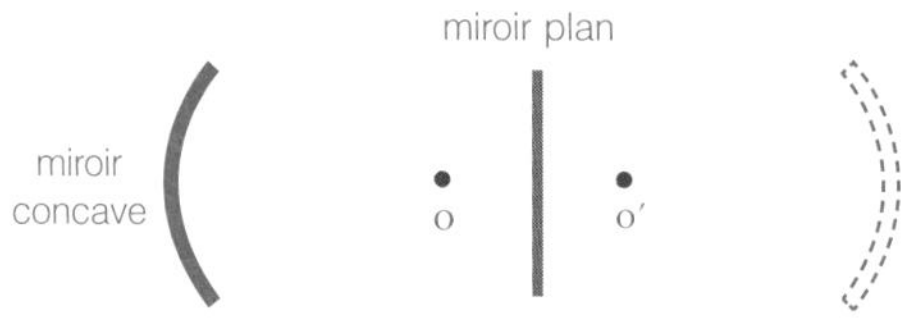

Schéma simplifié des deux miroirs

두 거울의 단순한 도식

세미나 1권, 불어판 187쪽, 한글판 296쪽.

이 '거울그림'은 프로이트가 말한 욕동의 이원성을 담고 있습니다. 평면거울의 왼쪽은 자아리비도이고 오른쪽은 대상리비도입니다. 즉, 왼쪽은 1차 나르시시즘이고 오른쪽은 2차 나르시시즘입니다. 또한 왼쪽은 노에시스적 기능이고 오른쪽은 노에마적 기능입니다. 왼쪽의 기능은 자아가 담당하고 오른쪽의 기능은 주체가 담당합니다. 이렇게 심리(정신)는 자아와 주체로 설명됩니다. 이 과정을 설명하는 것이 심급審級, Instanz(독어), Instance(불어)이고 비계飛階, Gerüste(독어), échafaudage(불어), scaffolding(영어)입니다. 프로이트는 '무의식 · 전의식 · 의식'(1차 위상), '이드 · 자아 · 초자아'(2차 위상)으로 심급을 설명했고, 라캉은 세미나 1권에서 '거울그림'을 통해 '실재 · 상상적인 것 · 상징적인 것'으로 비계를 설명했습니다.

그리고 라캉은 세미나 9권에서 '뫼비우스의 띠'로 의식과 무의식의 이어짐을 설명합니다. '뫼비우스의 띠'의 특징은 무엇입니까? 그냥 길다란 끈을 한 바퀴 꼰 다음에 붙인 것입니다. 즉, 시작한 점에서 한 바퀴 빙 회전을 하면 다시 그 지점으로 돌아옵니다. '뫼비우스의 띠'는 내부와 외부의 구분이 없습니다. 그냥 하나의 면으로 연결되어 있습니다.

한국인이 제작한 유명한 광고가 있는데, 그것은 병사가 총을 쏘고 있는 장면을 담고 있습니다. 그 포스트를 전봇대에 감아 봤더니 적에게 겨눈 총구가 자기한테로 오는 것입니다. 그 광고의 제작 의도는 '준 만큼 돌려받는다'는 것을 알리는 데 있다고 합니다. 물론 '뫼비우스의 띠'는 그런 의미를 지니는 건 아닙니다만 다시 원

점으로 되돌아온다는 점에서는 일맥상통한다고 보입니다. 이 띠에서 '주체는 어디에 있는가?'라고 질문한다면, 여러분은 어떻게 말하겠습니까? '거울그림'에서는 평면거울 우편에 주체가 위치하는데, '뫼비우스의 띠'는 어디에 위치할까요? 면(面) 위에서 주체의 위치를 찾을 수도 있겠지만, 사고를 전환하여 보면 이 면의 내부 구멍에 위치한다고 볼 수도 있습니다. 라캉은 '뫼비우스의 띠' 내부를 바라봅니다. 이런 시각이 라캉의 독특한 점인데, 그는 이 '뫼비우스의 띠'를 좀 다르게 해석해서 라캉 자신만의 그림을 만듭니다. 이제부터 설명할 그림이 바로 '거꾸로 된 8'입니다.

이 그림은 수영할 때 이용하는 튜브에 바람을 넣은 '원입체' 또는 '원환체(tore, torus)'라고 보시면 되는데, 지난번 강의 때 제가 설명한 형광등 원리와 관계가 있습니다. 형광등이 켜지려면 양극(+)과 음극(-) 사이의 전자(電子)가 운동을 해야 합니다. 아래 그림에서 보듯, 원입체는 각각 양극과 음극, 전자를 지칭합니다. 가운데가 빈 도넛 모양의 원입체는 상담 시 말하는 분석수행자(analysant)를 보여줍니다. 분석가는 분석수행자가 하는 말을 들으면서 주체의 역사를

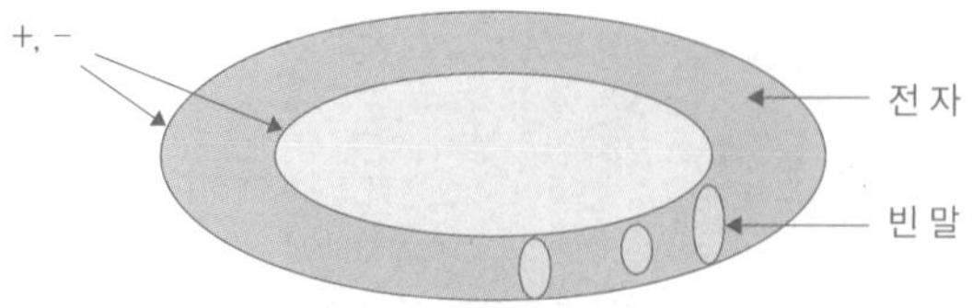

빈 말, 자아, 요구

복원하도록 돕습니다. 이 과정에서 분석수행자는 양극과 음극 사이에서 전자가 회전하듯, 몸과 심리 사이에서 회전하는 풍차의 바퀴처럼 반복해서 말을 내뱉습니다. 이 말 가운데는 저항에 사로잡힌 것이 있는데, 그것을 빈 말, (텅)빈 말, 허언虛言이라고 합니다.

분석가는 분석수행자(내담자)로 하여금 빈 말을 하는 데서 찬 말을 하는 데로 이끕니다. 이것이 바로 상담기술입니다. 하고 싶은 말은 찬 말에 해당합니다. 그러나 분석수행자는 하고 싶은 말을 하지 못합니다. 대신 해야 하는 말을 합니다. 분석가는 그것을 어떻게 파악할 수 있을까요? 그것을 다루는 것이 분석기술입니다. 지난 시간에 보았듯이, 빈 말은 자아의 말이고 찬 말은 주체의 말이라고 했습니다. 가령, 분석회기에서 50분 동안 내담자가 와서 이야기를 할 때, 계속 이야기하고 많이 말한다고 상담이 잘 이뤄지는 게 아닙니다. 분석에 도움이 되는 말을 해야 되는데, 도움이 안 되는 말을 계속해서 많이 할 수 있습니다. 그렇다면 분석가가 분석수행자에게 찬 말을 하도록 이끌려면 어떻게 해야 할까요? 우선, 이 구도를 아는 데서 기술은 시작됩니다.

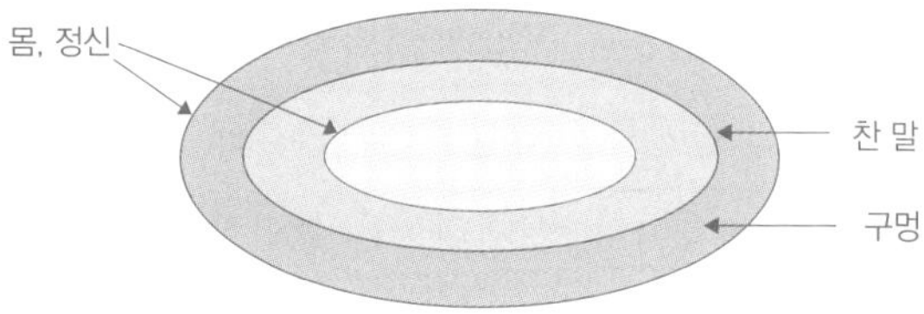

찬 말, 주체, 욕망

위의 두 그림은 각각 설명할 수 있지만 한데 묶어 들여다 보는 게 더 유용합니다. 이 둘을 합친 것이 '거꾸로 된 8'이란 그림입니다.

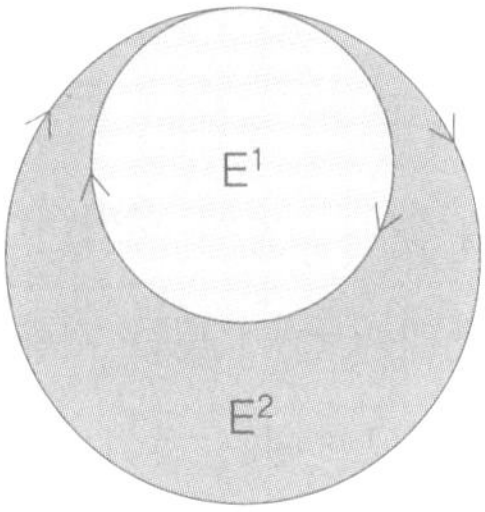

이 그림을 왜 '거꾸로 된 8'이라고 부를까요? '8'의 윗부분 동그라미를 아래 동그라미 안으로 넣어 보세요. 그러면 이 그림이 됩니다. 왜 이 그림을 도입했을까요? 무얼 의미할까요? 이 그림은 라캉식 주체 개념을 이해하는 데 있어서 매우 중요합니다. 이 그림에 E^1, E^2가 있습니다. E^1은 E^1 자신을 포함하는 전체입니다. E^2는 E^1을 포함하지 않는 전체입니다. E^2는 E^1이라는 '구멍'을 갖습니다. 라캉에게 '구멍'이 중요하다고 했습니다. 구멍은 '공(空)'인데, 여

러 가지를 구상하고 설명할 수 있는 개념입니다. 이 구멍은 지난 시간에 보셨던 거울그림에서 확인할 수 있습니다. 거울그림에는 오목거울, 실재대상이 있습니다. 실재대상은 꽃병과 꽃입니다. 이 대상을 실재라고 합니다. 이 대상이 오목거울에 비치면서 실재대상과 오목거울 영상으로 구분되는 것을 상상적인 것, 상상계라고 말합니다. 처음에는 실재와 영상으로 분리가 안 되어 구멍이 없습니다. 이때의 상태를 자아욕동이라 부릅니다. 리비도가 없는 욕동이 작용합니다. 그런데 리비도가 담긴 욕동이 작용하면서 상상적인 기능이 이루어집니다. 이것이 상상적인 과정입니다. 이때를 프로이트식으로 보자면, 자아리비도의 시기입니다. 리비도가 자아로부터 투사되는 겁니다. 현상학적으로 보면, 노에시스(의식의 작용면)적 기능이 작용하는 겁니다. 이 단계에서 구멍이 생깁니다. 대상과 이미지 사이에 '구멍'이 생깁니다. 주체의 눈이 보는 것을 반복하면서 실재와 이미지를 구분하게 되고, 그 과정에서 갭이 생깁니다.

심리(정신)에서 '구멍'의 의미

대상과 이미지 사이에 생긴 구멍을 설명하기 위해 구약성서 창세기에 나오는 사례를 살펴볼 수 있습니다. 하나님께서 아담에게 동산 중앙에 있는 나무의 선악과를 〈먹지 말라〉

고 했습니다. 이 나무는 실재대상입니다. 이 대상은 하나님이 제시한 내용을 담고 있고, 아담이 지켜야 하는 내용을 담고 있습니다만 아담이 경험하지 못한 대상입니다. 아담이 그 대상을 〈보고 인지하는〉 경험을 반복하면서 그 대상을 〈먹고 음미하는〉 데로 나가게 되고 결국 그것을 먹습니다. 인식하는 것, 즉 인지는 실재를 감각을 통해 지각함으로써 실재로부터의 소외를 일으킵니다. 이 인지 과정에서 하나님의 말(이것을 먹으면 죽는다)로 인해 억압된 아담과 하와는 뱀의 말(눈이 밝아져 하나님과 같이 되어 선악을 알게 된다)로 인해 또 다른 억압에 처하게 됩니다. 하나님의 말과 뱀의 말 사이에서 사로잡혀 억압된 아담과 하와는 이 억압을 해소하고자 직접 그 대상을 독대합니다. 그 결과 그들은 어떻게 되었습니까? 하나님처럼 되어 선악을 알게 되었습니까? 결과는 벌거벗었다는 것을 깨달았습니다. 벗었다는 깨달음은 선악에 관계되는 것일까요? 그들의 깨달음은 하나님이 말해 준 것도 아니고 뱀이 말해 준 것도 아닙니다. 그들은 자신에 대하여 새로운 경험을 하게 되었습니다. 이렇게 하나님, 뱀, 아담-하와는 하나의 대상을 두고 다른 견해를 보였습니다. 이 다름은 구멍에서 기인한다고 볼 수 있습니다.

구멍이 없는 시기에 산다는 것은 하나님의 말을 어기기 전, 에덴에서 살던 때를 말합니다. 이때를 시험관 속에서의 삶Life in vitro이라고 볼 수 있습니다. 그러나 아담과 하와가 만물을 다스리는 일을 하면서부터, 즉 만물에게 이름을 지어 주는 일을 하면서부터, 다시 말해 대상관계를 맺으면서부터 그 대상과 분리됩니다. 이 분리를 유도한 것은 '말(言)'입니다. 이처럼 말은 사물과 심리 사이에 구멍을 만듭니다. 여러분은 이 구멍이 없는 시기에서 살고 싶으세요, 구멍투성이인 세상에서 살고 싶으세요? 여러분 같으면 어떨 것 같습니까? 서로 벗었음에도 부끄러움을 느끼지 않는 편안한 시기로 가고 싶습니까, 계속해서 옷을 껴입어 자기 자신을 보이지 않게 하는 시기에 살고 싶습니까? 오늘은 닭털로 한번 가려 봤다가, 그다음에는 나무 잎사귀로 가려 봤다가, 그다음에는 또 어떤 것으로 가리겠습니까?

어차피 인간이 다름을 알게 된 이상, 원상태로 갈 수는 없을 것입니다. 그렇기에 벗었지만 가리는 일에 몰두하게 되는 것입니다. 원상태로 되돌아갈 수 없다는 것을 알기 때문에 벗은 모습을 가리는 행동을 계속하게 되는 겁니다. 이런 반복 행동을 분석 상황에서도 발견할 수 있는 겁니다. 이런 반복 행동을 설명하려고 '거울 그림'이나 '거꾸로 된 8'이 도입되는 겁니다.

'거꾸로 된 8'은 몸과 마음의 분열 가운데 나타나는 구멍을 보여 줍니다. 몸과 마음을 엮는 것은 말인데, 말은 자아의 상상적인 기능을 통해 주체의 상징적인 기능을 이끌어 냅니다. 앞서 언급했던 코수스의 의자 그림에서 보듯, '실재로서 의자 2'는 '상상적인 의자 1'을 통해 자아에게 인지되고, '상징적인 의자 3'을 통해 주체에게 인지됩니다. 이 과정에서 돌아다니는 것은 이미지인데, 이것이 언어화 과정을 거치면서 기표로 재현됩니다. 라캉은 이런 과정을 '언어활동처럼 짜인다'고 말합니다. 이 과정은 생후 6개월부터

18개월 사이에 이뤄진다고 합니다. 기억은 언어의 작용이 이뤄지기 전에도 기억이 있습니다. 이 과정이 이뤄지는 시기는 자아욕동, 어떤 학자는 자기발정의 시기라고도 하는데, 이 시기에는 아직 완전한 언어활동이 이뤄지지 않습니다. 인간이 정상적인 언어활동을 하는 것은 6-18개월 동안 진행되는 거울단계 이후부터일 것입니다. 그렇기에 거울단계 이전의 시기는 In vitro(시험관 안에서)의 시기라고 볼 수 있을 것입니다. 마치 역사시대 이전의 선사시대의 기억에 해당하는 시기라고 볼 수 있습니다.

전이와 그 요소들로서 욕구·요구·욕망

이미지와 언어활동으로 엮인 실재는 이제 외부에서 내부로 들어와 있습니다. 나에게 낯선 외부에서 유입된 대타자는 자아를 형성합니다. 이렇게 외부와 연결되는 내부는 뫼비우스의 띠, 원입체, 거꾸로 된 8로 설명됩니다. 이런 과정은 오늘의 주제인 전이와 어떤 연관이 있을까요?

제가 거듭 말씀 드리고 있는 프로이트식 욕동의 이원성은 전이를 이해하는 데도 중요한 개념입니다. 자아욕동에는 리비도가 없고, 성욕동에는 리비도가 있습니다. 리비도가 없는 자아욕동의 시기는 실재가 상상적인 것으로 이행되기 전의 상태입니다. 이때는 그냥 먹고 살려고 하는 시기입니다. 배고프면 울고, 똥 누면 울고, 등 가려우면 우는 겁니다. 그래서 라캉은 울음을 육체의 방아쇠라고 말합니다. 리비도 이전의 시기에는 울음이라는 것으로 자기 의사를 표현합니다. 리비도가 생성되면서부터 대상과 관계를 맺기 시작합니다. 성욕동은 리비도의 움직임에 따라 자아리비도과 대상리비도로 구분합니다. 자아리비도는 자아가 의식작용면에 머무는 것인데, 거울그림에서 보면 평면거울의 왼쪽에 해당합니다. 이때 실재는 자아의 상상적인 기능을 통해 실재와 분리됩니다. 대상리비도는 자아가 의식대상면과 관계하는 것인데, 평면거울의 오른쪽에 해당합니다. 이때 자아의 상상적인 기능은 말을 통해 상징적인 국면으로 들어가고, 주체가 나타납니다. 이 과정을 오이디푸스 콤플렉스 관점으로 보게 되면, '거세'는 자아의 상상적인 기능을 통한 실재와의 분리에 해당합니다. 이를 통해 상징적인 것이 구성됩니다. 거세가 없다면 상상적인 기능에 머물게 됩니다. 즉, 아이가 엄마로부터 분리되는 것은 아버지라는 제3자의 개입을 통해서입니다. 이 단계에서 빈 말이 발생하고 찬 말 또한 발생합니다. 상상적인 작용에 의해 실재로부터 분리된다는 것은 말의 체계로 들어왔다는 의미입니다. 자아의 말은 분리에 따른 억압과 저항으로 인해 빈 말의 성격을 갖고, 주체의 말은 억압을 걷어 내고 저항을 우회함으로 찬 말의 성격을 나타냅니다. 그래서 우리가 일상적으로 하는 말은 자아의 말인 빈 말의 성격을 갖습니다. 이것은 아무런 의미가 없는 빈 말이라는 뜻이 아닙니다. 일상생활에서는 의사소통을 위한 도구가 됩니다. 다만 분석에서는 별로 도움이 안 되는 말이라는 겁니다. 빈 말은 일상적인 의사소통의 말, 또는 사무적인 말이 될 것입니다. 분석 상황에서 보면, 분석수행자가 분석가에게 보내는 (텅)빈 말입니다. 이런 말을 들은 분석가는 (꽉)찬 말을 하도록 이끕니다. 그러면 분석수행자는 빈 말을 하다가 찬 말을 하고, 또 빈 말을 합니다. 이렇게 분석수행자가 상담가에게 보내는 빈 말과 찬 말이 전이에 해당합니다. 이 과정이 전이 과정입니다. 전이는 분석수행자가 분석가에게 보내는 말인데, 이 과정에서 전달되는 것은 감정도 있고 인지도 있습니다. 감정에는 긍정적인 감정도 있고 부정적인 감정도 있습니다. 그래서 양가감정이라고 합니다. 인지 또한 그렇습니다. 그래서 양가인지라고 볼 수 있습니다. 분석수행자의 이런 반응에 대해 분석가가 취하는 태도를 역전이라고 하는데, 이것에 대해서는 이견이 많습니다. 아래의 그림은 프로이트의 욕동의 이원성과 라캉의 거울 그림을 정리한 것입니다.

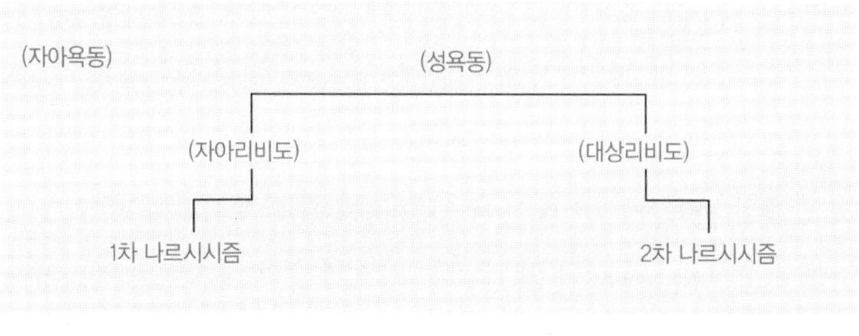

프로이트의 욕동의 이원성

라캉의 거울그림과 욕동의 이원성

평면거울을 포함하는 ‘거울그림’을 보면, 왼쪽에 있는 게 상상적인 것이고, 중간에 있는 게 실재고, 오른쪽에 있는 게 상징적인 것입니다. 그리고 ‘상상적인 것’은 자아의 작동에 의한 자아리비도 투사 및 1차 나르시시즘이고, ‘상징적인 것’은 자아의 작동에 의한 대상리비도 투사 및 2차 나르시시즘입니다. 여기서 주체가 탄생합니다. 라캉이 1차 나르시시즘을 ‘O’로 표현했고, 2차 나르시시즘을 ‘O′’로 표현했습니다. 즉, 1차 나르시시즘과 2차 나르시시즘의 변증법적인 관계를 ‘O-O′’로 표현합니다. 전이는 이 관계에서 등장합니다. 이 관계에서는 욕동의 이원성으로도 설명되지만 욕구, 요구, 욕망으로도 표현됩니다. 즉, 욕구(Besoin, Need, 필요)는 리비도가 없는 단계의 자아욕동(2차 위상 때는 죽음욕동)에 관계되고, 리비도가 생기면서 요구(Demande)가 생겨납니다. 이때는 자아리비도가 발생해서 의식작용면으로서 자아 내부에서 리비도가 움직입니다. 여기까지의 내용을 예로 들어 보겠습니다. 가령, 유아가 배가 고파서 보채자 엄마는 유아의 '욕구'를 채워 주고자 젖을 줍니다. 충분히 먹었을 텐데, 젖가슴을 놓지 않습니다. 빼라고 해도 안 빼고 있는 겁니다. 그때 유아는 뭔가를 '요구'하고 있습니다. 이때 유아는 젖가슴이 자기 것이라고 생각하는데 그것은 아직 상상적인 기능을 통해 실재(젖가슴)로부터 분리하지 않았기 때문입니다. 그런데 어느 순간부터는 자기가 요구할 때 자기에게 오지 않는 젖가슴을 경험합니다. 그 대상은 내가 원할 때보다 타인이 원할 때 오는 것이 됩니다. 즉, 타인의 스케줄(엄마의 육아법에 따른 식사 규칙)에 따라 젖가슴이라는 대상이 유아에게 오는 겁니다. 이를 통해 유아는 젖가슴으로부터 분리되고, 젖가슴이 타자의 것임을 알게 됩니다. 이 시점은 거세가 이루어진 때입니다. 즉, 젖가슴은 내 것도 아니고 엄마 것도 아니고 제3자의 것임을 알게 됩니다. 이렇게 되면 거세 작동이 완전하게 되는 겁니다. 거세 이전에는 엄마와 유아의 관계가 전지전능, 무한함(∞)이었습니다. 그런데 분리되면서 그 구조가 깨지는 겁니다. 인지적 요소도 깨지고, 감정적 요소도 그렇습니다. 이젠 허약한 구조가 되는 겁니다. 이때 유아가 갖게 될 마음의 트라우마를 앞서 보았듯이 '구멍'으로 설명할 수 있습니다. 이제 대상에는 구멍이 있는데, 구멍의 성격을 말한다는 것은 대상의 구멍의 성격을 말하는 것입니다. 대상관계에서 좋은 대상과 나쁜 대상을 말하는데, 라캉식 대상의 성격은 이것보다 더 심오합니다. 1차 나르시시즘에서 대상이 자기애적이라면, 2차 나르시시즘에서는 자기애적 대상의 상실로 인해 다른 대상을 갈구합니다. 다른 대상을 통해 첫 대상을 갈구하는 것, 이것이 욕망Désir 입니다. 욕망은 유아가 욕구했을 때 엄마가 요구에 응함으로 발생합니다. 즉, '욕구'는 유아의 배꼽시계이고, '요구'는 유아의 배꼽시계에 대응하는 엄마의 배꼽시계입니다만 이 대응은 불일치의 대응입니다. '욕망'은 유아의 배꼽시계(욕구)와는 다르게 응하는 엄마의 배꼽시계(요구)로 인해 발생합니다. 다시 말해, 욕망은 욕구와 요구의 불일치 대응에서 비롯됩니다. 불일치 대응으로 인해 구멍이 발생하는데, 이 구멍에서 항구적인 욕망이 발생합니다. 상징적인 차원에서 뚫린 이 구멍은 상상적인 차원의 요구로 메워 보려고 시도되는데, 그 시도는 욕구를 충족시킬 수가 없습니다. 그래서 욕망이 끊임없이 생성되는 것입니다.

오른쪽의 도표는 프로이트가 말하는 정신구조와 그 구조에 상응하는 라캉의 전이 개념, 즉 분석수행자에게서 전이가 발생하는 기제를 정리한 것입니다. 감정전이라고 할 때, 정동(affect)이 생성되는 기제를 살펴보아야 하는데, 맨 처음 강의에서 살펴본 내용이 바로 이것을 위한 것입니다. 1895년에 프로이트가 출판한 『과학적 심리학 초고』에 보면, 세 개의 뉴런(Φ, ψ, w)이 소개되는데, 잉여 에너지인 w(omega) 뉴런이 욕망과 관계됩니다. 대상관계를 주도적으로 맺는 것은 2차 나르시시즘의 대상리비도인데, 1차 나르시시즘이 원활하게 작동한 후에야 욕망이 나타납니다.

욕동의 이원성	1차 위상의 욕동	자아욕동	성욕동: ①자아리비도(1차 나르시시즘)	②대상리비도 (2차 나르시시즘)
	2차 위상의 욕동	죽음욕동	생명욕동: ①자아(보존)욕동, ②자아리비도	③대상리비도 (2차 나르시시즘, 의존적 유형)
라캉에 따른 전이 요소		욕구-요구		욕망

2차 위상은 『쾌락원칙을 넘어서』(1920년)에서 제시한 죽음욕동과 생명욕동에 이어 1923년에 저술한 『자아와 이드(*Ich und Es*)』에서 제시한 것입니다. 1차 위상 때의 자아욕동과 성욕동을 2차 위상에서는 죽음욕동과 생명욕동으로 수정하는데, 여기에서 자아욕동과 죽음욕동에 관계된 것이 '욕구'입니다. 먹고서 살아야 하는 시기의 유아입니다. 그다음에 리비도가 생겼을 때 1차 나르시시즘에서는 '요구'를 하는 거죠. 그런데 그 요구가 방어기제 때문에 다 이루어지는 건 아닙니다. 이 시기를 '쾌-불쾌의 원리'가 지배합니다. 즉, 100이 유입하여 100%이 유출되는 것이 절대쾌(근친상간)인데, 절대쾌를 방해하는 기제가 작용합니다. 이때 잔류하게 된 것이 '욕망'을 일으킵니다. 욕구와 요구가 쾌-불쾌의 원칙에서 작동한다면, 욕망은 현실의 원칙에서 작용합니다. 욕망은 하고 싶은 모든 것을 하는 게 아니라 방어 기제가 작동하는 범위 내에서 추구하는 것입니다. 다시 말해, 욕망은 쾌-불쾌의 원칙을 통해 절대쾌를 추구하는 것이 아니라 방어 기제로 인해 거세된 현실의 원칙에서 작용합니다. 현실의 원칙에는 방어 기제로 인해 억압이 작용합니다. 그래서 욕망은 현실의 원칙 속에서 하는 것이기에 방종하는 욕망과는 거리가 멉

니다. 세미나 7권의 주제가 정신분석의 욕망인데, 초자아의 요구인 도덕과도 다르고, 초자아를 파괴하는 혁명과도 다른 것입니다. 상징적인 질서에서 욕망한다는 것이 무엇인지 분석수행자는 분석 과정에서 추구하게 됩니다.

분석수행자가 분석가에게 보내는 것들

욕구, 요구, 욕망과 함께 주요한 전이 요소가 있는데, 그것은 주이상스Jouissance, 향락享樂, 향유享有입니다. 욕망이 쾌-불쾌의 원칙과 현실의 원칙에 지배받는 것과는 달리, 주이상스는 이 원칙들에 지배받지 않고 그것을 차고 나갑니다. 분석 상황에서 환자가 뭔가를 드러낼 때 분석가는 이게 욕망인지, 주이상스인지, 요구인지, 욕구인지 분간하기 쉽지 않습니다. 분석가는 분석 과정에서 내담자가 하는 말이 이 네 가지 중에 무엇에 해당하는지 파악해야 합니다. 그래서 어려움이 있습니다. 전이에는 최소한 이런 네 가지 요소가 있습니다. 분석수행자는 이것을 분석가에게 전이합니다. trans에는 실어 나른다는 의미가 있는데, 나의 어떤 감정을 내 말에 실어서 내보낸다는 겁니다. 그것을 받은 분석가는 반응할 때, 그것을 역전이counter-transference라 합니다. 전이는 내담자가 분석가에게 보내는 것이지만, 분석가가 도입한 기술 절차에 따라서 내담자가 분석가에게 보내는 것입니다. 이때 분석가는 내담자의 말이 욕구의 상태인지, 요구의 상태인지, 욕망의 상태인지, 향락의 상태인지를 파악하기 위해 기술적으로 대응합니다. 프로이트는 역전이를 적극적으로 도입하지 않습니다. 라캉도 그렇습니다.

2강에서 말씀드린 것처럼, 전이는 진리를 누가 가지고 있는가의 문제와도 연결됩니다. 내담자 자신이 증상을 가지고 있는데, 상담자에게 그 증상의 원인을 찾아서 치료해 달라고 하는 것은 어폐가 있습니다. 왜냐하면 의사는 그것을 모르기 때문입니다. 단지 내담자가 그것을 알 수 있도록 기술적인 차원에서 안내해 줍니다. 위에서 길게 말씀드린 정신 구조를 잘 이해하시면 전이의 구조가 어떨지 파악할 수 있을 겁니다. 다시 말해, '욕구'는 욕동의 이원성에서 볼 때, 첫 번째 욕동인 자아욕동에 관계됩니다. 이때는 리비도가 없는 시기의 자기욕동에 해당하는데, 『아하, 프로이트』를 저술하신 김정일 선생님은 자기발정이라고 표현합니다. 그러니까 말(言) 이전의 시기, 동물과 다름없는 시기임을 표현하는 것으로 볼 수 있습니다. '요구'는 욕구와 욕망의 매개인데, 라캉식으로 말하면 실재와 상상적인 것의 분리를 이끄는 자아의 기능에서 작동합니다.

'거울그림'에서 볼 때, 실재와 상상적인 것으로 분리되기 전의 상태를 프로이트식으로 보면 자기발정의 상태입니다. 이때의 유아를 뭐라고 불러야 될까요? 아직 자아 기능을 하지 못하고, 주체에는 더군다나 미치지 못합니다. 프로이트가 독일어로 명시한 심급이 영어로 번역되면서 여러 문제를 야기했습니다. 한글 또한 마찬가집니다. 1차 위상의 심급은 'Unbewußte, Prebewußte, Bewußte'인데, 영어로 'Uconscious, Preconscious, Conscious', 한글로 '무의식, 전의식, 의식'이라고 번역하였습니다. 2차 위상의 심급은 'Es, Ich, Über-Ich'인데, 제임스 스트레치가 번역한 영어로는 'Id, Ego, Super-ego', 한글로는 '이드, 자아, 초자아'입니다. Ich가 Ego로 번역되었습니다. Ich는 영어 I에 해당합니다. Ego는 라틴어인데, 그리스어와 동일한 발음입니다. Über-Ich는 '위에 있는 나'라는 의미입니다. 즉, 키 작은 유아가 자기보다 키 큰 사람을 올려다보는 것을 염두에 둘 수 있습니다. 다시 말해, 가족 가운데 유아보다 키가 큰 사람을 말합니다. 그러니까 2차 위상의 심급을 독일어 그대로 번역하면 '그것, 나, 위에 있는-나'입니다. '나'와 '자아'는 'Ich'에 대한 번역입니다. '나'라고 하는 것과 '자아'라고 하는 것은 느낌이 다르지 않습니까? '자아'와 '주체'라고 하는 것과 '나'와 '주체'라고 하는 것 또한 느낌이 다릅니다. 불어에서도 'Je'가 되어야 하는데, 'moi'로 해 놓으니까 이게 또 헷갈리는 겁니다. 주체는 'Subject(영어)' 'Sujet(불어)'인데, 이 단어 안에 'Sub' 'Je'가 있습니다. 번역해 보면, '아래에 있는-나'입니다. 그러니까 주체는 '아래에 있는 나'입니다. '위에 있는-나'가 초자아라면, 주체는 '아래에 있는-나'입니다. '아래에 있는-나'는 '예속된-나'라는 의미이기도 합니다. 어디에 예속되어 있을까요? 엄마의 배꼽시계에 예속되어 있는 겁니다. 타인의 질서에 예속되어 있다는 말입니다. 그러니까 상징적인 체계 속에 있다는 의미입니다. 앞서 보았듯이 '요구'는 유아의 배꼽시계(욕구)에 대응하는 엄마의 배꼽시계인데, 상징적인 체계에서 유아는 욕구에 대한 요구의 불일치의 대응으로 인해 영구적인 구멍을 갖게 됩니다. 이것이 쾌-불쾌의 원칙과 현실의 원칙에서 진행될 때 욕망이 되고, 이 원칙을 건너뛸 때 주이상스가 됩니다.

이처럼 나(자아, Ich)는 실재와 상상계를 분리하는 가운데 욕구, 요구, 욕망의 장에 놓이게 됩니다. 자아는 욕구를 요구하는 방안(작전)으로 울음을 이용하다가, 점차 더 나은 작전인 말(言)을 이용하여 말의 세계/체계로 진입을 꾀합니다. 이때 일부는 성공하지만 일부는 성공하지 못합니다. 성공은 요구를 부추기고 쾌의 원리를 자극하지만, 실패는 요구의 좌절을 맛보며 불쾌의 원리를 자극한다. 이런 과정이 '거울그림'의 평면거울 좌항(왼쪽)에 해당합니다. 즉, '성욕동'의 자아리비도(1차 나르시시즘)와 대상리비도(2차 나르시시즘)가 작동하는데, 구강욕동과 항문욕동을 통해 먹고 배설하는 몸의 욕구 기능이 요구 기능과 엮입니다. 요구는 언어와 연관됩니다. 요구에 따른다는 것은 몸이 언어와 관계한다는 겁니다. 이것을 프랑수아 돌토(Françoise Dolto)는 말의 육화Incarnation라고 불렀는데, 몸과 말의 결합을 의미합니다. 몸이 언어를 통해서 조정이 되는 것은 발달과정에서 볼 수 있습니다. 가령, 엄마가 아이의 표정을 보고 "응가하고 싶어?"라고 말합니다. 그러면 아이는 그렇다고 머리를 끄덕입니다. 이때 엄마가 "좀 참어!" 그럽니다. 이런 일이 반복되면서 말이 유아의 몸을 통제하게 됩니다. 이때의 말은 외부에서 들어온 말입니다. 타자의 요구이고 타자의 말입니다. 이와 같이 유아의 욕구(자기 성애)에 대한 엄마의 요구가 성공과 실패를 거듭하는 가운데 유아는 말을 습득하고, 그 말은 몸을 통제합니다. 유아의 수행에 대하여 엄마가 잘 대응하면 아이는 말에 더 흥미를 갖고 말의 체계를 선호합니다. 6개월에서 18개월 사이에 일어난다는 거울단계는 자아가 말의 세계로 진입하는 과정을 설명합니다. 이 시기에 '정신줄이 짜인다'고 말할 수 있을 것입니다. 몸의 근육이 발달하듯 정신 또한 자아의 욕구와 타자의 요구가 어울려서 발달합니다. 말을 배우는 과정에서 성공과 실패를 경험한 유아는 유아의 욕구와 엄마의 요구 간의 불일치를 경험하였고, 그 결과 욕망의 기제에 놓입니다.

욕망과 전이

욕망은 성욕동을 역동적이게 하는 구멍에서 움직이며, 1차 나르시시즘(자아리비도)이 2차 나르시시즘(대상리비도)으로 향하도록 압력을 가합니다. 즉, 평면거울이 있는 거울그림에서 보면, 욕망은 좌항에서 우항으로 이동하는 이미지와 연관됩니다. 시각욕동과 청각욕동은 시각 이미지와 청각 이미지와 관련이 있습니다. 프로이트가 리비도의 이동을 말한다면, 라캉은 이미지의 이동을 말한다고 말씀드렸습니다. '거울그림'은 빛의 이동에 따른 이미지의 이동을 보여 주는데, 이것은 프로이트가 말한 성욕동(자아리비도, 대상리비도)과 두 개의 나르시시즘(1차 나르시시즘, 2차 나르시시즘)에 관한 설명을 담고 있습니다. 이미지의 이동은 곧 기표의 이동으로 이어집니다. 시각을 통해 입수한 자료는 이미지이고, 청각을 통해 입수한 자료 역시 이미지입니다. 몸의 감각기관은 이미지 형태로 자극을 받아들여 언어 형태로 저장한다고 합니다. 이미지와 언어로 엮인 몸은 '말로 육화된 몸'으로 이해됩니다. 이러한 인간의 몸에서 일어나는 욕망은 욕동을 부추기는 액셀러레이터(accelerator)처럼 이해할 수 있습니다. 욕망은 상상계가 실재를 상징화하게 하는 힘이고, 쾌-불쾌의 원리(자아 방어체계/기제)를 뚫고 현실의 원리로 향하게 하는 동력입니다. 또한 욕망은 전이를 가능케 하는 압력이고, 전이 작동에 필요한 요소입니다. 상상계와 실재의 단계에서 말의 육화가 완수되지 않기 때문에, 상징계 단계로 나아가게 하는 욕망의 작용이 필요합니다.

분석수행자가 분석가에게 보내는 전이는 '거울그림'에서 이해할 수 있습니다. 좌항의 자아가 하는 이야기는 빈 말입니다. 빈 말에서 찬 말로 이끄는 기술이 전이인데, 이 과정에서 방어기제가 발동합니다. 분석가는 분석수행자가 찬 말을 할 수 있도록 주체의 역사를 되짚으면서 내담자의 말을 경청합니다. 경청은 중요한 기술인데, 프로이트는 초창기부터 '집중하지 않는 주목Attention flottante'을 제시했고, 리듬에 따라 끊기(분절), 구두점 찍기(Ponctuation), 매듭짓고 다시 시작하기 등의 기법을 동원함으로써 빈 말에서 찬 말로, 자아의 말에서 주체의 말로 이끕니다. 이 과정에서 드러나는 주체의 욕망은 전이의 형태로 분석가에게 전달됩니다. 이렇게 전이는 욕망의 구조를 보여 주는데, 이 구조는 욕동의 이원성을 담은 '거울그림'에 잘 스며 있습니다. '거울그림'은 여러 기제를 설명하는 도구가 됩니다. 어찌 보면 전이가 내담자의 분석가에게 대한 의무로 생각될 수 있지만, 내담자는 그것을 스스로 수행하는 것이 아니라 분석가와의 관계 가운데서 하게 됩니다. 그래서 분석가는 분석수행자가 전이의 구조에 놓이도록 안내하게 됩니다. 즉, 전이는 자아의 빈 말과 주체의 찬 말, 자아의 욕구와 타자의 요구의 불일치에서 비롯되는 욕망에 관계됩니다. 전이는 욕망과 연관됩니다.

욕망의 구조는 옹알이 말로 욕구를 요청할 때 경험한(생긴) 실패(상처)에서 비롯된다고 말씀드렸습니다. 욕구하는 자아에게 타자는 요구로 답하는데, 욕망은 욕구와 요구가 분리되는 지점에서 그 모습을 드러냅니다. 즉, 욕망은 실재와 상상계가 분리되어 상징계로 향하는 지점, 자아욕동과 성욕동이 분리되어 자아리비도에서 대상리비도로 나가는 지점과 연관됩니다. 욕망의 구조가 확고해지는 것은 1차 나르시시즘과 2차 나르시시즘의 발달과 관계가 깊습니다. 1차 나르시시즘은 자아 내부에 머무는 리비도와 관계됩니다. 리비도가 내부에 머문다는 것은 구심적인 상태라 지탱(Anlehnung)으로 표현합니다. 이때는 성욕동이 생기는 시기로, '구강욕동-항문욕동' '시각욕동-청각욕동'이 전개됩니다. 앞서 본 거울그림에서 좌항과 우항의 전개과정은 O-O'로 표기되는데, 이 과정은 1차 나르시시즘과 2차 나르시시즘의 전개를 보여 줍니다. 이것은 동시에 욕망의 전개 및 구조를 보여 줍니다.

욕망은 기본적으로 외부에서 내부로 유입된 '시각욕동-청각욕동'과 말(기표)의 이동에 의해 초래됩니다. 왜냐하면 내부에서 외부로 나가는 것(욕구)과 외부에서 내부로 들어오는 것(요구) 사이에 불일치가 있기 때문입니다. 그래서 라캉은 욕망은 타자의 욕망이라고 말합니다. 문자적으로 보면, 타자의 욕망은 타자에 대한 욕망이라고도, 타자가 가지고 있는 욕망이라고도 번역할 수도 있습니다. 라캉이 의도하는 타자의 욕망은 타자가 갖고 있는 욕망으로 덧입혀진 욕망을 의미합니다. 즉, 타자의 욕망은 타자가 가지고 있는 욕망이 내 안으로 들어와서 나의 욕망이 된다는 의미입니다. 이때 욕망하는 나는 누구일까요? 자아일까요, 주체일까요? 자아는 방어체계로 인해 욕망을 저지하고 방어 체계에 순응하고 억압됩니다. 반면에 자아의 방어체계에 종속되지 않고, 타자의 욕망에 예속된 주체는 욕망합니다. 자아는 목표가 무엇이겠습니까? 자아는 이드와의 관계를 조절합니다. 방어기제가 그 역할을 담당합니다. 즉, 자아는 사물(대상)과 맺는 관계에 있어서 '동일성'을 추구합니다. 하지만 이 동일성은 불완전하게 이뤄지고 거기서 욕망이 싹틉니다. 이 욕망을 담당하는 것이 주체입니다. 자아심리학에서는 자아가 대상과의 관계에서 형성되는 방어기제에 주목하고, 라캉식 정신분석에서는 주체가 욕망을 실현할 수 있도록 하는 데 의미를 부여합니다.

이와 같이 자아심리학과 라캉식 정신분석은 상담의 목

표가 다릅니다. 즉, 퇴행의 기제와 관려됩니다. 동일성을 추구한다는 것은 모태시절로의 회귀, 원초적/원시적 타자인 어머니에게로의 귀의, 모태 밖으로 나온 이상, 현실에서는 동일성을 얻을 수 없습니다. 이런 상황에서 타자의 요구는 나의 욕구와는 다르게 응하게 됩니다. 여기서 욕망이 생깁니다. 욕구와 요구 간의 불일치로 인해 생긴 욕망은 어떠한 대상으로도 메울 수 없습니다. 즉, 동일성을 얻을 수 없습니다. 모든 대상들은 욕망을 메우기보다는 욕망을 더 증폭시킬 뿐입니다. 라캉은 이런 대상을 일컬어 욕망의 원인이라고 말합니다. 우리는 그 흔적을 환유의 기표 축에서 확인할 수 있습니다. 욕망은 환유의 축에서 무수한 기표의 고리들/연쇄(고리)에 의해서 지연됩니다. 기표의 덩어리인 대타자에 의한 욕망, 기표의 연쇄(고리)를 통해 보이는 대타자의 욕망은 사회적 산물입니다. 영상 매체가 발달한 요즘 시대에는, 영상을 통해 대타자가 가지고 있는 욕망을 계속 접하게 됩니다. 누군가가 TV를 통해서 "제발 이거 하나만 사 줘!" 하면 우리는 그 기표에 사로잡혀 살까 말까 하면서 결국은 사게 됩니다. 대타자는 기표를 통해 우리에게 자신의 욕망을 호소합니다. 이런 사회적 산물로서의 욕망은 상징적인 체계 내부에서 작동하고 있습니다. 욕망은 상징체계의 망에 내포되어 있습니다. 10초짜리 광고 한 편을 만들기 위해 얼마큼의 노력이 들어가는지 안다면, 그것을 보고 두 손 들지 않을 사람이 있겠습니까? 광고를 예로 들지 않더라도, 우리 가정에서 일어나는 일에서도 이런 것을 발견할 수 있습니다. 유아는 부모의 상징체계로 인해 거듭나게 됩니다. 형질로서의 몸은 먹고, 자고, 배설하는 기능을 갖고 있습니다. 하지만 그 몸으로는 부모의 상징체계인 가정에서 계속 살아갈 수 없습니다. 유아는 부모가 정한 횟수만큼 우유를 먹고, 부모가 정한 시간대에 잠자고, 부모가 허락하는 상황에서 배설하도록 유도됩니다. 먹고 자고 배설하는 행위에 대한 부모의 견해는 사회적인 합의에 가깝습니다. 이 합의는 역사적·문화적인 성격을 담고 있습니다. 유아는 이런 거대한 체계와 싸워 이길 수 없습니다. 다만 그것을 습득하여 체득하는 일만 있을 뿐입니다. 이 과정에서 억압이 진행됩니다. 형질의 몸과 상징화된 몸은 동일화 과정을 거치는 가운데 비동일성을 얻게 됩니다. 두 몸 사이에 생성된 간극(구멍)은 대상으로 채워질 수 있을까요? 이것에 답하려면 라캉이 제시한 두 종류의 대상인 팔루스phallus와 오브제 아objet a를 참고해야 합니다. 팔루스는 남근(男根)이라고 번역하는데, 해부학적인 의미의 성기(性器, 페니스, penis)는 아닙니다. 팔루스가 의미하는 바는 오이디푸스 콤플렉스 상황에서 잘 나타납니다. 전(前, pre)-오이디푸스 콤플렉스는 유아와 엄마의 2자 관계를 말합니다. 라캉은 여기에 이미 제3자가 개입되어 있다고 봅니다. 그것이 바로 팔루스입니다. 즉, 전-오이디푸스 콤플렉스는 유아-엄마-팔루스라는 구조를 취하고 있습니다. 유아와 엄마의 결합이 완전하다고 볼 수 있겠지만, 이미 여기에는 엄마의 결핍이 내재되어 있고, 그 결핍을 채우려는 엄마의 욕망은 팔루스를 향합니다. 유아는 이러한 엄마를 상대하는데, 욕망하는 엄마가 겨냥하는 대상은 팔루스입니다. 이 팔루스는 엄마가 상정할 때와 유아가 상정할 때 서로 다릅니다. 즉, 엄마가 팔루스를 아버지라고 상정한다면, 유아는 그것을 엄마 젖가슴이라고 상정한다는 겁니다. 이렇게 명시적으로 보이는 대상을 팔루스라고 말할 수 있습니다. 반면에 오브제 아는 욕망을 일으키는 대상이면서 욕망의 원인입니다. 그러니까 욕망에는 대상이 있지만 그 대상이 무엇인지 알 수 없다는 겁니다. 대상이 없지만 대상이 있는 것입니다. 그렇기에 오브제 아는 팔루스로 재현될 뿐입니다.

다시 전이를 보겠습니다. 프로이트의 경우에 전이는 하나의 어떤 생각의 정동이 또 다른 생각의 정동으로 '이동'하는 것, 기표의 '이동', 감정의 '이동'입니다. 프로이트의 사례는 아니지만, '안나 오'는 분석 중에 자기 의사인 브로이어에게 자신의 감정을 표현합니다. 브로이어는 환자의 반응을 이해하지 못했고, 심지어 만삭이 된 아내를 데리고 이웃 나라의 도시 베니스로 떠납니다. 프로이트가 이 관계를 보고 환자와 의사 간에는 감정의 전달이 있다는 것을 상정하게 됩니다. 환자가 의사에게 전달하는 것을 전이라고 보았습니다. 이런 의견이 점점 체계화되어 상담가에 대한 분석수행자의 '반응'을 전이라고 이야기하게 된 것입니다. 전이는 분석수행자의 부정적 반응과 긍정적 반응을 포함합니다. 브로이어의 사례에서 보듯이 전이는 분석의 장애물로 이해되었지만, 나중에는 치료를 돕는 긍정적 요인으로 보게 됩니다. 프로이트는 1915년에 「전이의 역동성」에 대해서 글을 쓰게 됩니다. 거기에 대해서 라캉이 많은 영향을 받고, 전이를 강의할 때도 그것을 많이 참고합니다.

전이와 지식

라캉은 세미나 8권에서 『전이』를 주제로 강의했습니다. 이 강의에서 그는 10주 넘게 플라톤의 『향연(*Symposium*)』만 이야기합니다. 왜 그랬을까요? 라캉에 따르면, 정신분석 창시자는 프로이트의 저작권자들이 1895년 저서에서 거세했던 브로이어의 환자인 '안나 오'라고 말합니다. 이때 프로이트는 전이가 분석가와 분석수행자의 관계라기보다도 분석수행자가 분석가에게 보내는 정동이라고 생각했습니다. 전이를 통해 분석수행자는 자신의 역사를 분석가에게 알립니다. 이것은 저항을 제거하는 분석가의 길안내에 따른 결과입니다. 저항을 제거하는 분석가의 길안내가 없다면 계속해서 자기 방어 상태에서 이야기하기 때문에 찬 말을 하지 못하고 빈 말만 하게 됩니다. 그래서 전이의 상상적 측면인 '사랑과 증오'는 분석 시 저항으로 작용하지만, 상징적 측면인 '기표의 반복'은 주체의 역사를 드러낸다고 합니다. 뒤에 가서 자세히 설명을 드리겠습니다만 『향연』에서 알키비아데스는 소크라테스라는 상자 안에 자신이 추구하는 귀중한 대상이 있다고 믿습니다. 이와 연결하여 라캉은 전이를 설명합니다. 즉, 분석 상황에서 분석수행자는 자신의 욕망을 실현함에 있어서 욕망의 대상을 분석가에게서 찾습니다. 가령, 분석수행자가 자기의 문제를 안고 상담자를 찾아왔을 때, 그 문제의 대상은 상담자와의 관계에서 드러납니다. 이런 구도하에 있다는 것을 분석가는 알고 있기에 그 관계 안에서 분석수행자가 찾는 대상이 무엇인지 고려하게 되는 것입니다. 분석수행자에게 분석가는 안다고 가정된 주체입니다. 즉, 분석수행자는 분석가가 자신이 찾는 욕망의 대상을 갖고 있다고 여깁니다. 그래서 라캉은 분석가를 '안다고 가정된 주체' '상정된 전지주체' 또는 '상정된 전지전능주체'라고 표현합니다. 분석수행자가 분석가를 이렇게 여긴다면 분석가는 자신을 어떻게 생각을 해야 하겠습니까? 분석가는 분석수행자가 왜 그런 증상을 보이는지 알고 있지 않습니다. 단지 자신을 통해서 증상의 원인을 찾아갈 수 있도록 길 안내자 역할을 한다는 입장을 취하는 겁니다. 이것을 수행하기 위해 분석가와 분석수행자 사이에는 전이 관계가 요청됩니다. 전이를 통해 생산되는 말이 자아의 빈 말인지 주체의 찬 말인지 어떻게 판명하겠습니까? 분석에서 제기되는 해석의 문제는 언제, 어떻게 합니까? 저항을 극복하여 긍정적 전이가 되면 사랑의 정동이 나타나고, 부정적 전이가 되면 공격적인 정동이 나타납니다. 이것은 분석수행자가 분석가에게 보내는 증상에 대한 지식(savoir)을 담고 있습니다.

전이는 '지식'을 분석가에게로 귀착시킵니다. 분석수행자가 분석가에게 자신의 역사적 지식을 알리는 겁니다. 이때 드러난 지식을 분석가가 해석하고 분석수행자는 이것을 들어 보고 수긍하거나 부인하는 등의 반응을 합니다. 그 반응을 보고 분석가는 저항으로 인한 반응인지를 분석 관계에서 계속 이야기합니다. 이처럼 전이는 분석수행자의 이야기와 이에 대한 분석가의 해석, 이에 따르는 분석수행자의 반응(수긍과 부인)을 포함합니다. 이것이 반복되는 것이 분석 회기입니다. 라캉이 제시하는 정신분석의 주요 개념은 네 개인데, 그중에 반복이 있습니다. 매 회기마다 드러나는 반복은 어떤 의미를 지닐까요? 그 근원은 무엇일까요? 억압은 증상으로 회귀합니다. 반복되어 나타나는 증상은 억압된 것이 재현되는 것입니다. 전이는 억압된 것의 회귀를 보여 주며, 그것은 분석가와 분석수행자의 관계에서 재현됩니다.

구약성서의 창세기에 보면 바로가 꾼 꿈을 요셉이 해석해 주는 장면이 나옵니다. 바로가 꾼 꿈은 두 개인데, 하나는 식물 꿈이고, 하나는 소 꿈입니다. 요셉이 그것을 해석해 주면서 하는 말이 두 가지 꿈을 꾸었지만, 사실 그 꿈은 하나(41장 25절)라고 이야기해 줍니다. 요셉은 꿈에 대해서 굉장한 식견을 가지고 있었던 것 같습니다. 꾼 꿈이 두 개일지라도 그 꿈이 의미하는 바는 하나라는 겁니다. 재현되는 것이 두 개일지라도 그것의 근원에는 하나의 억압이 있다는 것입니다. 프로이트는 『꿈의 해석』에서 대략적으로 주변인의 꿈 173개와 자신의 꿈 47개를 소개하고 있습니다. 이 중 자신이 꾼 꿈은 자신이 유대인이라는 데서 비롯되는 것이 많습니다. 그는 유대인이라는 이유로 대학교수 임용에 탈락하는 것 때문에 고통받았습니다. 그는 오스트리아-헝가리 제국의 소도시에서 유대인의 아들로 태어났습니다. 유대인의 환경에서 살던 그뿐 아니라 당시의 유대인들이 기독교 사회에 진입하는 데 여러 어려움이 있었습니다. 많은 이가 팔레스틴으로 귀향하기도 하고 많은 이가 나치에 의해 죽었습니다. 유대인이라는 이유로 겪은 심적 어려움은 꿈 등으로 재현되었습니다. 꿈을 통한 이러한 반복은 무의식의 주체를 드러내는데, 전이 또한 반복되는 것을 통해 무의식의 주체를 드러냅니다.

전이와 정동

전이(Transfert)는 보통 '감정전'이라고 번역합니다. 그래서 전이는 정동(情動)과의 관계에서 논의됩니다. 라캉은 박사논문 서두에 스피노자의 『에티카』 제3부 명제 57의 라틴어 원문을 명기하고 있습니다. 그 내용은 다음과 같은데, 이 명제에 정동이 언급됩니다.

> Quilibet unius cujusque individui affectus ab affectu alterius tantum discrepat, quantum essentia unius ab essentia alterius differt.

라캉은 논문을 끝마치면서 다시 이 명제로 돌아와서 이 명제를 불어로 번역하고, 이에 대해 자신의 의견을 제시합니다. 이 명제를 어떻게 번역하느냐에 따라 정동을 지닌 인간을 어떻게 볼 것인가 하는 문제가 제기됩니다. 1930년 당시 프랑스에서 이 문구는 샤를 아퓐(Charles Appuhn)이 번역한 것으로 통용되었습니다.

> Une affection quelconque de chaque individu diffère de l'affection d'un autre, autant que l'essence de l'un diffère de l'essence de l'autre (Ch. Appuhn, Paris: Garnier-Flammarion, 1965, p.192.)

이 문장을 번역하면 "한 사람의 본질이 다른 사람의 본질과 다른 만큼, 각 개인의 임의의 정서는 다른 사람의 정서와 서로 다르다"입니다. 샤를 아퓐(Charles Appuhn)은 스피노자가 사용한 두 개의 동사 discrepat와 differt를 '다르다(diffère)'라는 동사 하나로 똑같이 번역했습니다. 그런데 라캉은 이 번역에 이의를 제기합니다. 왜냐하면 'discrepat'와 'differt'를 '다르다'로 번역해서는 스피노자의 진의를 담을 수 없다고 판단했기 때문입니다. 그래서 그는 이 문장을 다음과 같이 번역합니다.

> Une affection quelconque d'un individu donné montre avec l'affection d'un autre d'autant plus de discordance, que l'essence de l'un diffère plus de l'essence de l'autre.(라캉의 불어 번역, 박사논문 p.342.)

이 문장을 번역하면, "한 개인의 본질이 다른 사람의 본질과 다를수록(differt), 한 개인의 임의의 정동(affectus)은 다른 사람의 정동과 더 커다란 불일치(discrepat)를 보인다"입니다. 즉, 한 사람의 본질과 다른 한 사람의 본질이 '다르다'면, 그 한 사람의 정동과 다른 한 사람의 정동은 '불일치한다'는 것입니다. 다시 말해, 본질이 다르면, 정동은 불일치한다는 것입니다. 포트라의 번역은 라캉의 번역을 지지해 줍니다.

> 각 개인의 어떠한 정서도, 그 사람의 본질이 다른 사람의 본질과 다른 만큼, 다른 사람의 정서와 불일치한다.(베르나르 포트라, 1988.)

아리스토텔레스는 『니코마코스 윤리학』에서 다양한 정동의 높낮이를 소개한 바 있는데, 아리스토텔레스가 정동의 중간치를 중용이라 말하고, 이를 유지하는 것이 행복이라고 말했다면, 라캉은 정동의 보편적 평균치 대신 정동의 불일치를 주장합니다. 정동이 '다르다'는 것이 아니라, 정동이 불일치한다고 말하는 겁니다. 나의 감정과 너의 감정이 다르다고 하는 말과 나의 감정과 너의 감정이 '불일치한다'는 말의 차이는 무엇일까요? 다르다는 것은 같을 수 있는 가능성이 열려 있지만 불일치한다는 것에는 그런 가능성이 닫혀 있습니다.

죽음욕동과 주이상스(향락), 뭉치 정신분석과 별별 정신분석

스피노자가 『에티카』에서 말한 정동(affect, 情動, 정서)은 감정(感情)의 움직임(動)입니다. 프로이트가 말한 욕동慾動, Trieb, Drive, Pulsion은 자아욕동에서 성욕동(자아리비도 → 대상리비도)으로, 죽음욕동에서 생명욕동(자아보존욕동 → 자아리비도 → 대상리비도)으로 리비도(이미지, 기표)가 움직이는 것을 말합니다. 욕동의 이원성은 정동을 구조적으로 풀이한 것으로 볼 수 있습니다. 여기서 죽음욕동은 부정적 전이의 에너지고, 생명욕동은 긍정적 전이의 에너지입니다. 죽음욕동은 부정적인 평가를 받아서 프로이트 사상에서 소홀히 취급되거나 또는 배제되었습니다. 하지만 클라인과 라캉은 죽음욕동을 핵심에 두고 다루게 됩니다. 특히, 라캉은 여기서 비롯되는 주이상스를 말합니다.

프로이트가 죽음욕동을 리비도가 없는 욕동의 시기에 위치시켜 무생물로 돌아가려는 생물학적 본능과 연결시킨다면, 라캉은 죽음욕동을 상징계를 작동시키는 동력으로 봅니다. 라캉에게 죽음욕동은 반복을 생산하는 원천적 욕동입니다. 즉, 라캉에게 죽음욕동은 프로이트의 견해처럼 소멸을 추구하는 것으로 이해되기도 하지만, 주체로 하여금 어떤 것을 반복하게 하고, 주이상스를 추구합니다. 다시 말해, 죽음욕동은 주이상스의 반복을 작동시키는 원리가 됩니다. 이때 장애가 되는 것은 쾌-불쾌의 원리인데, 죽음욕동은 이 원리를 뚫고 돌파합니다. 생명욕동이 쾌-불쾌의 원리를 넘어 현실의 원칙으로 가게 하듯이 죽음욕동도 그런 힘을 갖고 있다고 본 것입니다. 방어기제가 제시하는 금기된 것을 통과해야 하는 위협을 감수해야 하는 것이 죽음욕동의 성격입니다. 생명욕동은 쾌-불쾌의 원리에 의해 통치되기에 지나치게 즐기지 않고 자제를 합니다만 죽음욕동은 지나치게 즐기고자 합니다. 앞서 본 '프로이트에 따른 정신의 구조'를 다시 정리해 봅시다.

<table>
<tr><td rowspan="2">위상</td><td>1차 위상</td><td>무의식
1차 과정: 지각동일성,
언어(말-소리)→이미지</td><td>전의식(검문소)
2차 과정: 사고동일성,
이미지→언어(말-소리)</td><td>의식</td></tr>
<tr><td>2차 위상</td><td colspan="3">이드, 자아, 초자아</td></tr>
<tr><td colspan="2">마음의 원칙</td><td>쾌-불쾌의 원칙(절대쾌, 근친상간)</td><td colspan="2">현실의 원칙(1차 과정 지배, 통제)</td></tr>
</table>

<table>
<tr><td rowspan="2">욕동의
이원성</td><td>1차 위상의 욕동</td><td>자아욕동</td><td>성욕동: ①자아리비도
(1차 나르시시즘)</td><td>②대상리비도
(2차 나르시시즘)</td></tr>
<tr><td>2차 위상의 욕동</td><td>죽음욕동</td><td>생명욕동: ①자아보존욕동,
②자아리비도</td><td>③대상리비도
(2차 나르시시즘, 의존적 유형)</td></tr>
<tr><td colspan="2" rowspan="2">라캉에 따른 전이 요소</td><td colspan="2">욕구-요구</td><td>욕망</td></tr>
<tr><td colspan="3">주이상스</td></tr>
</table>

프로이트가 보는 죽음욕동에 의하면, 엄마 배에서 나온 아기는 여러 면에서 낯설고 힘드니까 다시 엄마 배로 들어가고자 합니다. 하지만 라캉이 이해하는 죽음욕동은 생명욕동을 작용하게 하

는 힘입니다. 프로이트에 따른 방어기제는 죽음욕동이 생명욕동에게 요청하는 무엇을 수행할 수 없도록 방어합니다. 자제를 시키는 겁니다. 이것이 쾌-불쾌의 원칙입니다. 그럼에도 죽음욕동은 이 원리를 뚫고 나갑니다. 이때 생기는 정동을 주이상스라고 합니다. 생명욕동에 의해 생기는 정동은 욕망입니다.

전이에서 고려할 것은 욕망(데지르, Désir)과 함께 주이상스라는 정동입니다. 죽음욕동에 의한 주이상스를 아무 쓸모없고, 버려야 될 거라고 생각하는 쪽에서는 전이에서 발생하는 주이상스를 간과하지만 이것의 의미를 아는 쪽에서는 아주 소중하게 다룹니다. 분석 상황에서 확인되는 전이에 따른 정동이 죽음욕동에 의한 건지 생명욕동에 의한 건지 해석하는 것이 중요합니다. 자아가 상징계로 진입하여 현실의 원리에 따른 분열된 주체가 되려면 거세 아래 놓여야 하는데, 이 거세를 관통하면서 주체는 쾌-불쾌의 원리를 따르게 되고 절대쾌는 유보됩니다. 절대쾌가 성취되려면 거세가 거부되어야 하는데, 분열된 주체는 거세 아래 놓이게 되므로 욕망을 추구하고 주이상스를 추구하지 못합니다. 만약에 거세가 거부되면 욕망의 구조(쾌-불쾌의 원리 → 현실의 원리)는 위협을 받고, 작동되는 주이상스의 구조로 인해 주체는 감당하기 힘든 고통스러운 쾌락 아래 놓이게 됩니다. 주이상스의 구조는 주체가 감당하기 힘든 고통스러운 쾌락에 관계됩니다. 생명욕동이 욕망의 구조, 긍정적 전이에 예속된다면, 죽음욕동은 향락의 구조, 부정적 전이에 예속됩니다. 주체가 죽음욕동에 밀려 쾌-불쾌의 원리를 비켜 향락을 반복적으로 추구하면 불안이 뒤따릅니다. 지나친 쾌락은 불안을 동반하게 됩니다. 이런 반복은 거세 이전의 전(前)-오이디푸스 구조로 되돌아가, 거기에 머물려고 하는 경향을 보입니다. 이것을 거울그림에서 보면, 거울그림의 좌항에 머물고자 하는 것이고, 좌에서 우로 이끄는 자아의 상상적 기능을 방해하는 것이고, 거세가 작동하면서 말의 체계로 가는 것을 막는 것입니다. 죽음욕동은 거울그림의 우항에서 좌항으로 퇴행을 이끌고, 상징체계에 놓인 분석수행자를 전-오이디푸스 구조로 퇴행하게 합니다. 다시 말해, 생명욕동과 욕망의 구조가 긍정적 측면의 전이에 관계된다면, 죽음욕동과 향락의 구조는 부정적 측면의 전이에 관계된다고 볼 수 있습니다. 그래서 제가 '뭉치 정신분석' '별별 정신분석'이란 용어를 만들어 보았는데, '뭉치 정신분석'은 정동의 평균치라는 잣대를 사용하는 것이고, '별별 정신분석'은 각 개인의 정동이 다를 뿐 아니라 불일치한다는 것을 의미합니다. '뭉치 정신분석'에서는 평균치의 정동으로서 전이를 고려하는데, 아리스토텔레스처럼 정동의 평균치라는 관점으로 분석수행자를 보는 겁니다. 반면에 '별별 정신분석'은 각자가 맺는 정동은 다른 사람과 맺는 정동과 불일치한다는 것에 근거합니다. 즉, 나는 이 사람하고는 이런 정동 관계를 맺지만 저 사람하고는 이것과는 불일치하는 정동 관계를 맺는다는 겁니다. 왜 그럴까요? 같거나 다른 정동 관계를 맺지 않고, 불일치의 정동 관계를 맺는 이유는 무엇일까요?

시인 김광섭의 「저녁에」라는 시가 있습니다. 유심초라는 이름으로 활동하는 가수가 이 가사에 곡을 붙여 노래를 불렀습니다. 그 노래 제목이 「어디서 무엇이 되어 다시 만나랴」입니다. 그 가사의 내용은 이러합니다.

저렇게 많은 별들 중에
별 하나가 나를 내려다본다
이렇게 많은 사람 중에
그 별 하나를 쳐다본다
밤은 깊을수록 별은 밝음 속에 사라지고
나는 어둠 속으로 사라진다
이렇게 정다운 너 하나 나 하나는
어디서 무엇이 되어 다시 만나랴
너를 생각하면 문득 떠오르는 꽃 한송이
나는 꽃잎에 숨어서 기다리리
이렇게 정다운 너 하나 나 하나는
나비와 꽃송이 되어 다시 만나자

모든 별이 나를 보는 게 아니라 그 별들 중 하나가 나를 바라보고 있다는 겁니다. 나와 별 하나의 일대일 관계를 이야기를 하고 있는 겁니다. 나와 모든 별의 관계가 아니라는 겁니다. 어찌 보면 이 시는 '별별 정신분석'이라 부를 수 있는 관계가 상정하듯이, 별 하나와 내가 맺는 정동 관계는 다른 별 하나와 내가 맺는 관계와 일치하지 않는다는 겁니다. 내 정동과 별의 정동은 아예 서로 불일치한다는 겁니다. 일치의 가능성이 없는 거죠. 이런 인식이 스피노자와 라캉이 공유하는 겁니다. 이 두 학자가 볼 때, 아리스토텔레스가 말했던 감정의 평균치, 행복의 평균치는 절대적인 것이 될 수 없고 상대적이라는 겁니다. 우리가 살아가면서 다른 감정을 가진 사람과 만나기도 하는데, 서로 다르다는 것을 이해하게 되면 같아질 수도 있겠다는 생각을 하게 되고, 같아지도록 노력도 하게 됩니다. 그런데 애초에 일치할 수 없다는 것을 이해한다면 어떻게 할까요? 스피노자가 볼 때는 우리가 처음부터 불일치하기 때문에 일치하기 위한 노력 자체가 필요 없습니다. 그러니까 개별적인 대응에 따라 기준을 설정하고 대면해야 되는 겁니다. 이런 관점은 여러 모로 불편합니다. 실용적이지도 않습니다. 라캉이 제가 '뭉치 정신분석'이라고 부르는 것이 아니라 '별별 정신분석'이라고 부르는 방식의 치료법을 추구하는 이유는 무엇일까요? 그것은 IPA(국제정신분석협회)가 추구하는 '뭉치 정신분석'이 내담자의 치료에 효과적이지 않다고 보기 때문입니다. 그래서 DSM(정신질환의 진단 및 통계 편람 Diagnostic and Statistical Manual of Mental Disorder) 같은 것은 만들려고 하지도 않습니다. 이것은 마치 디지털 세상의 새로운 중앙집권적 중재자(가령, 구글, 아마존 등)에 맞서는 탈중앙화(개미군단, 블록체인 등)와 비교해 볼 수 있을 것입니다.

양가감정과 균형,
양성과 사랑

전이에서 고려할 또 하나의 사항은 양가감정입니다. 양가兩價, ambivalence란 화학 용어인데, 가령 CO_2에서 볼 수 있습니다. O_2면 O가 두 개 있는 걸 말합니다. 프로이트나 라캉이 의사라서 화학 등 자연과학 용어가 친숙합니다. 양가는 두 개의 값이 있는 겁니다. 즉, 좋아하는 감정과 미워하는 감정을 말하는 겁니다. 이 두 감정이 별개의 것이 아니고 함께 있다는 것을 보여 주는 겁니다. 죽고자 하는 마음과 살고자 하는 마음이 항상 같이 있는 것과 같습니다. 그래서 두 감정의 균형이 중요합니다. 지금 언급되는 균형은 한 개인과 또 다른 개인 간의 균형을 말하는 게 아닙니다. 한 개인 안에서의 균형을 말합니다. 양가감정은 오이디푸스 이론에서도 중요합니다. 오이디푸스 이론의 상수(常數)는 3자 구도(아이-어머니-아버지)와 타고난 양성입니다. 여기서 양성은 한 개인에게서의 남성성과 여성성을 말합니다. 타고난 양성兩性, bisexualité congénitale이라고 말합니다. 이런 개념은 우파니샤드 신화(mythe Upanishads)에도 나오고, 플라톤의 『향연』에도 나옵니다. 즉, 세계는 양성인 아트만(자신 또는 자아)에서 시작되는데, 두 성의 성 기관은 양성구유(兩性具有)에서처럼 이것과 저것이 상호 공존합니다. 플라톤의 『향연』에서 네 번째 연사 아리스토파네스가 말하는 세 방식의 성비(性比) 구성에도 나오는데, 암(雌)-암(雌), 수(雄)-수(雄), 암(雌)-수(雄)가 바로 그것입니다. 근데 하늘에서 이 쌍(雙)들을 본 제우스 신은 이 쌍들을 둘로 나눕니다. 즉, 하나의 몸에 머리가 두 개 있는 암(雌)-암(雌), 수(雄)-수(雄), 암(雌)-수(雄)의 사람을 시기하여 반으로 가른 겁니다. 이렇게 나누어진 사람들은 자신의 짝이 누구인지 모릅니다. 그래서 자기와 한 몸이었던 사람을 찾아가려고 한다는 겁니다. 여자였던 사람들은 여자를 찾아가고, 남자였던 사람들은 남자를 찾아가고, 남자와 여자였던 사람들은 각각 남자와 여자를 찾아가는 겁니다. 이것이 오이디푸스 이론의 '타고난 양성' 개념입니다. 그러니까 한 사람 안에는 남자가 되고 싶은 것과 여자가 되고 싶은 것이 있습니다. 경우의 수는 다르겠지만 두 개의 성이 한 몸에 있다는 겁니다. 오이디푸스 이론은 남성이 남성으로 발달하고, 여성이 여성으로 발달하는 것에 관해 다룹니다. 상담 사례를 보면, 이 발달 과정을 추적할 수 있습니다.

전이를 설명하는 세미나 8권에서 라캉은 플라톤의 『향연』을 10주 이상 다룹니다. 이 저서와 전이가 어떤 연관이 있는지 알려주지 않은 채 이 저서만 주석합니다. 여러분이 이 책을 읽어 보시면 아시겠지만 현대에 뮤지컬로 제작되어 인기를 모으고 있는 「헤드윅」의 대표곡인 「The Origin of Love」은 『향연』에서 가져온 것입니다. 플라톤의 『향연』의 내용은 이러합니다. 아가톤이 웅변대회에 나가서 우승했는데 이를 축하하기 위해 베푼 잔치를 소재로 합니다. 이 잔치에 일곱 명이 모였는데, 술은 이미 많이 마셨으니 서로 돌아가면서 이야기나 하자고 하여 사랑에 관해 각자가 말하기 시작합니다. 사랑의 신인 에로스를 찬양하는 이야기를 하기로 한 겁니다. 라캉이 볼 때, 중요한 키워드를 가지고 있다고 볼 수 있는 사람은 세 번째 자리에 앉은 사람입니다. 두 번째 자리에 앉은 사람은 의사(파우사니아스)인데, 그 사람이 연설을 끝마쳤을 때, 일곱 연사 중 세 번째(연설 순서는 네 번째) 자리에 앉은 사람이 갑자기 딸꾹질을 하기 시작합니다. 그래서 연설을 마친 두 번째 사람인 의사가 처방을 해 줍니다. 딸꾹질을 할 때는 이런 게 좋으니까 이렇게 해 보라고 말합니다. 딸꾹질이 멈출 동안, 순서를 바꾸어서 네 번째 앉은 사람(에뤼크시마코스)이 먼저 이야기합니다. 그 다음에 세 번째 자리한 사람이 말하는데, 그가 바로 앞서 말씀드린 암(雌)-암(雌), 수(雄)-수(雄), 암(雌)-수(雄)에 관해 말한 아리스토파네스입니다. 그는 분리된 서로를 찾는 것이 사랑이라고 주장합니다. 이에 관해서는 제가 쓴 『자크 라캉의 《세미나》 읽기』 7장에 자세한 설명이 나옵니다. 맨 마지막에 알키비아데스라는 사람이 연설을 하고, 그 전에 소크라테스가 연설을 합니다. 당시 소크라테스와 알키비아데스는 아리스토파네스가 제시한 수(雄)-수(雄) 관계였나 봅니다. 알키비아데스가 굉장히 남성다웠던 사람인데, 그가 소크라테스를 좋아한 이유는 소크라테스가 갖고 있는 아갈마agalma, 대상 때문입니다. 즉, 소크라테스가 갖고 있는 지혜 때문이란 겁니다. 지혜는 그리스어로 여상명사입니다. 남성성이 강한 알키비아데스가 흠모하는 것인만큼 소크라테스에게서 찾는 것이 지혜입니다. 하지만 소크라테스는 자신은 그 지혜를 갖고 있지 않다고 말합니다. 즉, 알키비아데스는 소크라테스가 갖고 있다고 생각하지만 정작 소크라테스 자신은 그것을 갖고 있지 않다고 말하는 것, 여기서 라캉은 그 대상을 오브제 아라고 명하고, 그 대상의 성격을 '있으나 없는 것'이라고 설명합니다. 오브제 아에서 아(*a*)는 그리스어로 아갈마라고 볼 수도 있고, 아토포스(없는 장소, a-topos)라고 볼 수도 있습니다.

여러분이 아시듯 소크라테스는 산파법을 사용합니다. 그 자신은 지혜가 없는 사람이지만 다른 사람으로 하여금 그것을 가질 수 있도록 중매 역할을 하는 사람이라고 소개합니다. 여기서 중매는 대상과 대상을 이어 주는 주체이거나 주체와 주체를 이어 주는 대상입니다. 대상은 불어로 '오브제'라고 하고, 그리스어로는 '아갈마'라고 합니다. 그래서 '오브제 아(objet *a*)'라고 하면 '대상 대상'이라는 뜻입니다. 이 단어는 라캉이 만든 신조어이자 그의 독특한 개념어입니다. 이 단어가 갖는 개념이 무엇인지 이해하는 것이 중요합니다. 이것을 한국말로 번역할 때는 '오브제 아' '대상 *a*' '타대상'이라고 합니다. '*a*'는 항상 이탤릭체로 표현합니다. 라캉이 플라톤의 『향연』을 십여 주 동안 주석하면서 이끌어 낸 신조어 'objet *a*'는 다양한 것을 설명할 수 있는 기능을 가지고 있습니다. 특히 기표로서 오브제 아는 분석에서 분석수행자가 분석가에게 보내는 욕망에 관한 겁니다. 오브제 아는 팔루스와는 다른 각도에서 이해됩니다. 분석가는 분석수행자가 제시하는 기표가 팔루스에 관한 것인지, 오브제 아에 관한 것인지 잘 분간해야 합니다.

이 장의 제목이 보여 주듯, "감정의 학문으로서 정신분석의 전이, 분석수행자가 '안다고 가정된 주체'에게 보내는(보내야 하는)

것들" 가운데 하나는 욕망이고 다른 하나는 주이상스입니다. 분석가가 욕망의 구조와 향락의 구조를 이해하면 분석수행자의 전이를 이끄는 데 도움이 됩니다. 분석가가 분석수행자와의 상담 관계(라포, rapport)에 들어가면, 분석수행자가 전이하는 대상이 욕망에 관한 것인지 주이상스에 관한 것인지 고려하게 됩니다. 욕망의 구조와 향락의 구조에서 시작되는 사랑은 어떤 대상을 가질까요? 욕망을 추구한다는 것은 욕망을 채워 주는 대상을 찾는 것입니다. 찾은 그 대상은 갈구하는 이에게 만족을 줍니까? 그 대상만으로 만족하게 된다면 그 대상은 앞서 보았듯이 팔루스적인 대상을 추구하는 자아의 경우일 것입니다. 그런데 무의식의 주체일 경우, 찾은 대상에 만족하지 못합니다. 그래서 다른 대상을 찾습니다. 마치 유아가 이유(離乳, 젖을 떼는 것) 대상을 찾으면서 대상을 확대해 가듯이 무의식의 주체는 욕망을 충족시켜 주는 대상을 반복해서 찾습니다. 오브제 아는 욕망의 대상이면서 욕망을 충족시켜 주는 대상입니다. 그러나 오브제 아는 채워지지 않는 욕망이 있음을 일깨워 주는 대상이기도 합니다. 그런 면에서 오브제 아는 욕망의 원인입니다. 오브제 아는 원인으로서의 대상이지 결론으로서의 대상이 아닙니다. 자아가 팔루스라는 대상을 '충족시켜 주는 결론으로서의 대상'으로 여긴다면, 무의식의 주체는 오브제 아라는 대상을 '결여를 일깨워 주는 대상' '욕망의 원인으로서의 대상'으로 여깁니다. 자아가 상상적인 국면에 있다면, 무의식의 주체는 상징적인 국면에 있습니다. 이것이 욕망의 구조입니다. 그렇다면 주이상스는 어떨까요? 주이상스는 욕망보다는 더 강한 에너지입니다. 앞서 보았듯이, 욕망이 쾌-불쾌의 원칙과 현실의 원칙에 지배를 받는 것과는 달리, 향락은 이 원칙들의 지배를 받지 않고 그것을 차고 나갑니다. 죽음욕동을 리비도가 없는 욕동의 시기에 위치시켜 무생물로 돌아가려는 생물학적 본능과 연결시킨 프로이트와 달리, 라캉은 상징계를 작동시키는 동력으로 봅니다. 라캉에게 죽음욕동은 상징계에서 일어나는 반복을 생산하는 원천적 힘입니다. 다시 말해, 라캉에게 죽음욕동은 소멸을 추구하는 동시에 주이상스를 추구하게 합니다. 죽음욕동은 주이상스를 반복하게 하는 원리입니다. 죽음욕동은 쾌-불쾌의 원리와 현실의 원리를 뚫고 돌파합니다. 생명욕동은 쾌-불쾌의 원리와 현실의 원칙을 수용하면서 자신의 목적을 달성합니다만 죽음욕동은 방어기제가 제시하는 금기된 것을 통과해야 하는 위협을 감수해야 합니다. 쾌-불쾌의 원리에 의해 통치되는 생명욕동이 지나치게 즐기지 않고 자제를 한다면 죽음욕동은 과도하게 즐기고자 모험을 감행합니다.

제 5 강

첫사랑은 어떻게 다시 돌아오는가?

'구멍'을 둘러싼 반복la repetition에 관한 담론

이 장의 주제는 '첫사랑은 어떻게 다시 돌아오는가?'이고, 부제는 '구멍을 둘러싼 반복(la répétition)에 관한 담론'입니다. '첫사랑은 어떻게 다시 돌아오는가?'에서 강조되는 것은 무엇일까요? '첫사랑?'이 강조될까요, '어떻게?'가 강조될까요? 아니면 '다시?' '돌아오는가?' 일까요? 오늘 주제는 정체화(停滯化, Identification, 동일시, 동일화)에 관한 것입니다. 서양의 사상에서 줄기차게 논의해 온 사물(실재)과 명사 간의 대응 관계에 관해, 정신분석이 어떠한 견해를 갖고 있는지 살펴보겠습니다.

나르시스적 매듭과 구멍

지난 시간과 연결하여 한번 생각해 보면, '나르시스적 매듭'에서 '상상적 첫사랑'이 시작됩니다. '나르시스적 매듭'은 1차 나르시시즘에서 생기는데, 그것을 우리가 상상적인 첫사랑이라고 부를 수 있습니다. 코수스의 의자 그림에는 의자1, 의자2, 의자3이 있습니다. '의자1'이 상상적인 것이라고 하면, '의자2'는 실재고, '의자3'은 상징적인 것입니다. 처음에는 '첫사랑'이 하나밖에 없는데, 이게 분화가 됩니다. '의자1'과 '의자2'가 처음에는 분화되지 않습니다만 '의자1'의 기능에 의해서 '의자2'가 분리가 되듯이, 첫사랑도 이런 방식으로 분화됩니다. 그래서 이름을 붙이자면, 상상적 첫사랑, 실재적 첫사랑, 상징적 첫사랑입니다. 이렇게 첫사랑은 세 개의 겹으로 구성됩니다. 그런데 그것의 시작은 어디일까요? 그것의 뿌리는 어디일까요? 어디에서부터 시작될까요? 실재적 첫사랑이 먼저일까요? 상상적 첫사랑이 먼저일까요?

'나르시스적 매듭'은 '자아의 상상적인 기능'을 통해 거울 그림에서 '꽃병1'과 '꽃병2'의 분리에 따른 '허상적 일치' '허상적 결합' 때 생깁니다. 하나일 때는 매듭이 없는데, 분화되면서 둘이 결합될 때 매듭이 생깁니다. 즉 하나의 꽃병이었는데, 꽃병1과 꽃병2로 분리되는 과정에서 매듭이 생깁니다. 이 매듭을 '상상적 매듭'이라고 합니다. '나르시스적 매듭'은 구멍을 갖습니다. 즉, 분리에 따른 '허상적 일치(결합)'에서 생긴 구멍으로 '압력'이 가해지는 겁니다. 거기서 욕동이 생깁니다. 프로이트에 따른 욕동의 이원성에서 보아서 알듯이, 자아욕동 또는 자아욕동에서는 '리비도'가 없습니다. 이때는 분화가 안 되었을 때입니다. 자아욕동일 때는 리비도가 없습니다. 그냥 생물학적인 것입니다. 그런데 이것이 분리되면 리비도가 생겨 '성욕동'의 과정이 시작됩니다. 리비도가 움직이려면 구멍이 있어야 하는데, 닫혀 있던 부분에 균열이 생겨 그 속에 리비도가 흐르게 됩니다. 그것이 1차 나르시시즘 과정입니다.

라캉에게서 '구멍'은 중요한 개념인데, 그것은 구약성서에서 말하는 인간의 본질과도 통합니다. 창세기 2장을 보면, "하나님이 진흙으로 사람을 만들고 코에 생기를 불어넣었더니 생령(生靈)이 되었다"고 합니다. 생령이라는 말은 히브리어로 네페쉬인데, 이 용어는 해부학적인 의미에서는 '목구멍'을 뜻합니다. 코에 바람을 불어넣었더니 바람이 통하는 길인 '목구멍'이 생겼다는 겁니다. '목구멍'으로 공기가 들어가면 폐(허파)가 움직이게 됩니다. 이때의 목구멍은 기도(氣道)를 의미합니다. 또한 목구멍은 식도(食道)를 의미할 수도 있습니다. 즉, 물이 들어가지 않으면 갈증이 생기고, 공기가 들어가지 않으면 호흡곤란이 생기고, 목구멍이 막히면 숨이 막힐 수도 있습니다. 산다는 것은 '목구멍'과 연관이 깊습니다. 이런 의미는 '목구멍에 풀칠한다' '목구멍이 포도청이다'는 우리의 속담에도 잘 담겨 있습니다. 여기서 목구멍은 해부학적 의미에서 신체 기관을 지칭하기도 하지만, 존재의 근원적인 구멍을 의미하기도 합니다. 앞 장에서 보았던 '뫼비우스의 띠'는 그런 의미에서 이해할 수 있습니다. 즉, 목구멍은 신체와 정신의 연결에 관한 용어로 볼 수 있습니다.

근본적으로 라캉의 사유는 신체정신 상관(相關, psychosomatic: 정신과 몸을 분리하지 않고 사용한다)에 관한 것입니다. 데카르트식의 이원적인 사유가 아닙니다. 정신과 신체를 구분하는 것이 아니라 정신과 신체를 결합하여 이해합니다. 돌토가 제시한 '말의 육화'라는 개념도 이것의 연장선상에 있습니다. 라캉은 데카르트에서부터 시작하는 사유들과 거리를 둡니다. 데카르트가 정신과 신체의 분리, 즉 이분설을 주장한 것과는 달리, 정신분석의 시작은 정신과 신체의 이어짐에서 비롯됩니다. 라캉에 따르면, 정신분석을 창시한 건 '안나 오'라고 말합니다. '안나 오'는 임상 분류에서 히스테리에 속합니다. 히스테리란 신체 증상의 원인이 정신적인 것에 있음을 지칭합니다. 정신과 신체를 잇는 원인을 찾는 과정에서 정신분석이 시작된 것입니다. 이런 것을 설명하고자 라캉은 '뫼비우스의 띠'를 사용했습니다. 즉, 어느 한 지점에서 시작하여 띠를 한 바퀴 회전했는데 다시 그 지점으로 돌아오는 겁니다. 띠의 앞면과 뒷면이 이어졌다는 것은 신체와 정신도 서로 그런 관계라는 것입니다. 한쪽 면이 신체라고 한다면, 또 다른 쪽 면은 정신이라고 볼 수 있습니다. 그리고 한쪽 면을 의식이라고 본다면 또 다른 쪽 면을 무의식이라고 볼 수도 있는 겁니다.

'거꾸로 된 8'과 심리-신체 평행론

'뫼비우스의 띠'에서 볼 때, 어느 지점부터 신체이고 어느 지점부터 정신일까요? 어느 지점부터 의식이고 어느 지점부터 무의식일까요? 또한 어느 지점부터 단절이고 어느 지점부터 연결일까요? 애매하지 않습니까? 뫼비우스의 띠가 왜 한 바퀴 꼬여 있을까요? 이 띠의 원리를 이용하여 라캉이 정신과 신체의 관계를 설명하다가 '거꾸로 된 8'이라는 도형을 도입합니다. '거꾸로 된 8'은 팔(八)의 윗부분의 원이 아래 부분의 원 안으로 들어간 형태입니다. 라캉은 『정체화』를 주제로 다룬 세미나 9권에서 뫼비우스가 만든 띠 대신에 라캉 자신이 만든 '거꾸로 된 8'을 이용하여 자신이 말하고자 하는 바를 설명합니다. '뫼비우스의 띠'나 '거꾸로 된 8'은 '순환(循環)'이라는 공통된 작용을 설명합니다만 단절(斷絶)과 연절(連絶)을 보여 주는 것은 '거꾸로 된 8'뿐입니다. 라캉은 단절과 연절의 접점(接點)을 보이기 위해 '거꾸로 된 8'을 만들었습니다. 이 도형은 데카르트에 따른 평행론과는 전혀 다른 구도를 갖습니다. 데카르트가 말하는 '심리-신체 평행론'은 정신과 신체가 만나는 지점을 두지 않습니다. 그런데 라캉이 생각하는 '진정한 평행론'은 두 요소가 만납니다. 만나기는 하지만, 완전하게 만나는 것이 아니라, 허상적인 결합을 한다는 겁니다. 뭔가 어긋난 만남을 한다는 겁니다. 이 어긋나는 지점이 바로 절점(絶點) 또는 접점(接點)인데, 라캉의 '거꾸로 된 8'이 보여 주는 것은 이 절점의 성격입니다. 그것은 결여, 구멍입니다. 이 절점은 지난 시간에 잠시 살펴본 '원입체' 또는 '원환체(tore, torus)', 즉 만원과 허원의 절점의 성격을 지닙니다.

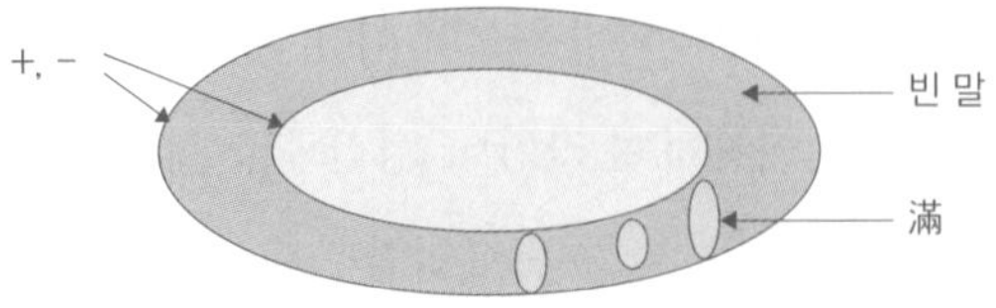

만원(滿員)

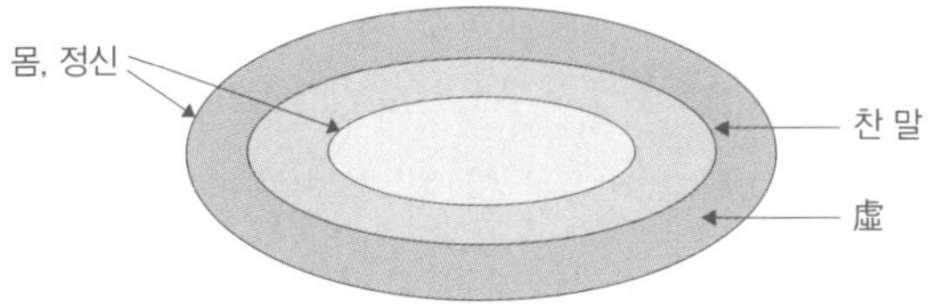

허원(虛員)

첫 번째의 원입체가 만원(滿員)이고 두 번째의 원입체가 허원(虛員)입니다. 도넛 모양의 원입체 아랫부분과 윗부분을 자극(磁極)의 +, -라고도 볼 수도 있고, 신체와 정신, 무의식과 의식이라고 볼 수도 있습니다. 이 두 부분이 연절(連絶)될 때 만원, 단절(斷絶)될 때 허원이라고 볼 수 있습니다. 즉, 위쪽에 있는 그림은 두 요소가 연결되어 매듭을 형성하게 됩니다. 그럴 때 매듭 사이에는 빈틈, 구멍이 없을까요? 만원의 경우에는 논리적인 면에서 보면 빈틈이 없는 것처럼 보이지만 실재적인 면에서 보면 틈이 없을 수 없습니다. 허원의 경우에는 빈틈이 분명하게 나타납니다. '거꾸로 된 8'에서 두 원은 정신과 신체, 의식과 무의식 등을 보여 주며, E^1은 두 원의 절점에 나타나는 빈틈을 보여 줍니다. 그래서 '욕망의 구조'라고 말합니다. 반면에 E^2는 빈틈이 있는 E^1을 포함하지 않는 '요구의 구조'를 보여 줍니다.

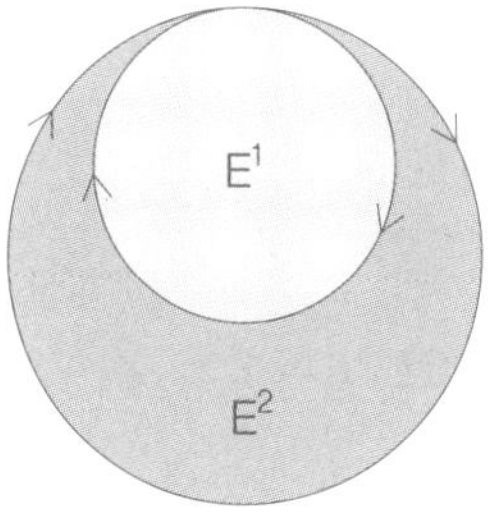

〈E²: 滿員, 요구의 구조〉〈E¹: 虛員, 욕망의 구조〉
〈거꾸로 된 8, (꽉)찬 말과 (텅)빈 말의 논리 또는 욕망과 요구의 변주〉

4강에서 '작은 원(E^1)'은 자신을 포함하는 전체라고 했고, '큰 원(E^2)'은 E^1을 포함하지 않는 자신이라고 했습니다. E^2가 E^1을 포함하지 않기 때문에 구멍이 없는 것으로 간주합니다. 하지만 그 구멍이 없어지는 건 아닙니다. '요구의 구조'는 결여가 있지만 그 결여를 결여로 인정하지 않는 것이고, '욕망의 구조'는 그 결여를 인정하는 겁니다. '요구의 구조'는 1차 나르시시즘에 관계됩니다. 즉, 결여가 없는 만족을 추구합니다. 반면에 '욕망의 구조'는 타자와의 관계에서는 생기는 결여에서 시작되고 2차 나르시시즘의 여정에 놓입니다. 대상과 관계를 맺게 되는 겁니다. 다시 말해, 자아가 자기 안에 있을 때는 충족함을 누리는데, 외부 대상과 관계를 맺을 때는 결여가 나타납니다. 이때 생기는 구멍과의 관계에서 무의식의 주체가 생성됩니다. '요구의 구조'에서 충만한 자아가 결여의 주체로 이동하면서 '욕망의 구조'가 형성됩니다.

구멍과 중세 스콜라철학

이 구멍을 어떻게 설명하고, 어떻게 다룰 것인가 하는 것이 정신분석입니다. 이 구멍은 요구와 욕망이 만나서 만들어진 매듭인데, 이 매듭은 구멍을 지닌 일치, 정신과 육체가 만나서 형성된 일치입니다. 무의식과 의식이 만나서 이루는 일치는 완전한 일치가 아니라 허상적인 일치이고, 허상적인 결합입니다. 그러니까 비분리에서 분리가 되면서 생기는 구멍난 일치입니다. '구멍'을 불어로 망끄(manque, 결여, 결핍, 공백)라고 말합니다. '구멍'을 갖는 '일치'라는 표현이 어색하기는 하지만 허상적인 일치, 허상적인 결합, 구멍이 난 일치, 구멍을 갖는 일치 등으로 표현할 수도 있습니다.

이 구멍을 프로이트에게서 찾는다면 『과학적 심리학 초고』(1895년)에서 설명한 바 있는 세 개의 뉴런 시스템입니다. 이 글에서 프로이트는 방출하려는 뉴런과 저지하려는 뉴런, 그 사이에서 잉여 뉴런의 활동에 관해 구조적으로 설명했습니다. 이 시스템을 이용하여 『꿈의 해석』(1900년) 7장에서는 지각조직과 운동조직 사이의 기억과 세 심급을 언급하면서 1차 위상을 도입합니다. 즉, 기억 다음에, 기억 이후에, 기억을 이용한 무의식과 전의식과 의식의 절차(심급)를 구조화합니다. 이 과정에서 구멍에 관하여 설명합니다. 그 구멍 안에 무엇이 움직이는지, 그 구멍 안에 어떤 방어기제가 작동하는지 등을 설명합니다. 구멍을 막거나 구멍을 지나가는 반복되는 과정을 보여 주면서, 정신의 발달 절차를 설명합니다. 이 절차를 잘 아는 것이 분석가의 기술 자질에 해당할 것입니다.

이러한 프로이트의 도식을 근거로 라캉은 거울그림, 원입체, 거꾸로 된 8 등의 형식을 통해 구멍을 설명합니다. 그것의 성격이 상상적이냐, 상징적이냐를 파악하는 것이 정신분석 기술에서 중요합니다. 프로이트와 라캉이 다루는 '구멍'은 철학사에서도 볼 수 있습니다. 서기 3세기 때 꽃피기 시작한 신플라톤주의에 따르면, 인간 존재는 '일자(一者, Unum)'에서 비롯된 지성(知性, nous)이 심리(心理, psyche) 형태로 질료(質料, hile)와 결합하는 과정을 거치면서 형성되고, 반면에 이것의 거꾸로 된 과정을 거치면서 신체로부터 심리와 지성이 분리되어 다시 일자와 합일된다고 말합니다. 이러한 신플라톤적 세계관은 중세 기독교 세계관을 설명하는 틀이 되었습니다. 일자의 자리에 기독교의 신을 대입하여 사용한 것입니다. 중세 스콜라철학은 일자와 인간의 결합을 실재론으로 정리했습니다. 실재론은 일자와 인간 사이의 구멍을 메우는 일에 몰두했습니다. 근데 이 시스템을 뒤집는 사건이 발생합니다. 인문주의 영향을 통해 또 다른 세계관이 등장한 것입니다. 즉, 일자로부터 시작되는 세계관을 대치하는 다른 세계관이 등장한 것입니다. 그것은 데카르트가 정리한 코기토의 세계관입니다. '코기토cogito, 我思', 즉 '나는 생각한다'고 할 때 '나'가 모든 원리의 출발점이 됩니다. 그러니까 세상이 뒤집힌 겁니다. 예전에는 내가 존재하기 때문에 내가 생각한다고 생각했는데, 이제는 내가 생각하기 때문에 내가 존재한다는 겁니다. 내가 존재하는 양식이 '일자'에 근거한 것이 아니라 '코기토'에 입각한다는 겁니다. 중세시대가 신 중심의 사회였다면, 코기토로 대변되는 시대는 인간 중심의 사회라는 것을 볼 수 있습니다. 이것을 두고 종교에서는 세속화라고 말하고, 다른 쪽에서는 시민사회의 시작, 인간의 해방 등으로 설명합니다.

실재론과
동일성의 담론

일자(一者, Unum)에서 비롯되는 세계관에서 '결여'나 '구멍'을 찾기는 쉽지 않습니다. 중세의 실재론(實在論)은 그것을 잘 보여 줍니다. 실재론에 따르면, 실재(사물)와 명사 간에는 일대응 대응이 이뤄지는데, 이 과정에서 결여는 없습니다. 왜냐하면 일자에서 비롯되는 세계관이 완전하다는 믿음에 때문입니다. 그런데 현실에서는 여전히 결여가 있습니다. 그것을 경험하면서 사는 사람은 일자 중심의 세계관을 받아들일 수 없는 겁니다. 그래서 그 세계관에 대항하는 다른 세계관을 주장합니다. 그것이 유명론입니다. 한문표기 唯名論에서 보듯이, 실재(사물)와 명사 간에는 오직 명사(이름)만 있다는 겁니다. 실재 그대로를 담는 명사는 없다는 겁니다. 그만큼 사물과 명사 사이에는 결여가 크다는 것입니다. 이런 사유의 연장이 코기토에서 부각되었다고 볼 수 있습니다. '일자'에 근거하면 사물과 명사 간의 체계가 완전하다는 세계관 대신에 코기토에 입각하여 모든 것을 회의(懷疑)하고 의심하는 세계관이 등장한 것입니다. 그래서 코기토적인 사유에서는 사물과 명사를 분리하는 이원론을 내세웁니다.

이제 인간은 일자로부터 주어진 것을 믿고 그것을 이용하여 살기보다는 스스로 확인하고 정립한 것을 믿고 이용하여 살아가게 됩니다. 근대의 시작을 데카르트에 두는 이유는 바로 여기에 있습니다. 인간이 스스로 성찰해서 발견한 것, 더 이상 의심할 수 없는 것, 바로 코기토를 통해 다시금 일자의 세계관에 버금가는 다른 세계관을 형성하고자 한 것입니다. 이때 논의된 것이 '동일성同一性, Identité'입니다. 코기토의 주체(자아)는 실재(사물)과 명사 간의 동일성을 회의합니다. 여기에서 다양한 근대적 사유가 나옵니다. 이 동일성에 관해 프로이트도 분명한 입장을 갖고 있습니다. 이것을 펼친 것이 정신분석입니다. 그가 제시한 정신의 세 심급은 동일성을 풀기 위한 장치라고도 볼 수 있습니다. 결론적으로 말하자면, 즉각적인 동일성은 없고 단지 세 심급의 과정을 거치는 과정을 통해 동일성을 획득한다는 것입니다. 그러니까 세 심급의 절차를 거치면서 차이가 나타나고, 차이에 따른 동일성을 획득한다는 것입니다. 차이의 동일성을 갖고 있다는 것을 자각하는 것이 중요한데, 그렇지 않을 경우 다양한 장애(disorder)에 직면하게 됩니다.

앞서 우리가 살펴본 프로이트의 도식들은 동일성을 설명

하는 것입니다. 즉, '심적 장치'는 지각조직에서 운동조직으로 향하는 과정에서 '기억, 무의식, 전의식, 의식'의 절차를 수행합니다. 『꿈의 해석』에서 제시한 이 도표는 동일성에 관한 주제를 상세하게 다룹니다. 결국 프로이트는 동일성의 메커니즘을 세 겹으로 설명합니다. 우선, 되기의 동일성, 둘째로 갖기의 동일성, 셋째로 상호적 동일성입니다. 지금 우리가 다루고 있는 '첫사랑은 어떻게 다시 돌아오는가? '구멍'을 둘러싼 반복(la répétition)에 관한 담론'은 동일성(停滯性, Identité, 정체성)과 동일화(停滯化, Identification, 동일시, 정체화)에 관한 것입니다. 프로이트가 초기에 신경증에 관심을 두었다면, 라캉은 정신증(망상증)에 관심을 두었습니다. 라캉이 말하는 '언어활동처럼 짜인 무의식'은 정신병을 설명하기 위해 도입된 정신증에 관한 세미나에서 구체화됩니다. 라캉은 세미나 1에서 프로이트가 말하는 정신분석 기술에 대해서 이야기하고, 세미나 2에서는 프로이트가 말하는 자아 개념에 대해서 이야기합니다. 세미나 3은 정신증을 다루는데, 거기서 야콥슨이 말한 언어학 개념을 끌어들입니다. 왜 정신병을 다루면서 언어활동(langage)에 주의를 기울였을까요? 어쩌면 신경증자가 정신분석 상황에서 말하는 용어와는 달리, 정신증자가 사용하는 용어는 굉장히 특이합니다. 라캉의 세 번째 세미나는 프로이트가 다뤘던 슈레버 사례를 거론하는데, 우리가 알듯이, 슈레버 사례는 슈레버가 출판한 책을 읽고 프로이트가 슈레버를 정신분석한 것입니다. 책을 통해 정신분석을 할 만큼 독특한 글쓰기인 것입니다. 정신증자의 언어사용이 독특하다는 것입니다. 증상의 범주를 확언하기는 어렵겠지만, 가령 밖에 나갔더니 콜라병들이 움직이고 그것들이 우리에게로 달려든다고 말할 경우를 생각할 수 있습니다. 콜라병이 의미하는 게 자동차라는 것을 도시에 사는 우리는 알 수 있습니다만 왜 그분에게는 콜라병으로 보일까요? 이것을 해결하기 위해 언어학을 끌어들입니다. 라캉은 야콥슨이 발표한 이론을 한 달 정도 후에 자신의 세미나에서 응용합니다. 라캉은 야콥슨식의 언어학을 이용하여 정신증자의 동일성을 설명합니다. 그 자신이 그 자료를 입수했을 수도 있지만 함께 했던 여러 분야의 전문가들이 추천해 주었을 수도 있습니다.

라캉의 세미나와 주체의 횡단

라캉이 개설한 세미나에는 처음부터 여러 분야에 관련된 전문가들이 참여하였습니다. 라캉은 지식인들에게 정신분석 사유에 담겨 있는 혁명적인 요소를 소개했습니다. 10년 동안 세미나를 개최한 결실로 인해, 또한 장소의 변화로 인해 11년째 되던 시점부터는 세미나 규모를 확대합니다. 청중들은 다양한 분야의 전문가들로 채워졌습니다. 그때 라캉이 준비한 것은 정신분석의 네 가지 주요 개념(무의식, 욕동, 전이, 반복, 하나를 더하자면 오브제 아)이었습니다. 라캉은 정신분석이라는 영역이 상담자와 내담자만의 관계가 아니라 사회 전체와 연결된 것임을 드러내 보였습니다. 라캉이 청중의 다양성과 수준을 고려하면서 열한 번째 세미나를 행한 이유에는 정신분석가들의 수준을 높이기 위한 목적도 있었다고 합니다. 즉, 당시의 프랑스 정신분석가의 자질에 관한 고민이 있었던 것입니다. 물론 정신의학을 전공한 이가 정신분석에 관심을 가지는 것이 일반적일 것입니다. 하지만 여러 학문 영역에 속한 이들이 정신분석에 관심을 갖게 되었습니다. 프로이트가 활동할 때도 의학을 전공하지 않은 이 가운데 정신분석에 종사하는 부류가 있었는데, 이를 일컬을 때 Laienanalyse(analyse profane)라고 불렀습니다. 이 용어는 성직자와 비(非)성직자로 나누는 서구 사회의 습성에서 나온 것인데, 의사와 비(非)의사, 전문가와 비(非)전문가를 나눌 때도 사용합니다. 프로이트는 비(非)의사도 상담자로 인정할 수 있다는 견해를 갖고 있었습니다. 라캉도 마찬가지였는데 이러한 현실에서 양성된 상담자(분석가)의 수준을 높이는 게 필요했습니다. 강의의 난이도를 높이려면 청중의 수준도 올라가야 되는데, 다양한 분야의 전문가들이 참석한 그의 세미나는 그만큼 일정 수준 이상의 질을 유지하게 된 것입니다. 라캉의 세미나는 상담자의 질적 향상과 인문학자들의 정신분석 이해라는 이중의 목표를 향해 나가게 된 것입니다.

이런 의도는 라캉이 강의에서 사용한 책들과 생산한 개념에서도 볼 수 있습니다. 그는 세미나에서 특정인의 발췌를 요구했고, 그에 대한 논평도 다른 사람에게 부탁하였습니다. 또한 청중들에게 책도 소개받고, 그것을 강의에 접목하기도 했습니다. 라캉의 세미나는 상담 분야에서 일하는 청중들에게는 치료를 위한 기술에 관한 담론의 장이고, 주체의 역사를 횡단하려는 지식인들에게는 실재와 조우하는 방식을 사유하는 공간이었습니다. 주체의 역사를 횡단한다는 것은 자신도 잘 모르는 '나의 과거'를 재조명해 보는 것입니다. 혼자 그 일을 할 수도 있겠지만 분석가의 도움을 받아서 주체의 흔적을 따라 횡단해 보고 이런 과정을 통해 오늘날의 내가 왜 이런 사람이 되었는가를 조명해 보는 겁니다. 어찌 보면 이런 분들은 삶의 여유가 많은 사람들일 수 있고, 삶의 여유 없이 살고 있다는 것을 아는 사람들일 수 있습니다.

국내에서도 이런 조짐은 많이 보입니다. 때론 외국에 있는 저명한 분석가들을 찾아다니는 사람들도 있습니다. 때론 국제전화를 통해 상담받는 분도 있습니다. 자신을 더 깊게 성찰하고자 하는 분들을 위한 공간이 필요한 시점이라 볼 수 있습니다. 그런 분을 상대하려면 그만큼 수준이 있는 상담자가 되어야 할 것으로 보입니다. 주체의 역사를 횡단한다는 것도 중세 스콜라학에서 사물과 명사 간의 결합 방식을 논한 것처럼 구멍을 중심으로 주체의 삶을 들여다보는 것입니다. 이렇게 뭔가 원인을 따지고 그것을 치료하는 것을 필요로 하는 분들이 있는 반면에, 결론(목적)에 중점을 두고자 하는 분들도 있습니다. 이것은 과거의 원인과 미래의 목적이라는 대립된 모습으로 보입니다. 하지만 이것은 각각 분리되어서는 안 된다고 생각됩니다. 프로이트식 정신분석을 결정론이라고 규정하고 과거 지향적인 것일고 묶어 두는 것은 프로이트를 잘 이해하지 못한 것이라고 생각됩니다. 과거의 원인은 현재의 원인이며 미래의 원인이기도 합니다. 프로이트가 제시한 '심적 장치'는 아동에게만 적용되는 것이 아니고, 노인에게도 동일하게 적용됩니다. 또한 라캉의 거울그림도 아동뿐 아니라 지금 이 시간의 주체에게도 그대로 적용됩니다. 방법론적으로 한 사상가의 사상을 재단하는 것은 조심스럽게 접근해야 된다고 생각이 됩니다. 국내에 여러 번역서로 소개된 칙센트미하이(Mihaly Csikszentmihalyi)도 이런 입장에서 활동하면서 긍정심리학을 주창하고 있다고 보이는데, 그의 글을 읽어 보면 그의 사상이 프로이트와 라캉의 사상과 맥을 같이하고 있다는 것을 볼 수 있습니다.

상징적 질서에서 실재와의 만남

라캉식 정신분석 이론이 철학 쪽에 기울고, 철학자들에게 흥미로운 건 '실재와의 관계'를 규명하려고 애쓰기 때문입니다. 이것은 철학의 제1임무라고도 볼 수 있습니다. 종교 또한 방식은 다르더라도 그것을 핵심으로 둡니다. 그렇기에 라캉식 정신분석은 종교와도 닿아 있습니다. 실재라는 것은 동일성을 획득하기가 불가능한 것입니다. 그렇지만 가능성을 가지고 한번 해 보는 겁니다. 불가능한 가능성을 추구하는 정신분석은 삶의 뿌리에 닿으려는 도전의 불가능성인 동시에 가능성입니다. 프로이트는 세 개의 심급을 통해 그것을 시도했듯이, 라캉도 '거울그림'을 통해 프로이트의 세 심급을 설명하여 '언어활동처럼 구조화된 무의식'이라는 개념을 정리했습니다. 라캉이 겨냥하는 실재는 데카르트식 코기토의 주체도 아니고, 대타자의 거죽(dummy)이나 껍데기를 쓴 자아도 아니고, 무의식의 주체입니다. 무의식의 주체는 기표로 완벽하게 도달할 수 없는 지점입니다. 하지만 라캉은 도달할 수 없는 무의식의 주체, 기표 덩어리로서 주체의 실재와 해후하고자 합니다. 이 해후라는 것은 잠깐 만나는 겁니다.

여러분 가운데 신앙인이 있으시다면 신을 만난 경험을 갖고 계실 것입니다. 과거에 그런 경험을 가졌거나 지금도 그런 경험을 하고 계신 분도 있을 것입니다. 여러분이 신을 만날 때 얼마 동안 만납니까? 신약성서 사도행전을 보면, 사도 바울이 신(예수)을 만나는 장면이 나옵니다. 바울이 다메섹(다마스쿠스)에 다다랐을 무렵 하늘로부터 빛이 둘러 비쳤고 이에 놀라 땅에 엎드렸을 때 "사울아, 사울아" 자신의 이름을 부르는 소리를 들었습니다. "당신은 누구이십니까?"라고 묻자 "나는 네가 박해하는 예수다"는 답이 들립니다. 이 경험 이후 사울은 바울로 개명합니다. 바울이 다메섹 도상에서 하나님을 만났는데 시간적으로 얼마 동안 만났을까요? 빛이 번뜩할 동안 만났겠죠? 빛이 번뜩할 동안이 몇 초겠습니까? 바울이 3층천(三層天), 그러니까 하늘의 하늘에 갔다 왔다고 스스로 말하는데, 3층천에 가서 얼마 동안 있었겠습니까? 그곳이 좋아서 몇 달 살다가 왔겠습니까? 실재와 만난다는 것은 굉장히 짧은 만남입니다. 그렇지만 그 짧은 만남이 주체의 일생을 지배하고, 새로운 주체로 이끕니다. 그 만남을 통해 그동안 알고 있던 상상적인 것의 힘이나 그동안 눌려 있던 상징적인 것의 기표들로부터 벗어나게 됩니다. 이렇게 주체가 실재와 해후하면 상상적인 것과 상징적인 것의 와해가 이뤄지고 거기서 새로운 주체가 나타납니다. 이것을 종교에서는 '자아가 죽는다' '진리를 통한 자유'라고 말하기도 합니다. 일정 기간 동안 방황이 있을 것입니다. 어디로 가야 할지 갈피를 잡지 못할 수도 있습니다. 다시 되돌아가지 않도록 새로운 것으로 다시 짜여야 합니다. 새로운 피조물이 된다는 말이 의미하는 바는 '언어활동처럼 정신이 짜인다'는 의미입니다. 새로운 대타자 앞에 놓인다는 의미입니다. 여기서 실재는 신뿐 아니라 기표로 드러낼 수 없는 사물 또는 대상입니다.

이런 내용을 담은 제목을 라캉은 세미나 21권의 주제로 택합니다. 그것은 Les non-dupes-errent입니다. 이 제목은 프랑스어이지만 프랑스어를 아는 사람들에게도 해독이 어렵습니다. 우선, les non-dupes-errent는 '레 농 뒤 페르'로 읽힙니다. 이 명사구의 발음은 les non du père(아버지의 없음/부정), les noms du père(아버지의 이름들)와 동일합니다. 즉, les non-dupes-errent는 les non du père errent, les noms du père errent라는 문장과 발음이 거의 같습니다. 의미 측면에서 보면, les non-dupes-errent는 그 의미를 알 수 없습니다. errent는 '방황한다'는 뜻을 지닌 동사 errer의 3인칭 복수형입니다. 이것을 토대로 보면, les non du père errent는 아버지가 없는 자는 방황한다 또는 아버지를 부정하는 자는 방황한다 정도가 되고, les noms du père errent는 아버지의 이름들은 방황한다는 의미를 지닙니다.

종합해서 말하자면, 아버지가 없는 자는 방황한다 또는 아버지를 부정하는 자는 방황한다 또는 아버지의 이름들은 방황한다는 것입니다. (마지막 문장은 직역한 대로 보아서는 안 되고 다른 식으로 이해해야 할 것입니다. 즉, 아버지의 이름을 부정하는 자들은 방황한다로 이해해야 할 것입니다.) 왜 '아버지'와 관련해서 '방황'이라는 의미가 생성되었을까요? 그 이유는 아버지가 없거나 아버지를 부정하거나 아버지의 이름이 방황과 관련이 있기 때문입니다. 우리가 정신분석의 담론에서 알듯이, 아버지는 오이디푸스 콤플렉스에서 제3자, 상징적 질서의 법입니다. 이 제3자인 아버지가 없거나 제3자를 부정하거나 제3자인 아버지의 이름을 부정하면, 방황한다는 것은 기존의 질서를 부정하면 새로운 질서에 속해야 되는데, 그것이 와서 그 속에서 자리를 잡기까지 방황한다는 것입니다. 기존질서에서 나와 새 질서에 편승하여 적응하는 것은 치료와도 직결됩니다. 이론적으로는 그렇게 되지만, 그것이 실현되기는 쉽지 않습니다. 새로운 질서를 형성한다는 것이 쉽지 않습니다. 그것은 작든 크든 간에 일종의 혁명입니다.

이런 변화가 일어나려면 상징적 질서에서 실재와의 조우가 일어나야 될 것입니다. 상징적 질서에서 실재와 만난다는 것은 상징적 질서에서 실재로서의 아버지를 다시 만나는 것을 의미합니다. 지금까지 알고 있던 아버지, 기존질서에서 이해한 아버지를 새롭게 이해하는 것입니다. 실재를 다시 보게 되면 상징적 질서의 아버지가 재구성됩니다. 그러니 아버지를 바꾼다는 것은 실재의 아버지를 바꾼다는 것이 아니라 실재의 아버지에 대한 이해를 새롭게 한다는 것입니다.

정체화의 구조와 첫사랑의 도래

이처럼 상징적 질서에서 실재와 만나는 것은 구멍을 통해서입니다. 이 구멍에 관한 역사적인 현상을 보면, 굉장히 깁니다. 서양 중세시기 때 실재론에서는 보편논쟁을 거쳤는데, 이 과정에서 언어는 구멍을 메우는 도구가 되었습니다. 근대가 시작되면서 이 도구는 인간 이성에게 자리를 내주면서 다른 방식으로 이해되었습니다. 그로부터 꽃피워진 계몽주의는 그 구멍을 메우는 일에 매진했다고 볼 수 있습니다. 하지만 그 구멍의 본질을 보는 이가 있었는데, 프로이트가 대표적인 인물입니다. 그가 제시한 Identification은 그것을 다루는 이론입니다. Identification은 '정체화' '동일시' '동일화'라고 번역합니다. 이것은 심적 구조가 세 심급이듯이 세 개의 구조로 되어 있습니다. 그것은 됨(be)의 정체화, 가짐(have)의 정체화, 상호적 정체화입니다. 이 세 구조는 첫사랑의 세 형식이기도 하는데, 첫사랑은 어떻게 돌아오는가를 보여 주는 형식입니다.

정체화의 첫 번째 형식은 '나는 젖가슴이다'로 표현됩니다. 가령 아기가 엄마의 젖가슴을 물고 있다고 합시다. 첫 번째 형식에서는 엄마의 젖가슴이 아기의 것으로 이해됩니다. 그러니까 아기는 자기의 젖가슴을 물고 있는 겁니다.

정체화의 두 번째 형식은 '나는 그 젖가슴을 갖고 싶다'로 표현됩니다. 자기의 젖가슴이라고 알고 있던 아기가 그것이 자신의 것이 아님을 알게 되고는 그것을 갖고 싶어 합니다. 즉, 아기는 그 '젖가슴'을 대체하는 대상 B를 가짐으로 위로받습니다. 이때 아기가 겪은 것은 무엇인지, 그 결과 아기는 어떤 태도를 취하는지 등 여러 질문이 나올 것입니다.

정체화의 세 번째 형식은 '나는 B에게서 그 젖가슴을 본다' 또는 '나는 B에게서 그 젖가슴을 만난다' 등으로 표현됩니다. 즉, 더 이상 엄마의 젖가슴을 가질 수도 없는 상태로 성장한 아기는 B라는 '대체 대상'에게서 젖가슴을 찾습니다. 이제 B는 실재를 대체합니다.

이처럼 정체화의 세 겹 형식을 통해, 대상을 접하는 주체의 태도가 변하고, 주체가 만나는 대상도 변합니다. 이 과정에서 구멍은 심적 구조에서 구조화되는데, '거울그림1'에서 '거울그림2'를 거치면서 영구적으로 자리 매김니다.

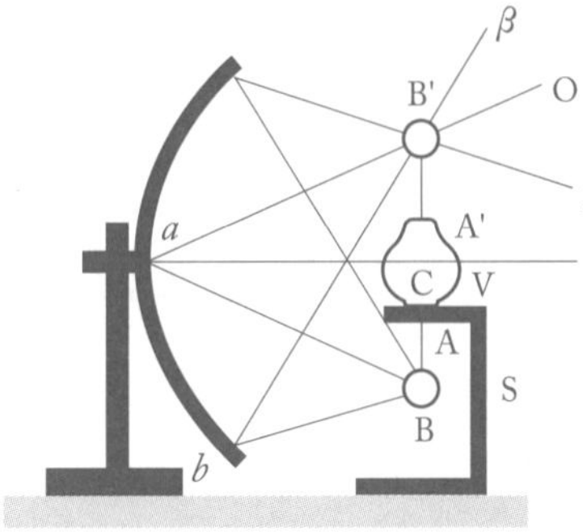

〈거울그림. 라캉의 거꾸로 된 꽃의 관찰 모델(Ecrits, 673) (참조. 세미나 1권, 92)〉

거울그림1을 설명하자면, 몸(C, Coprs, Corpus)은 '상자의 안과 위'입니다. 이때 몸은 아기의 몸과 젖가슴을 가진 엄마의 몸이 분리되지 않은 상태입니다. 그래서 아기는 엄마의 젖가슴을 자신의 것이라고 생각하는 것입니다. 하지만 이 몸이 오목거울에 비치면서 몸의 분열이 일어나는데, 이때 아기는 '자신의 몸이 젖가슴이다'는 확신을 재고하게 되고, 그에 따라 인식에 변화가 생깁니다. 그래서 아기는 '그 젖가슴을 갖고 싶다'는 욕망을 하게 됩니다. 그 욕망에 이끌린 '주체는 B에게서 그 젖가슴을 본다/만나다'는 것입니다. 즉, 아기는 be에서 have로의 과정을 거치는 과정에서 젖가슴을 박탈당하는데, 그것이 나중에 B의 형태로 다시 돌아옵니다. 이것이 바로 정체화의 구조입니다.

아기가 정체화의 첫 번째 구조에서 접한 대상인 젖가슴

은 아기의 첫사랑의 대상입니다. 그리고 정체화의 두 번째 구조에서 접한 대상인 젖가슴 또한 아기의 첫사랑의 대상입니다. 정체화의 세 번째 구조에서 접한 대상인 젖가슴도 아기의 첫사랑의 대상입니다. 얼핏 보기에 아기의 첫사랑의 대상이 동일한 것 같지만 사실 동일하지 않습니다. 아기가 추구하는 대상은 젖가슴이지만 아기에게 도래하는 대상은 동일한 것이 아닙니다. 이것은 '같은 강물에 발을 담글 수 없다'는 말과도 일맥합니다. 앞서 논의한 것처럼, 이것은 여전히 동일성에 관한 논의입니다. 어쩌면 정신분석에서 말하는 대상은 흐르는 강물 위에 있다고 볼 수 있습니다. 하지만 그 강에는 보(堡, barrage)가 있습니다. 그래서 흐르다가 '보'에 다다르면 멈추게 됩니다. '보'의 문(門)이 열리면 또 흘러갑니다. 다시 '보'에 다다르면 멈춥니다. 다시 '수문'(水門)이 열리면 흐릅니다. 이렇게 흐르고 정체되는 것이 반복됩니다. 그런 의미에서 '정체'는 停滯로 표기합니다. 그러나 이 또한 정확한 의미는 아닙니다. 왜냐하면 정체(停滯)와 정체(停滯) 사이에 '흐름(flow, 몰입, 沒入)'이 있기 때문입니다. '흐름'의 양끝에는 정체(停滯)가 있는데, 한쪽 끝은 불안(Anxiety)이고 또 한쪽 끝은 따분함(Boredom)입니다. 그 사이에는 즐거움(Enjoyment)이 있습니다. 다시 말해, 흐름이 시작되면 불안합니다. 이것이 잘 흘러갈까 하는 염려가 나타나는 것입니다. 그러나 어느 정도 흐름에 익숙해지면 즐거움이 생깁니다. 그런데 보에 도달하면 멈추고 시간이 지체되면 따분해집니다. 그러다가 '수문'이 열리면 다시 불안한 여정에 놓이고, 흐름을 통해 다시 안전한 궤도에 이르게 되고, 결국 보에 다다라

안정이 지속되면서 따분함이 찾아옵니다. 이렇게 불안과 즐거움과 따분함이 전개됩니다. 이런 과정을 칙센트미하이는 몰입의 과정이라고 말하는데, 그가 말하는 몰입 구조는 프로이트와 라캉이 말하는 정체화 구조와 닮아 있습니다.

우리는 이 과정을 아래 그림에서 잘 볼 수 있습니다.

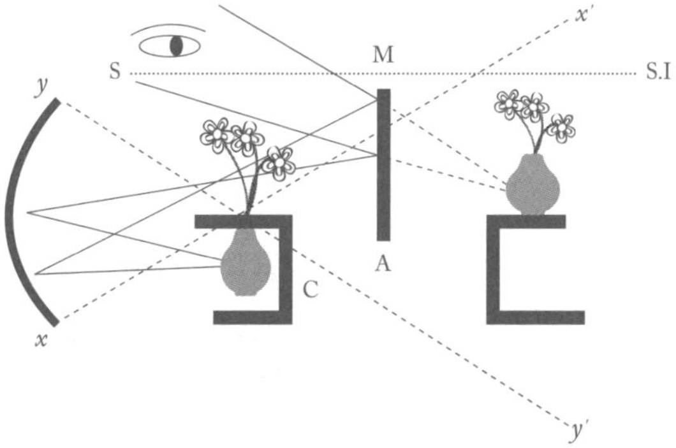

〈거울그림. 라캉의 거꾸로 된 화병의 평면거울 광학모델(Ecrits, 674)
(참조. 세미나 1, 143. 세미나 2, 134.)〉

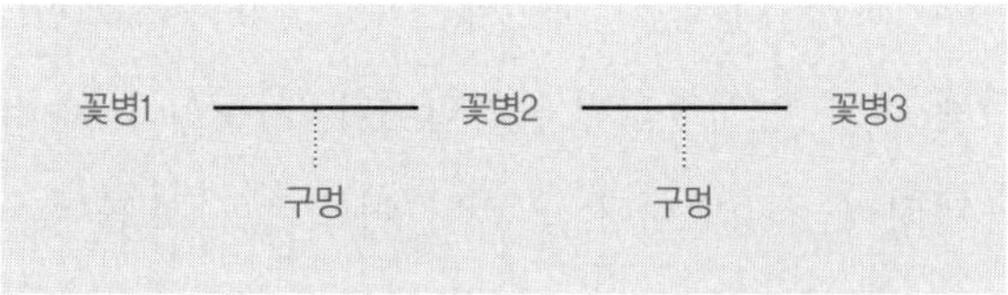

꽃병2는 아기가 자신의 것이라고 여기는 젖가슴입니다. 꽃병1은 그 젖가슴이 자신의 것이 아니라는 것을 알게 된 아기가 갖고자 하는 젖가슴입니다. 꽃병3은 그 젖가슴을 보고 만나고자 욕망하는 주체가 B에게서 찾은 젖가슴입니다. 이렇게 꽃병2에서 꽃병1을 거쳐 꽃병3으로 가는 과정은 분리의 과정이고 차이, 다름을 인식하는 과정입니다. 이 과정에서 구멍이 더 분명하게 부각됩니다. 이 구멍으로 흐르는 것은 리비도, 기표인데 욕동이 작동하는 구조입니다. 가운데 위치한 평면거울은 왼쪽의 1차 나르시시즘과 오른쪽의 2차 나르시시즘을 구분 짓습니다. 이 평면거울은 A라고 표기되어 있는데, 대타자(Autre, Other)를 의미합니다. 기표의 덩어리인 대타자는 상징계의 얼개라고 볼 수 있습니다. 꽃병3을 욕망하는 주체는 상징계에서 욕망하는 겁니다.

임상구조(또는 병리구조 또는 진단구조)에서 볼 때, 정체화의 첫 번째 구조는 정신증적이고, 두 번째 구조는 도착적이고, 세 번째는 신경증적이라 볼 수 있습니다. 이 세 구조가 순수하게 독립적이라고 보는 것은 이론상의 이야기고, 실제 각 주체에게서는 이 세 구조가 혼합되어 있습니다. 다만 어느 구조가 더 우세한가, 어느 구조가 겹쳐 있는가를 보고, 복합적으로 판단할 수 있을 것입니다. 라캉은 이 구조를 세미나 1권에서 다룹니다. 〈거울그림1〉에서 〈거울그림2〉를 거쳐 리비도와의 관계를 다루고, 세 위상의 순환적인 측면을 다룹니다.

라캉은 꽃병2와 꽃병1의 과정에서 프로이트가 말한 자아욕동과 성욕동을 거론합니다. 자아욕동에서 아기는 '욕구'합니다. 이 과정(정체화의 첫 번째 구조)이 발달하면서 아기는 정체화의 첫 번째 구조에서 '욕구'한 대상을 '요구'합니다. 이 과정에서 성욕동이 발생하고, 자아리비도(1차 나르시시즘)가 발달합니다. 이것이 정체화의 두 번째 구조에 속합니다. 이 구조는 대타자(상징질서, 상징체계)와 대면하면서, 그 질서에 예속되지 않기 위해 애쓰기도 하고, 예속되어 보기도 하는 반복 과정을 거치게 됩니다. 대상리비도(2차 나르시시즘)가 발달합니다. 이렇게 자아리비도에서 대상리비도로 넘나드는 반복과정에서 주체는 자신이 추구하는 대상을 통합합니다. 이때 통합되지 못한 일부는 자아리비도에 정체되어 대상리비도에는 통합되지 못합니다.

이렇게 자아리비도에서 대상리비도로, 1차 나르시시즘에서 2차 나르시시즘으로 통합되는 과정에서 주체는 쾌-불쾌(불안, 즐거움, 따분함)를 경험하기도 하고, 주이상스를 경험하기도 합니다. 여기서 주체가 어떤 '욕망'과 '주이상스'를 하느냐의 문제가 제기됩니다. 즉, 상징계에서 볼 때, 상징계에서 인정하는 그런 욕망을 하느냐, 상징계에서 인정하지 않는 그런 욕망을 하느냐, 또는 상징계에서 인정하는 주이상스를 하느냐, 그렇지 않은 주이상스를 하느냐 그런 거를 주체는 판단해야 합니다. 가령, 인간이 해야 하는 욕망 가운데는, 가난한 자를 도와주는 문제를 거론해 봅시다. 이 일은 부자가 아니어도 할 수 있지만 부자가 하면 더 좋을 것입니다. 하지만 부자든 부자가 아니든 이 일은 쉽게 할 수 있는 일이 아닙니다. 그렇기에 이런 욕망을 하는 건 쉽지 않습니다. 반면에 자신의 이익을 추구하고자 욕망을 하기도 합니다. 이것은 1차 나르시시즘에 속한 것이기에 진정한 의미에서 2차 나르시시즘에 속하는 욕망을 추구하는 것이라고 볼 수는 없을 것입니다. '욕망의 윤리'는 상징질서에서 제시된 일을 하는 것입니다. 즉, 대상리비도에 따른 2차 나르시시즘에 해당합니다. 그렇기에 '욕망의 윤리'는 1차 나르시시즘에 따른 '요구의 윤리'와 충돌하게 되고, 그 이전의 '욕구의 윤리'와도 충돌합니다.

욕망의 소비시대에서 주이상스의 소비시대로

주이상스는 어떻게 이해할까요? 어떤 사람이 자기의 신체를 통해 고통을 느끼지만, 그것이 쾌락의 차원으로 이어진다면, 그것을 주이상스라고 말할 수 있습니다. 가령, 프로 운동선수들이나 프로 음악가들의 연습을 보거나, 소위 달인이라고 하는 사람들의 작업 행위를 보면, 일상적인 범주를 넘어서는 수위라고 볼 수 있을 것입니다. 그들은 그 단계에서 어떤 것을 느낄까요? 고통일까요? 그렇다면 그들이 더 이상 그런 작업을 지속할 수 없을 것입니다. 그 고통이 주는 특별함이 있기에 반복할 수 있을 것입니다. 지식도 그렇습니다. 일반인은 감당 못 할 고난도 수준의 학습을 장시간 한다고 할 때, 그것도 어떤 그룹이 할 때, 그 그룹이 어떤 과정을 거치면서 함께 경험하면서 얻게 되는 것, 바로 그것이 주이상스라고 볼 수 있습니다. 어쩌면 그것을 보려고 스크린 앞으로 모여드는 것일 수 있을 겁니다. UFC 격투기를 보기 위해 스크린 앞에 머무는 것일 수도 있을 것입니다.

마야 문명에 관한 다큐멘터리를 봤는데, 마야 문명에서는 옥수수를 신으로 섬겼다고 합니다. 인간이 처음으로 재배에 성공한 농작물이 옥수수인데, 그것이 인간의 삶에 지배한 영향을 미쳤다는 겁니다. 그래서 옥수수 재배는 마야인의 삶에 중요한 부분이 되었습니다. 옥수수 재배가 성공하면 인간의 생명을 살리니까 옥수수는 신으로 여겨졌습니다. 마야의 왕은 이 옥수수 재배를 성공으로 이끄는 관리였습니다. 왕은 옥수수 신에게 제사를 지내는데, 이때의 제사 방식이 특이합니다. 왕은 자기 혀나 자기의 성기에 상처를 내어 나오는 피를 제단에 뿌려서 제사를 지내는 겁니다. 이때 혀와 성기에 상처를 내서 피를 뿌리는 왕은 어떤 상태에 이를까요? 그가 겪는 것이 고통일까요, 쾌락일까요? 그것이 좋은 고통일까요, 좋은 쾌락일까요? 나쁜 고통일까요, 나쁜 쾌락일까요? 그 사회로 봐서는 좋은 고통이고 좋은 쾌락일 겁니다. 그것을 함으로써 옥수수 농사가 성공하고, 모든 사람들이 먹고살고 있으니까 왕이 겪는 고통은 좋은 겁니다. 따라서 왕의 고통은 모두를 위한 쾌락이 되는 겁니다. 왕이 기꺼이 그렇게 하는 것을 본 백성들은 그 사람을 신의 대리자로 인정하는 겁니다. 주이상스를 이런 것으로 생각할 수 있을 것입니다.

내가 하지 못할 어떤 것을 하는 사람들이 느낄 어떤 것을 느끼는 것, 우리는 그것을 보기 위해 비용을 지불하고 그것을 대리경험하는 것입니다. 마야 시대에는 주이상스가 왕의 전유물이었지만, 요즘 소비사회에서는 소비자들이 돈을 내고 주이상스를 구입합니다. 상징질서의 테두리에서 주이상스는 판매되고 있는 것입니다. 요즘 시대를 욕망의 소비 시대라고 부르지만, 그 이면에는 '주이상스의 소비 시대'라는 메커니즘이 작동하고 있습니다. 그만큼 결여의 구멍을 메우는 방식에 변화가 발생하고 있는 겁니다. 욕망을 충족하던 시기에서 주이상스를 충족하는 시기로 접어든 것입니다. 죽음욕동에 따른 주이상스는 쾌·불쾌의 원리를 거스르고 현실의 원리에 나타난 것입니다. 예전에는 주이상스가 일부 계층의 전유물이었지만 이제는 그것을 소비할 수 있는 메커니즘이 생겨 그것을 간접적으로나마 소비할 수 있고, 그것을 직접적인 방식으로 소비할 수 있는 절차도 제공되고 있습니다. 죽음욕동에 대한 상징계의 견해가 바뀐 것입니다. 그런 측면에서 정신분석도 분석가와 내담자의 일대일 면담분석에서 예술 등을 활용하는 매개분석과 여러 분석가와 내담자의 집단분석이 이뤄지고 있는 추세입니다. 필자는 그것을 다음과 같은 도표로 정리합니다.

<table>
<tr><th colspan="6">프로이트에 따른 정신의 구조 5</th></tr>
<tr><td rowspan="4">욕동의
이원성</td><td>1차 위상의 욕동
(자아욕동-성욕동)</td><td>자아
욕동</td><td>-성욕동: ①자아리비도
(1차 나르시시즘)</td><td rowspan="4">자아의
방어기제

대타자</td><td>②대상리비도
(2차 나르시시즘)</td></tr>
<tr><td rowspan="2">라캉에 따른 전이 요소</td><td rowspan="2">욕구</td><td rowspan="2">요구</td><td>욕망</td></tr>
<tr><td>주이상스
(향락, 향유)</td></tr>
<tr><td>2차 위상의 욕동
(죽음욕동-생명욕동)</td><td>죽음
욕동</td><td>-생명욕동: ①자아(보존)욕동,
②자아리비도(1차 나르시시즘)</td><td>③대상리비도
(2차 나르시시즘)</td></tr>
<tr><td></td><td>라캉에 따른 구멍의 구조</td><td></td><td>구멍(manque, 결핍, 공백)</td><td></td><td>구멍의 확장</td></tr>
</table>

프로이트에 따른 정신의 구조와 라캉에 따른 구멍의 구조

여기서 우리는 구멍에 주목합니다. 프로이트에 따른 정신의 심급 절차에 따르면, 주체는 욕구, 요구, 욕망, 주이상스를 추구하는데, 그것은 구멍 때문입니다. 즉, 구멍에는 욕동이 작용하여 욕구 단계에서 요구 단계로, 요구 단계에서 욕망 단계와 주이상스 단계로 넘어갑니다. 이것은 분리가 진행된다는 의미이고, 그 분리 과정에서 통합되지 못한 것과 통합되는 것이 있음을 말해 줍니다. 이 구멍은 나르시스적인 구멍입니다. 1차 나르시시즘과 2차 나르시시즘의 성격을 지닌 구멍입니다. 이 구멍으로 인해 생명욕동이 작용합니다. 이 구멍을 메울 무엇, 그러니까 동일성을 부여하는 대상이 와야 하는데, 어떤 종류의 동일성을 이룰 대상이 오느냐에 따라 주체는 만족하거나 불만족하게 됩니다. 상징질서에서 그 대상을 얻을 수 있다면 좋겠지만, 얻기 어려울 때 곤궁에 처하게 됩니다. 이런 과

정에서 좌절하게 되면, 심급의 한 국면에 정체하게 됩니다. 특히 라캉식 심급을 의미하는 세 위상 또는 세 비계는 증상 구조와 일맥하는데, 실재 구조에서 정신증 장애에 정체하고, 상상적인 구조에서 도착증 장애에 정체하고, 상징적인 구조에서 신경증 장애에 정체하게 됩니다. 이 과정에서 욕구, 요구, 욕망과 주이상스가 추구됩니다.

'구멍'에 가해지는 압력에 비례하는 '욕망'의 압력은 삶(생명)에서 다양한 모습으로 역동적이게 나타납니다. 결국 오이디푸스 이론은 '1차 나르시시즘'과 '2차 나르시시즘'의 이행과정을 통해 이 구멍을 보여 줍니다. 즉, '1차 나르시시즘' 때, '욕구'에서 '요구'로 이행하게 하는 '구순욕동과 항문욕동'이 작동하는데, 이때 '구멍'이 생깁니다. 이것은 몸의 실제 기관이 구멍을 갖는다는 것과 비교해 보면 신비롭습니다. 구순에도 구멍이 있고, 항문에도 구멍이 있지 않습니까? 그 구멍이 잘 뚫려 있어야지 잘 넘어가고 잘 배설할 거 아닙니까? 그런데 정신이 육체에게 그 구멍을 허락하지 않으면 장애가 생깁니다. 이런 절차가 보여 주는 것은 몸이 언어활동(정신줄)과 연결되어 있다는 겁니다. 몸이 언어활동으로 짜인 무의식에 의해 작동이 된다는 겁니다. 몸의 구멍을 조절하는 것이 무엇이겠습니까? '주체의 의지'라고 볼 수도 있겠지만 타자의 말입니다. 타자에 의해 조종되는 겁니다. 그러니까 주체의 의지도 타자의 말에 예속되어 있고, 타자의 말과 경쟁 관계에 있다는 것을 알 수 있습니다. 이 경쟁 과정에서 '미운 일곱 살' '중2병'이란 표현도 나오는 것 같습니다. 일곱 살이나 중학교 2학년 정도의 시기에 주체는 타자의 질서에 항거한다는 겁니다. 주체성을 확립하는 하나의 단계라고 볼 수 있습니다. '타자의 말'이란 리모콘으로 기계를 조정하듯, 아기의 몸을 조정하여 몸의 구멍을 여닫는 것이라고 볼 수 있습니다. 이때 조정이 잘 되면 트라우마가 없겠지만 조정이 잘못되면 정신에 흔적을 남기게 됩니다.

됨의 정체화, 죽음욕동과 도착적 질서

주체는 '요구'에서 '욕망'으로 이행하게 하는 시각욕동과 청각욕동을 작동시켜 '구멍'의 크기를 키웁니다. 거울그림에서는 리비도의 에너지가 이미지의 흐름으로 이해됩니다. 그러니까 욕동은 시각 이미지와 청각 이미지의 흐름으로 이해됩니다. 우리말에 '귀가 어둡다' '귀가 밝다'는 표현이 있는데, '귀가 밝다'는 말은 말을 잘 알아듣는다는 의미고, '귀가 어둡다'는 말은 귀가 잘 안 들린다는 의미입니다. 이렇게 듣는 것을 명암에 비교해서 말한다는 것에서 우리는 우리 조상들이 이미 청각이미지를 이해하고 일상에서 사용했다고 볼 수 있습니다. '귀가 밝다'는 말은 단순한 의미로 끝낼 것이 아닙니다. 그 말은 성격과도 연관됩니다. 귀가 밝은 사람의 성격은 귀가 어두운 사람의 성격과는 다릅니다. 사람들은 귀가 밝은 사람이 좋은 성격을 갖는 걸로 이해합니다. '귀가 얇다'는 것도 사람의 성격을 표현한 것인데, 우유부단하다는 의미로 이해됩니다. 그러니까 소통은 1차 나르시시즘에서 2차 나르시시즘으로 이행이 순조롭고, 그사이의 왕래반복이 자유롭다는 것을 의미합니다.

'요구'는 1차 나르시시즘이니까 '자기사랑'의 시작이고, '욕망'은 대상을 향해서 사랑하는 거니까 '대상사랑'의 시작입니다. '1차 나르시시즘'에서 '자기사랑'에 필요한 대상은 '자아'에게 있습니다. 여기서 '자아'는 꽃병1과 꽃병2의 비분리의 상태에서 분화로의 과정에 위치합니다. 즉, '자기사랑'에 필요한 대상은 자기 안에 있다고 오인하다가(méconnaître) 외부에서 그런 대상을 가져와야 된다는 것을 알게 됩니다. 그래서 외부에서 대상을 찾는 것을 추구하고 그것을 위해 노력하며 성취합니다. 이때 자아는 투사(projection)를 통해 외부 대상을 찾고 찾은 대상을 내투(Introjection)합니다. 근데 외부에서 대상을 가져올 수 없는 상황에 처하게 되면 자아는 어떤 태도를 취할까요? 예전에 찾았던 그 대상으로 되돌아옵니다. 그러니까 자신 안에 있는 대상을 취하면서 자기 안에 머물고자 한다. 이것이 퇴행(regression)을 작동시키는 메커니즘이 됩니다.

이처럼 '자아'가 퇴행이라는 방어기제를 작동시켜 자신이 추구하는 대상을 취할 경우, 구멍은 메워집니다. 하지만 이 메움은 허상적인 메움입니다. 자아가 동일성을 추구하는 과정에서 퇴행을 통해 동일성을 추구하는 것입니다. 즉, '자아'는 비분리 상태로 돌아가려는 허상적인 일치를 가동하는 겁니다. 자아중심의 세계관입니다. 자기만이 문제를 해결할 수 있다는 나르시스적인 확신을 하는 겁니다. 가령, 〈충〉, 〈효〉, 〈이웃사랑〉 등의 개념을 봅시다. 보통 우리는 내가 국가가 아니요, 내가 부모가 아니요, 내가 이웃이 아니라고 생각합니다. 근데 〈나=국가〉, 〈나=부모〉, 〈나=이웃〉이라는 등식에 빠진다면, 어떻게 되겠습니까? 내가 대상과 분리가 되지 않는다면, 그것을 사랑이라고 말할 수 있을까요? 나는 곧 충이고, 나는 곧 효고, 나는 곧 이웃사랑 자체라고 생각한다면, 나는 철저한 군인이 되고, 나는 철저한 효자가 되고, 나는 철저한 이웃사랑을 실천하는 사람이 되는 거겠죠? 이것이 잘 작동하면 사회 작동(갑 중심의 사회 질서 유지)에 도움이 되지만, 잘못 작동되면 〈전복〉이 일어날 것입니다. 나 이외에는 국가를 바르게 통치할 수 없고, 나 이외에는 부모를 잘 모실 수 없고, 나 이외에는 이웃사랑을 실천할 수 없다고 생각해 보십시오. 내가 이 나라를 통치해야만 잘 된다는 신념으로 어떻게 해서든지 내가 지도자가 되겠다고 생각해 보십시오. 그것은 전복이지 않습니까? 정상적인 상태는 아니죠. 이런 사람이 실제로 국가나 단체를 움직일 때 어떤 일이 발생할까요? 이런 구조가 됨의 첫사랑입니다. 내가 있어야지만 국가가 돌아가고, 내가 있어야지만 아버지, 어머니를 봉양할 수 있고, 내가 있어야 이웃이 잘 살 수 있다 등의 신념에 근거할 때, 국가나 가정이나 사회가 잘 유지될 수도 있지만 그것이 오히려 자신의 1차 나르시시즘을 추구하는 방편이 될 수도 있다는 겁니다.

'심청'을 생각해 보십시오. 심청은 '내가 죽어야 아버지를 구할 수 있다'고 생각합니다. 그런데 그것이 정말 비분리 상태로 돌아가서 구멍을 메울 수 있다고 생각해서 그럴까요, 아니면 증상일까요? 실제로 메울 수 없잖습니까? 그런데 메울 수 있다고 착각을 하는 거죠. 그런데 우리는 공교육을 통해 심청이 효녀라고 교육받습니다. 그런데 심청이는 아버지로부터 버림받은 15세 딸일 수도 있습니다. 15세는 잠재되었던 오이디푸스 콤플렉스가 다시 떠오르는 사춘기에 해당합니다. 이런 시기의 딸은 아버지로부터 사랑받기를 원하는 시기입니다. 그런데 아버지는 자신의 눈을 뜨고 싶어합니다. 그러기 위해서는 공양미 300석을 바쳐야 됩니다. 누가 어떻게 공양미 300석을 구할까요? 아버지는 딸을 바쳐서라도 눈을 뜨고 싶은 겁니다. 하나밖에 없는 혈육인 딸은 '나보고 그걸 구해 오라는 소리잖아?'라고 이해하게 됩니다. 딸은 '아버지가 나한테 이럴 수가 있어?' 생각합니다. 하지만 겉으로는 그런 말을 못 하고 자신이 제물이 되고자 결심합니다. 이것이 효라고 가르쳐 왔는데, 윤인선 교수의 정신분석적 해석에 따르면, 심청은 우울증을 앓고 있고 제물이 되는 것은 아버지에 대한 복수라고 말할 수도 있습니다. 다르게 말하면, 심청의 결정은 자살이고, 됨의 정체화의 대표적인 사례라고 볼 수 있습니다. 자신이 제물이 되어 자신의 첫사랑의 대상이 되는 겁니다. 심청의 첫사랑의 대상으로의 퇴행은 현실의 첫사랑의 대상에게서 배신당한 모멸감에서 도피하여 과거의 첫사랑의 대상에게로 귀의하는 것입니다. 이것은 증상이지 헌신이나 효가 아닙니다. 그런데 우리는 그런 것을 두고 아름다운 미덕이라고 배워 왔습니다. 물론 해석의 차이일 수 있겠지만 심청의 예를 '효'의 참된 사례라고 설명하는 것은 재고의 여지가 있는 것 같습니다.

오늘날 수학의 집합론에서 보면, 합집합은 부분집합보다 큽니다. 부등호로 표시하면 '합집합⊃부분집합'입니다. 그런데 이 등식은 현실에서 맞지 않을 때가 있습니다. '합집합⊂부분집합'일 경우가 있다는 겁니다. 이런 위상에서는 수학적 진실이 통하지 않습니다. 왜냐하면 됨의 정체화가 지배하는 곳에서는 도착적 질서가 있기 때문입니다. 내가 국가가 '되고', 내가 부모가 '되고', 내가 이웃이 '되는' 것이다. 여기서 '되다'는 분리 이전의 상태로 퇴행하는 것입니다. '되다, 됨'은 현실에서 일어나지 않습니다. 그것은 정신증적 상태에서 일어납니다. 이 상태는 자아의 욕구를 지지하며 지탱합니다. 그러나 이와 같은 우울증적 상황이 현실의 장벽에 부딪히게 되면, 심청의 선택처럼 극단적이고 도착적이며 희생적인 행동을 합니다. 도덕체계는 〈충〉, 〈효〉, 〈이웃사랑〉을 실행하다가 발생하는 희생은 고통스러운 것이 아니라 자랑스러운 것이라고 알려 줍니다. 이는 마치 상징체계 안에서 죽음욕동을 강요하는 것과도 같습니다. 이 강요를 버텨 낼 수 없을 때 도착 행위가 나타납니다. 이런 도착적 질서에서는 참된 국가가 없고, 참된 부모가 없고, 참된 이웃이 없습니다. 오로지 자기만을 위한 국가, 부모, 이웃이 있을 뿐입니다. 이 질서를 경계하는 오래된 사유 가운데 하나가 구약성서 출애굽기에 나오는 십계명입니다. '십계명'은 대부분 도착적 질서에 대한 금기를 말하고 있습니다. 가령, 신의 위치에 오르지 말고, 신의 이름을 오용하지 말고, 타인의 생명이나 몸을 자신의 것처럼 다루지 말고, 부모를 거역하지 말고, 이웃의 것을 자신의 것으로 취하지 말라는 내용입니다. 간단하게 말하면, 신처럼, 타인인 것처럼 사기 치지 말고 참된 자신이 되라는 것입니다.

가짐의 정체화, 구멍의 본질과 찬 말-빈 말

'됨의 정체화(동일시 동일화)'는 '됨의 첫사랑'인데, 이것은 하나의 보(堡)도 되고, 매듭도 됩니다. 이것은 환상을 불러일으키는 원천이 됩니다. 가령, 먼 길을 헤엄쳐 온 물고기가 강(江)의 한쪽에서 만난 보(堡)는 멈춤의 장소이자 새 출발의 장소이기도 합니다. 만약 이 '보'를 넘을 수 없다면, 알을 낳기 위해 달려온 여정이 헛수고가 되고, 이 보를 넘을 수만 있다면 알을 낳을 장소에 갈 수 있습니다.

이처럼 분석에서 보여 주는 매듭은 전이(Transfert, Transference)입니다. 이 매듭은 원(原)대상의 대체대상을 반복해서 보여 줍니다. 그래서 대체대상을 보면서 원대상을 추적하는 겁니다. 이 매듭은 '구멍'을 갖지 않는 듯 보이지만 '구멍'을 갖고 있습니다. 분석이란 이 구멍과 대면하게 하는 것입니다. 상담자는 이 구멍을 키워 내담자가 보게 합니다. 이 구멍은 분석 상황에서 나타납니다. 그런데 이 구멍은 경찰서에서 조서를 쓸 때에는 잘 나타나지 않습니다. 학교의 생활기록부(또는 학생기록부)에도 잘 나타나지 않습니다. 물론 주민등록등본이나 주민등록초본, 가족관계증명서에도 안 나타날 겁니다. 이 구멍은 결혼이나 이혼, 미혼 등 서류로 보여 줄 수 있는 것이 아닙니다. 겉으로 보기에 아무런 문제가 없는 가정에서 자란 사람에게 그 구멍이 클 수도 있고, 어려운 형편에서 자란 사람에게 그 구멍이 작을 수도 있고, 구멍의 크기는 상대적이고 개별적입니다.

지금 우리가 살펴보고 있는 매듭은 앞서 다룬 두 개의 '원입체'를 설명하면서 다룬 것입니다. 그 그림에서 보듯, +와 −는 '몸'을, 빈 말과 찬 말을 지칭하는 원은 '정신'을 비유적으로 보여 줍니다. 몸에도 구멍이 있고, 정신에도 구멍이 있고, 몸과 정신이 만나는 지점에도 구멍이 있다는 것입니다. 이 두 원입체를 합친 것이 '거꾸로 된 8'입니다. 즉, 안쪽에 있는 E^1은 (꽉)찬 말이고, 바깥에 있는 E^2는 (텅)빈 말입니다.

우리가 빈 말하지 말라고 말하는데, 빈 말이 무엇입니까? 빈 말의 꼬리를 물고 들어가 보면 찬 말이 나올 수 있는 말입니다. 그래서 우리는 빈 말이라도 잘 하지 않을 때가 있습니다. 본심이 나올까봐 조심합니다. 빈 말은 미끼와도 같습니다. 물고기가 미끼를 물고 나오듯, 찬 말은 빈 말을 물고 나옵니다. 라캉이 '하나의 기표는 또 다른 기표에 연결된 주체를 재현한다'고 말했는데, 여기서 하나의 기표는 빈 말입니다. 주체는 빈 말과 빈 말의 이어짐 속에 나타납니다. 찬 말은 빈 말의 더미 속에 감춰져 있습니다. 어떤 사람이 스스로 이야기하는 것(빈 말에서 찬 말로의 전이가 요청되는 이야기)과 자료상의 이야기(조사된 자료)는 다를 수 있습니다. 그 다름의 진의를 분석가가 판단하기 어렵기 때문에 분석이 요청됩니다. 분석은 주체의 역사를 횡단하는 겁니다. 주체는 여러 겹으로 감춰져 있습니다. 정체화의 세 겹이 반복되어 3, 6, 9 등의 배수로 감싸여 있습니다. 앞서 말씀드린, 마야의 왕이 통치할 때 경험한 주이상스를 다시 생각해 봅시다. 마야의 신전을 보면 그 구조가 특이합니다. 발굴을 해 보니, 왕이 죽고 새로운 왕이 등극하면 신전을 개축하는데, 처음부터 새롭게 신전을 세우는 것이 아니라 기존의 신전에 덧입혀 신전을 만든 겁니다. 이런 식으로 신전이 형성되어 있어서 지금의 우뚝 솟은 신전이 생겼다고 합니다. 이렇게 여러 겹으로 된 신전은 각 시대의 마야를 담고 있습니다. 이것은 마치 '됨의 첫사랑'인 '상상계의 첫사랑'에서 '가짐의 첫사랑'인 '상징계의 첫사랑'의 겹이 쌓이는 것과 같습니다. '상상적인 첫사랑'에서 '상징적인 첫사랑'으로 이어지듯 기존의 신전을 품고 또 하나의 신전이 세워진 겁니다.

왜 그 사람들은 그런 구조를 세웠을까요? 왜 역사 위에 역사를 세웠을까요? 혹 이전의 역사를 지우고 싶었다면 기존의 것을 허물고 지었을 것입니다. 하지만 기존의 질서가 보여 준 주이상스를 담은 대상을 보존하고 그것 위에 새로운 것을 지음으로 더 강한 주이상스를 기대했던 것은 아닐까요? 이것은 마치 '상상적인 첫사랑' 위에 '상징적인 첫사랑'을 세워 가는 정신의 구조와도 닮은 것은 아닐까요? 기존의 건물 위에 새로운 건물이 서 있다는 것을 알게 된 것은 발굴을 통해서입니다. 발굴은 마야 시대를 횡단하는 것입니다. 오늘날 발굴을 통해 과거 인류의 정신을 이해하게 되듯, 정신분석도 내담자의 이야기를 들음으로 주체의 역사를 횡단하여 그 정신을 이해하는 것입니다.

라캉은 빈 말이 (꽉)찬 원에서 나오고, 찬 말이 (텅)빈 원에서 나온다고 표현했습니다. 어찌 보면 빈 말을 (텅)빈 원으로 표현하는 게 맞는 것 같은데, 왜 라캉은 빈 말을 (꽉)찬 원으로 표현했을까요? 그것은 구멍과 연관됩니다. 구멍이 생겨야 정신 활동이 원활하게 진행되는데, 구멍이 없다면 정신 작용이 잘 이루어지지 않습니다. 구멍이 있어야 욕망이 말에 묻어나고, 정신 작용도 욕망을 추구합니다. 하지만 구멍이 없다면 추구할 욕망이 없고, 자신의 의지가 동원되지 않아 정신 활동이 원활하게 이루어지지 않습니다. 구멍이 없다는 것은 내뱉은 말이 나갈 통로가 없다는 것을 의미합니다. 그래서 말하면 출구가 없어서 튕겨져 나옵니다. 말이 반사되니까 계속해서 말이 생성되고 그 말은 메아리의 말입니다. 그 말은 초자아가 보낸 말일 수 있고, 자아의 억압된 부분에서 튕겨 나오는 것일 수 있습니다. 원이 막혔다는 것은 억압이 있다는 의미입니다. 욕망의 구조가 만들어지려면 구멍이 생성되어야 합니다. 찬 말은 그 구멍에서 나옵니다. 그러니까 억압을 뚫고 나오는 것입니다. 분석의 관건은 이 억압에 관계됩니다. 이 억압에 구멍을 뚫어 그 사이로 주체의 말을 유도하는 것입니다. 이 구멍으로 나오는 기표(시니피앙)와 기표, 그러니까 기표의 연속, 기표의 흐름은 주체의 욕망을 보여 줍니다. 억압되었던 주체가 그 구멍을 통해 숨통이 트여 '말의 숨'을 쉬는 것입니다.

어떤 입장에서 보면, 욕망은 성가시고 귀찮은 것으로 여겨질 수 있습니다. 그래서 욕망을 누르려고 합니다. 눌려진 욕망은 다른 방식으로 표출이 되는데, 빈 말로 표출됩니다. 빈 말은 말뿐 아니라 움직임도 포함합니다. 빈 말은 혼자 말하며 놀이하는 모습에서도 볼 수 있고, 많은 사람 가운데서 소란을 피우면서 큰소리치는 모습으로도 나타납니다. 그렇기에 빈 말에는 찬 말이 감금되어 있고, 찬 말은 빈 말에 반사되어 자취를 숨깁니다. 욕망은 상징질서의 테두리에서 추구하는 것이기에 상징질서에 의해 제한을 받기도 합니다. 그래서 욕망은 상징질서가 수용할 때 욕망이 작동합니다. 그렇지 않다면 욕망은 제대로 작동하지 않고 속으로 숨거나 다른 모습으로 변형되어 드러납니다.

상호적 정체화, 치료 기술의 관점과 심적 현실의 결정론

거꾸로 된 원에서 밖에 있는 E^2는 '요구의 구조'이고, 안에 있는 E^1은 '욕망의 구조'입니다. E^1은 E^2 안의 구멍입니다. 요구의 구조에 구멍이 나야 욕망이 작동합니다. 그러나 요구의 구조 안에 욕망의 구조가 있다고 해서 요구의 구조에 구멍이 생기는 것은 아닙니다. 이 구조들은 별개의 구조입니다. 오이디푸스 콤플렉스는 이 구멍의 생성 과정을 설명해 준다고 볼 수 있습니다. 오이디푸스 콤플렉스의 진행을 통해 성격(인격, 인성)이 형성되는데, E^2의 '됨의 정체화(동일시 동일화)'에서 E^1의 '가짐의 정체화(동일시 동일화)'로 발달합니다. 즉, 바깥원(E^2)에서 내부원(E^1)으로 회전하면서 진행합니다. 정체화라는 것은 기본적으로 멈춤과 이어짐으로 이루어지는데, E^2와 E^1가 만나는 첫 번째 지점이 됨의 정체화에서 가짐의 정체화로의 진행 지점이라면, E^2와 E^1가 만나는 두 번째 지점은 상호적 정체화로 진행 지점입니다. E^2와 E^1이 만나는 첫 번째 지점과 두 번째 지점은 동일한 지점입니다만 구멍을 형성하기 전의 만남 지점과 구멍을 형성하면서 그리고 구멍을 형성한 후의 만남 지점으로 구분해서 설명할 수 있습니다. 이 과정에서 욕동이 작용하고, 구멍으로 대상이 유입됩니다. E^2와 E^1의 만남 지점은 욕동과 대상관계를 보여 줍니다. 보통 프로이트가 욕동을 강조했고 그 이후 정신분석가 그룹이 대상관계를 펼쳤다고 말하는데, 프로이트에게 욕동과 대상관계는 떼래야 뗄 수 없는 짝입니다. 오이디푸스 콤플렉스는 이런 과정을 담고 있는 장치라고 볼 수 있습니다.

'됨의 정체화(동일시 동일화)'는 유입된 대상과 동일한 것이 되려고 한다는 측면에서 구멍이 막혀 있습니다. 이때는 E^2만 있고 E^1이 아직 생성되지 않은 상태입니다. 그런데 차츰 E^2와 E^1 간의 동일성이 깨짐에 따라 구멍이 생성됩니다. 이러한 비동일성의 현실 앞에서 주체는 꽤 당황해 합니다. 그래서 정신의 갈피를 잡기 위해 새로운 대상관계를 추구합니다. 그것이 '가짐의 정체화(동일시 동일화)'입니다. 그러니까 '됨의 대상'이 아니라 '가짐의 대상'이라는 대체대상을 찾는 과정이 이어지는 겁니다. 이 과정이 이루어지면 일상생활에서 접하는 다양한 대상과의 관계로 들어가서 그것들과 함께 살아가게 됩니다. 삶이 쉬운 건 아닙니다. 삶의 그루터기가 되었던 대상 경험을 토대로 대상과의 관계를 하나씩 이루어 가는데, 이 과정에서 겪는 다양한 것이 우리의 삶이 되고, 때로는 장애로 나타나기도 합니다. '됨의 첫사랑-상상계의 첫사랑'과 '가짐의 첫사랑-상징계의 첫사랑'에 기반하여 전개되는 '상호적 정체화-상호적 첫사랑'은 '나는 B의 손에서 A의 손을 느낀다'로 표현됩니다. 여기서 'A의 손'은 '됨의 첫사랑-상상계의 첫사랑'과 '가짐의 첫사랑-상징계의 첫사랑'에서 만났던 손입니다. 주체는 'A의 손'에 대한 향수를 매개로 하여 전혀 새로운 손, 전혀 다른 손, 즉 'X의 손'과 대면하면서 살아가게 됩니다. 우리가 '대인관계'라고 하는 것이 이런 과정을 거치면서 형성되는데, '대상관계'라고 할 때는 사람 이외의 일반 대상들을 포함합니다. 주체에게 일반대상들은 인격화되어 나타나기 때문입니다. 일반대상들이 인격화되는 이유는 그 대상과 어떤 사람 또는 대상이 연관되기 때문입니다. 그래서 대상관계에서 대상이 재현하는 사람이나 대상이 누구이며 무엇을 의미하는지 파악하는 것이 필요합니다. 주체가 재현하는 대상은 주체가 경험한 대상입니다.

이것을 '심적 현실의 결정론'이라고 부릅니다. 그런데 이 용어에 대한 오해가 있을 수 있습니다. 이것을 운명론으로 받아들인다는 겁니다. 그래서 과거에 경험한 어떤 것이 현재의 주체를 만들었고, 주체는 이 모습으로 결정되었기에 이 모습을 벗어나기가 쉽지 않다고 비판의견을 제시합니다. 그러나 강조점이 이렇게 주어지면 곤란합니다. 왜냐하면 '심적 현실의 결정론'은 치료 기술의 관점에서 서술되는 용어이기 때문입니다. 원인을 밝혀야 증상을 치료할 수 있다는 치료 기술의 관점에서 '심적 현실의 결정론', 즉 경험한 것으로 인한 심적 장애를 바라보는 것입니다. 내담자의 상태를 운명론적으로 규정하는 것이 아니라는 겁니다. 치료 기술의 관점은 과거에 안주하는 것이 아니라 현재와 미래를 위한 것입니다. 이 점을 잘못 이해하면 프로이트의 치료 기술은 오인될 수 있습니다. 라캉 또한 대타자에 의한 주체의 정체화를 말하기 때문에 구조주의를 넘어서 '결정주의'로 오인될 수 있습니다. 그렇지만 프로이트나 라캉이 결정주의를 말하기에 모든 것의 원인을 찾아낼 수 있다는 것은 아닙니다. 그 이유는 구멍 때문입니다. 구멍은 '텅 빈 결정주의'를 보여 줍니다. 구조화되고 결정화된 것이지만 됨의 정체화에서 가짐의 정체화로 이행하면서 생긴 절점(絶點) 또는 접점(接點)은 탈구조화되고 탈결정화되는 지점입니다. 라캉식 대상관계는 이렇게 주체와 대상 간의 단절(斷絶)과 연절(連絶)을 통한 절점과 접점을 다룹니다. 그래서 좀 까다롭고 평이하지는 않습니다. 그렇기 때문에 구조주의나 결정주의에 매몰되지 않습니다.

이 구멍에 등장하는 대상은 가장(假裝, 왜곡, 변장)된 형태로 등장합니다. 그래서 분석가(상담가, analyste)는 분석수행자(내담자, analysant)와 전이 관계에서 나타나는 대상이 의미하고 지시하는 것을 판단할 때 각별히 유의해야 합니다. 분석수행자는 분석가를 자신이 겪었던 됨의 첫사랑의 대상과 가짐의 첫사랑의 대상으로 상정(가정, supposer)합니다. 이때 분석가는 분석수행자에게 '안다고 가정(상정)된 주체'일 뿐 분석수행자의 됨의 첫사랑의 대상과 가짐의 첫사랑의 대상이 아님을 주지해야 합니다. 즉, 분석가는 분석수행자의 전이에 따른 역전이를 고심해야 하며, 자신의 역전이에 대하여 슈퍼비전(Supervision)이나 카르텔(Cartel)에서 검토받아야 합니다. 브로이어의 환자였던 '안나 오'가 브로이어에게 보낸 전이는 됨의 첫사랑의 대상과 가짐의 첫사랑의 대상으로서 자신의 아버지에 관한 것인데, 브로이어는 자신이 아버지로 상정되었다는 것을 알지 못했고, 자신에 관한 것으로 오인했습니다.

분석 상황에서 내담자가 분석가에게 말하는 것이 누구를 겨냥한 것인지를 파악하는 게 쉽지 않습니다. 그 이유는 E^2과 E^1가 연결된 듯하지만 단절되어 있고, 단절되어 있는 듯하지만 연결되어 있기 때문입니다. 앞서 보았듯이, '거꾸로 된 8'은 '됨의 정체화(동일시, 동일화=E^2)'와 '가짐의 정체화(동일시, 동일화=E^1)'의 절합(絶合) 또는 접합(接合)입니다. 이 과정에서 요구에 따른 허상적인 안전을 획득하고, 그에 따라 욕망에 따른 결핍의 불안이 나타납니다. 이 불안을 견디기 위해 자아는 방어기제에 따른 환상을 만들고, 주체는 이것에 대항하는 환상을 만듭니다. 가령, 앞서 설명한 심청전에서 청이가 아버지를 구출하기 위해 선택한 인당수는 이 복수의 성격을 띱니다.

'여성 오이디푸스 콤플렉스'의 구조에서 볼 때, 심청이가 추구하는 대상은 선망으로서 아버지인데, 우울증자의 경우, 그 아버지에 대한 '희생의 환상'과 '복수의 환상'이 개입됩니다. 즉, '긍정적 오이디푸스'의 구조에서 본 아버지에 대한 '희생의 환상'은 '아버지의 아이 갖기'라는 근친상간적이며 나르시스적인 구도와 관계됩니다. 그리고 '부정적 오이디푸스'의 구조에서 본 아버지에 대한 〈복수의 환상〉은 아버지로부터 벗어나 다른 남성을 만남으로 아버지에게 복수하는 것입니다. 이렇게 환상도 양가(감정)적입니다. '미운 일곱 살'이나 '삐딱선을 타는 중2병'도 이런 양가감정적 여성 오이디푸스 콤플렉스(선망)와 남성 오이디푸스(거세)의 구도에서 볼 수 있을 것입니다. 환상에 관해서는 다음 장에서 다뤄 보겠습니다.

제 6 강

'키덜트'에 담긴 라캉식 논의, 구멍을 메우는 요구의 대상 '팔루스'와 욕망le désir의 대상 '오브제 아'에 관해

이 장의 주제는 '키덜트에 담긴 라캉식 논의'입니다. 부제는 '구멍을 메우는 요구의 대상 팔루스와 욕망의 대상 오브제 아'입니다. 앞서 다룬 내용을 바탕으로 이것에 관해 함께 생각해 보도록 하겠습니다.

오늘은 좀 생소한 그림을 여러 개 소개하면서 설명해 보려 합니다. 먼저 '도식 L'을 이용해 키덜트의 형성 과정을 다루고자 합니다. 이 도식을 통해 환유의 축과 은유의 축, 팔루스와 오브제 아를 설명할 것인데, 환유의 기표 고리와 은유의 기표 고리도 이 도식을 통해 보면 이해가 쉽습니다. 우리가 다룰 키덜트는 대상관계에서 특별하기에 붙여진 이름인데, 이를 이해하기 위해서는 앞서 본 프로이트에 따른 정신의 구조와 라캉이 말하는 '구멍'을 메우는 대상(팔루스와 오브제 아)이 필요합니다. 그래서 이것도 숙지하는 게 좋습니다. 장막도식 또는 커튼도식이라고 불리는 도식을 통해 키덜트(분석수행자)의 위치를 살펴볼 것입니다. 거울그림과 거꾸로 된 8도 동원될 것입니다. 그리고 환상의 구조(환상의 논리)을 이해하기 위해 환유의 축과 은유의 축의 교차 지점을 마름모를 통해 설명할 것입니다.

보시듯이, 매우 많은 장치를 통해 라캉의 사유를 따라가고자 합니다. 복잡해 보이지만 그가 하고자 하는 이야기는 정신분석의 기술에 관한 것이고, 인간이 살면서 접하는 대상들과의 관계에 관한 것입니다. 그러니 우리가 살아가는 모습을 그리면서 읽어 보시면 이해하기가 용이할 것입니다. 이 부분을 위해 제가 저술한 『자크 라캉의 《세미나》 읽기』에서 세미나 5권, 6권, 10권과 『첫사랑은 다시 돌아온다—프로이트와 라캉의 사랑론』도 참조하시면 됩니다.

앞서 다룬 내용 정리

필자는 2강에서 '빅 데이터 시대에 임하는 라캉: 언어활동처럼 구조화된 무의식(l'inconscient)과 빅 데이터'를 다루었습니다. 이 강의의 핵심 주제는 '무의식'입니다. 여러분이 평소에 생각하시던 개념과 라캉이 말하는 무의식을 비교해 보시면 그 차이점을 알게 될 것입니다. 3강에서는 '주체는 어떤 과정을 통해 발달하는가?'를 다루었는데, 주체의 발달 과정에서 '욕동'이 관여하는 바를 설명했습니다. 특히, 프로이트가 말한 욕동의 이원성을 라캉이 거울그림으로 설명하는 과정을 보였고, 또한 4차 산업과의 관계 속에서 이해하였습니다. 4강에서는 '감정의 학문으로서 정신분석의 전이'를 다루었습니다. 그러니까 분석수행자가 안다고 가정된 주체에게 보내(야 하)는 것들, 분석수행자가 분석가에게 보내(야 하)는 것들을 다루었습니다. 5강에서는 "첫사랑은 어떻게 다시 돌아오는가? '구멍'을 둘러싼 반복(la répétition)에 관한 담론"을 다루었습니다. 구멍의 기원과 그것이 반복에 관여하는 기제를 살펴보았습니다.

검색어

키덜트

그 연장선상에서 다섯 번째의 주제인 '키덜트에 담긴 라캉식 논의'가 진행됩니다. 키덜트(Kidult)를 검색해 보면,

> "어린이를 뜻하는 '키드(Kid)'와 어른을 의미하는 '어덜트(Adult)'의 합성어로 '아이들 같은 감성과 취향을 지닌 어른'을 지칭한다. 키덜트는 유년시절 즐기던 장난감이나 만화, 과자, 의복 등에 향수를 느껴 이를 다시 찾는 20-30대의 성인계층을 말한다. 이들의 특징은 무엇보다 진지하고 무거운 것 대신 유치할 정도로 천진난만하고 재미있는 것을 추구한다는 점이다. 전문가들은 현대인들의 삶이 날로 각박해지면서 어릴 적 감성으로 돌아가 정서안정과 스트레스 해소를 추구하는 일부 어른들의 욕구가 디지털 문화와 맞물리면서 출현한 것으로 풀이

한다. 최근 백화점, 완구점, 영화관, 인터넷 쇼핑몰 등에는 키덜트를 겨냥해 특별히 제작한 캐릭터 의류, 액세서리, 장난감, 만화영화 등이 다양하게 등장해 새로운 시장을 형성하고 있다."

이 글은 2006년 4월에 미래와경영연구소에서 네이버 지식백과에 올린 글입니다. 이런 개념에 따라 산업 및 경영에 활용하고 있는 것으로 보입니다.

십여 년이 지난 요즘, TV 프로그램에서도 이런 것을 접하는 것이 어렵지 않습니다. 가령, 여러 명의 연예인의 사생활을 잠깐씩 보여 주는 프로그램(가령 미우새라고 부르는 「미운 우리 새끼」)을 보면, 그들이 사는 독특한 방식이 나옵니다. 우리가 생각할 때, 내가 사는 모습이 좀 독특하다 그러면 대중들에게 노출되는 걸 꺼려할텐데, 여과 없이 그 모습을 그대로 보여 줍니다. 그러면서 그런 모습으로 살게 된 배경을 스스로 설명하기도 합니다. 하지만 완전하게 설명되지 않기도 합니다. 자신의 행위의 근원을 자신도 모르는 부분이 있습니다. 그런 모습을 지켜보는 어머니와 게스트들이 그 모습을 풀어 가는데, 이런 방식은 매우 새로워 보입니다. 보통 한 명의 상담사가 한 명의 내담자를 상담하는데, 이 경우에는 여러 명의 상담사가 한 명의 내담자를 상담하는 구조이기 때문입니다. 이런 과정을 통해 내담자의 행위의 원인이 밝혀지는 것을 볼 수 있습니다.

그리고 2016년 7월에 구글에서 '포켓몬GO' 게임을 출시했습니다. 포켓몬은 이미 1980년 말쯤에 출시되었는데, 이제는 디지털 기기로 즐길 수 있도록 제작된 것입니다. 이런 게임에 사람들이 열광하는 이유는 무엇일까요? 이것을 라캉식 정신분석의 관점에서는 어떻게 다룰 수 있을까요? 키덜트를 다룸에 있어서, 키덜트가 갖고 있는 구멍을 메우는 대상들을 다룰 텐데, 요구의 대상인 '팔루스'와 욕망의 대상 '오브제 아'가 그것입니다. 즉, 구멍을 메우는 요구의 대상과 욕망의 대상을 다루고자 합니다. 라캉식 대상관계의 안목에서 키덜트를 다루는 것입니다.

– φ와 키덜트

프로이트에 따른 오이디푸스 콤플렉스는 '어머니(양육자)와 아기' 간의 2자 관계가 형성되면 '됨의 정체화'가 진행된다고 합니다. 여기에 제3자인 아버지가 개입하면 3각 관계가 형성되고, '가짐의 정체화'가 이어집니다. 2자 관계는 전(前, pre)-오이디푸스 콤플렉스라고 불립니다. 프로이트가 이것을 염두에 두었다는 것은 됨의 정체화를 제시한 데서도 볼 수 있습니다. 하지만 남자로서 이 구도를 깊이 조망한다는 것은 쉽지 않았을 겁니다. 여성 정신분석가인 클라인이 이 부분을 부각시켰다는 것은 여성이 아이와 맺는 관계가 남성이 아이와 맺는 것과 다르기 때문에 가능했을 것입니다. 프로이트와 클라인 이후에 정신분석가가 된 라캉은 이런 구도를 이해하고 분석에 임합니다. 라캉에 따른 오이디푸스 콤플렉스는 2자 관계에 이미 제3의 요소가 있다고 전제합니다. 이런 사유는 클라인도 하지 못했던 것입니다. 2자 관계에 제3의 요소가 이미 함께함으로 3각 관계를 이룬다는 것입니다. 그러니까 라캉은 2자 관계도 3각 관계라고 말하는 것입니다. 이것을 가능케 하는 요소는 −φ(상상적 팔루스)인데, 욕구할 때 채움을 주는 대상입니다. 그런데 2자 관계에 이미 개입하고 있는 팔루스는 아직 그 모습을 감추고 있습니다. 그래서 −φ라고 표기합니다. 그래서 −(마이너스)기호를 붙이는 겁니다. −φ는 눈에 보이지 않습니다. 아이와 어머니 사이에 있으면서 둘의 동일성을 만들어 주는 대상입니다. −φ는 '됨의 정체화'를 가능케 하는 대상입니다. 이것이 허구적이라는 것이 판명되면 '가짐의 정체화'로 진행됩니다. 우리가 지금 이 대상을 거론하는 것은 키덜트를 이해하기 위해서입니다.

'도식 L'로 보는 '키덜트'의 형성 과정

앞서 '거울그림'을 보면서 주체의 형성 과정에 대해 살펴보았습니다. 이제 여기서는 '도식 L'로 보는 '키덜트'의 형

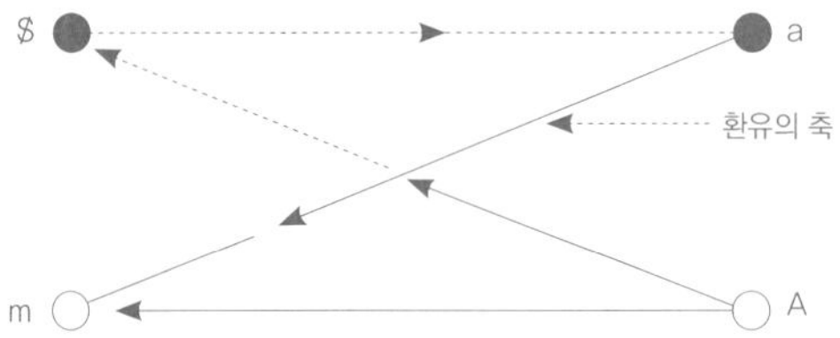

〈'도식 L'로 보는 키덜트의 형성과정〉

성 과정을 보도록 하겠습니다. '도식 L'은 라캉이 에드가 앨런 포의 『도둑맞은 편지(*The Purloined Letter, La lettre volée*)』를 분석할 때 제시했다고 해서 '도식 L(Schéma L, 쉐마 엘)'이라고 부릅니다. 또한 생긴 모양이 Z 같아서 '도식 Z'라고도 부릅니다. 이 도식에는 네 개의 기호가 나옵니다: a M A $.

'도식 L'은 거울그림과 연관이 있습니다. '거울그림'이 프로이트의 욕동의 이원성을 설명하기에 좋다면, '도식 L'은 '거울그림'보다 라캉의 사유를 파악하는 데 있어서 더 용이하다고 볼 수 있습니다. '거울그림'이 프로이트의 『과학적 심리학 초고』(1895)와 『꿈의 해석』(1900), 「나르시시즘 입문」(1914), 『쾌락원칙을 넘어서』(1920)를 정리한 세미나 1(1953-54)에서 완성되었다면, '도식 L'은 세미나 2가 진행되던 1955년 2월에 제시되었습니다. '거울그림'이 실재, 상상적인 것, 상징적인 것을 표현한다면, '도식 L'는 실재, 상상적인 축과 상징적인 축, 환상의 축을 표현합니다. 이런 점에서 볼 때, '거울그림'과 '도식 L'은 유사한 면이 많습니다. 하지만 그 형태는 매우 다릅니다.

'도식 L'에서 a는 부분 대상인데, '실재'의 한 부분을 의미합니다. 포괄적인 면에서 실재가 아니라 좁은 의미에서 실재, 자아가 상대하는 대상을 지칭합니다. A는 기표의 합입니다. 그러니까 주체가 갖고 있는 기표들의 덩어리 또는 주체를 재현하는 기표들의 총체입니다. a와 A의 거리는 실재와 그 실재의 기표의 거리입니다. 부분 대상(a)은 자아(M)와 대면하고, 기표의 합(A)은 무의식의 주체(S̸)를 향합니다. 'a-M'은 '환유의 축'이고, 'A-S̸'는 '은유의 축'입니다. 라캉은 자아와 주체로 분열되는 마음을 세미나 1에서 '거울그림'의 진화 과정을 통해 설명한 후, 세미나 2에서 '도식 L'을 통해 설명합니다. 어찌 보면 동일한 설명인 듯하지만 '도식 L'는 세미나 1 말미에서 제기한 '말' '기표론'을 환유의 축과 은유의 축으로 표현하고 있습니다. 그리고 향후 환상의 방정식 또는 환상의 논리(S̸◇a)로 표현될 S̸와 a의 관계도 담고 있습니다.

보통 '아이와 같은 감성과 취향을 가진 어른'을 두고 키덜트라고 한다면, 이 말에는 어른은 아이와는 다른 감성과 취향을 갖는다는 인식이 들어 있습니다. 이런 인식에 대해 어떻게 질문해야 좋을까요? 가령, 왜 어른은 아이와는 다른 감성과 취향을 가지게 되었을까요? 이렇게 질문해야 할까요? 아니면, 어쩌다 어른은 아이가 갖고 있는 감성과 취향을 잃어버렸을까요? 이렇게 질문을 해야 할까요? '거울그림'이나 '도식 L'은 아이가 성장해 가는 시간적 흐름을 담고 있습니다. 이 흐름 속에서 아이가 어른으로 성장해 가면서 얻게 되는 성격도 나옵니다.

떼를 쓰는 아이와 떼를 쓰지 않는 애늙은이 키덜트

우리 각자가 어른이 된 지금의 성격과 아이였을 때의 성격을 비교해 본다면 어떻게 정리할 수 있을까요? 우리말에 '어린아이 같다' 혹은 '어른스럽다'는 말이 있습니다. 요즘 TV 프로그램의 이름에 「어쩌다 어른」도 있습니다. '어린아이 같다'는 말은 아주 천진난만하다는 의미도 갖고, 철이 없다는 의미도 갖습니다. '어른스럽다'는 말은 아이의 떼를 벗었다는 의미를 갖습니다. 그러나 이런 표현이 어떤 대상에게 사용되느냐에 따라 그 의미는 달라집니다. 가령, '그 아이는 행동이 어른스럽다'라고 할 때는 아이가 아이의 떼를 벗었다는 말을 의미합니다. 그러나 이 말을 '아이가 철이 들었다'는 말로 대신하지는 않는 듯합니다. '떼'라는 것은 부당한 요구나 청을 들어 달라고 고집하는 짓을 일컫는데, 잘 안 될 일을 무리하게 기어이 해내려는 고집을 의미하는 억지와 유사한 단어입니다. 아이가 떼를 부려야 할 시기나 상황에서 떼를 부리지 않을 때 철이 든 아이라고 말하지는 않는 듯합니다. 오히려 '애늙은이'라고 말합니다.

우리말의 이러한 의미와 연관해서 키덜트를 생각해 보면, 어떻게 이해할 수 있겠습니까? 아이가 떼를 써 보지도 못했거나, 아이가 떼를 써서 자신이 원하는 것을 요청해 보았거나, 아이가 떼를 써서 원하는 것에는 미치지 못한 어떤 것을 가져 보았거나 등 여러

면에서 이해할 수 있을 것입니다.

떼를 쓰지 않는 아이를 어떻게 이해할 수 있겠습니까? 기질적으로 이해한다면, 부모 중 한쪽을 닮아서 그렇다고 말할 수 있을 것입니다. 아니면 부모와 닮은 데가 없고 단지 아이의 기가 약해서 그렇다고 말할 수도 있을 것입니다. 부모 입장에서는 떼를 쓰지 않는 아이가 성가시지 않아서 좋을 수는 있을 것입니다만 아이의 입장에서는 왜 그렇게 하는지 할 말이 분명히 있을 것입니다. 우리가 '애늙은이'라는 의미의 성격이 형성되는 과정을 파악해 보면, 그 아이가 말하고 싶었던 것을 들을 수 있을 것입니다. 반면에 우리는 떼를 쓰는 아이를 흔히 보게 됩니다. 떼를 쓰는 아이는 자신의 욕구, 요구, 욕망을 마음껏 드러내는 아이라고 볼 수 있습니다. 그런데 그렇다고 아이가 욕구하고 요구하고 욕망하는 게 다 채워진다는 말은 아닙니다. 채워지지 않을지라도 보채는 것 자체가 하나의 중요한 행위라고 보입니다.

떼를 쓰지 않으나 떼를 쓰는 과정을 거친 아이가 어른이 되어 욕구하고 요구하고 욕망할 것을 갖게 될 조건을 갖추게 된다면 어떤 삶을 살게 될까 하는 것이 바로 키덜트 논의라고 생각됩니다. 우리나라는 한국전쟁 이후 두 세대 만에 산업화·민주화·정보화를 이뤄 내었습니다. 이런 시기를 보내면서 각 단계의 주역은 조금씩 달랐다고 볼 수 있습니다. 산업화의 주역과 민주화의 주역이 달랐고, 민주화의 주역과 정보화의 주역이 달랐습니다. 그 시기를 아이로 보낸 분들은 '욕구·요구·욕망' 했던 것을 만끽하지는 못했습니다. 그렇기 때문에 욕구충족을 위해 떼는 써 보았지만 실제로 욕구가 충족되지 못한 아쉬움을 갖고 있을 것입니다. 어른이 된 다음, 그 아쉬움은 소비의 항목이 되어 시장의 다양화로 이어졌을 것입니다.

가령, 예전에는 검정 고무줄 하나면 여러 아이들이 놀 수 있었습니다. 골목이나 운동장에서 심심찮게 했던 고무줄 놀이는 노래에 맞추어 고무줄을 발목에 걸어 넘는 놀이인데, 초등학교 여자 아이들이 즐겨 했습니다. 이때 간혹 남자아이 중에서 고무줄을 끊고 도망가는 아이도 있었습니다. 그 당시는 이 고무줄 하나를 갖고자 떼를 쓰는 것도 과분할 수 있던 시절이었습니다. 요즘에는 이렇게 고무줄을 가지고 노는 아이들은 거의 없을 것입니다. 놀이 문화가 변하여 고무줄 대신 플레이스테이션이나 드론, VR 같은 여러 다른 기구들이 그 자리를 차지하였습니다. 논다는 의미에서, 그리고 운동한다는 의미에서 여러 가지 기구가 고안되어 판매되고 있습니다. 예전에는 고무줄이나 축구공 등이 아이들이 부모에게 보채는 물건 가운데 하나였다면, 요즘은 보채는 대상이 매우 다양해졌습니다. 이처럼 보채는 대상이 조금씩 바뀌어 왔습니다만 보챈다는 것, 떼를 쓴다는 것은 계속되고 있습니다.

황명걸 시인은 「韓國의 아이」에서 떼를 쓰는 아이를 이렇게 표현했습니다.

배가 고파 우는 아이야
울다 지쳐 잠든 아이야

장난감이 없어 보채는 아이야
보채다 돌멩이를 갖고 노는 아이야
네 어머니는 젖가슴이 모자랐단다
네 아비는 벌이가 시원치 않았단다.
…
가지고 노는 돌멩이로
미운 놈의 이마빡을 깔 줄 알고
정교한 조각을 쪼을 줄 알고
하나의 성을 쌓아 올리도록 하여라
맑은 눈빛의 아이야
빛나는 눈빛의 아이야
불타는 눈빛의 아이야"

시인이 말하는 아이는 참 어려운 시대에 태어나 부모를 일찍 여의고 힘겹게 살았습니다. 떼를 참 많이 썼던 아이였습니다. 아무리 떼를 써도 원하는 것이 채워질 수 없는 상황이었습니다. 놀거리라고는 돌멩이뿐이었던 암울한 시기였습니다. 시인은 이 아이에게 그 돌멩이로 미운 놈 이마도 까고, 정교한 조각도 하고, 성도 쌓으라고 격려합니다. 아이가 가지고 노는 돌멩이는 어떤 때는 장난감 무기가 되고, 어떤 때는 예술품을 만드는 도구가 되고, 또 어떤 때는 건축에 필요한 자재가 되기도 했을 겁니다. 아이가 아이였을 때 갖고 싶었으나 갖지 못했던 것은 아이가 가지고 놀았던 돌멩이가 기억하고 있을 것입니다. 아이가 커서 어른이 되어 재화를 갖게 되면서부터 그 돌멩이에 담긴 염원이 현실적인 대상으로 재현되고, 수집 대상이나 구입 대상이 될 것입니다. 어른이 된 아이는 어떤 장난감, 어떤 도구나 자재에 관심을 두고, 그것을 구매하거나 할 것입니다. 우리가 키덜트라고 말하는 것은 이런 것과 연관이 있을 것입니다. 우리가 계속해서 말해 왔던 구멍과 관련해서 말하자면, 돌멩이로 메웠던 그 구멍에 돌멩이를 대체하는 대상이 온 것입니다. 그 대상과 주체의 관계가 일반적인 사람들의 모습과는 좀 다를 때, 우리는 키덜트라고 부르는 듯합니다. 키덜트는 수집하는 대상의 성격, 규모나 방식에서 남다르고, 하나의 장르를 이루기도 합니다. 베이비 붐 세대(The baby boom)를 전후로 한 시기는 역사적으로나 경제적으로나 문화적으로 급변의 시기였습니다. 오늘날 우리 사회가 직면하는 노인에 관한 담론은 이런 맥락에서 이해되면 좋을 것이라고 생각합니다.

키덜트와 임상 구조

앞서 설명했듯이 라캉의 이론은 구멍과의 싸움입니다. 구멍이 생겨야 상징계로 진입하는데, 구멍이 안 생기면 psychotic 상태로 남습니다. psychotic을 해소하기 위해서는 구멍을 만들어 줘야 하는데, 구멍을 만들어 주기 위해서는 언어의 세계로 주체를 불러내야 합니다. 일단 구멍이 만들어지면 그것을 임시로 막아야 됩니다. 구멍을 막는 대상이 '팔루스'일 수도 있고, 말일 수도 있고, '오브제 아'일 수도 있습니다. 아이가 보챈다는 것, 떼를 쓴다는 것은 욕구하는 것이고, 요구하는 것이고, 욕망하는 것인데, 이 과정에서 결여가 생기고, 그 구멍을 대상이나 말로 채우게 됩니다. 그런데 떼를 쓰는 과정에서 구멍이 생기지 않을 수도 있습니다. 욕구하고 요구는 하지만 욕망을 하지 못할 수도 있습니다. 욕망 없는 기관이 있다는 겁니다. 내가 원하는 것(보채고 떼쓰는 것)을 욕구나 요구로 다 채움받았다고 생각하는 겁니다. 그런데 언젠가는 그것이 채워진 것이 아니라는 걸 알게 됩니다. 뒤늦게 알게 된 사실로 인해 그것을 채워 보고자 하는 겁니다. 이때 퇴행이 일어날 수 있습니다. 채움받지 못했던 시기로 돌아가서 다시 채움받고자 하는 것입니다. 그 시기로 돌아간다는 것은 과거로 돌아가는 것이 아닙니다. 현재의 한 부분으로 돌아가는 겁니다. 그 한 부분에서 발생하는 것이 채움의 사건입니다. 이 사건은 현재적입니다. 과거에 채움받지 못한 것을 현재 실현하는 겁니다.

이전의 한국 건축은 요즘의 건축과 비교해 볼 때, 여러 면에서 다릅니다. 서민들은 조그마한 방에 모여 살았습니다. 하지만 제대로 갖추고 살던 사람들의 집은 좀 달랐습니다. 가령, 아이가 일곱 살이 되면 사랑채로 보내어 살게 했습니다. 부모로부터 떨어져 사는 겁니다. 부모님에 대한 호칭도 '어머니, 아버지'로 바꾸게 했다고 합니다. 미운 일곱 살 짓을 해서 분리했는지는 잘 모르지만 이렇게 분리할 수 있는 공간이 있었습니다. 물론 이런 공간을 갖지 못한 서민 아이들이 이런 시설 속에서 자란 아이보다 못한 삶을 살았다고 말하는 것은 아닙니다. 환경이나 문화가 다른 양육 방식이 있었다는 것을 언급하고자 하는 것입니다. 이런 차이가 어떤 결과로 나타나는지에 관해서는 연구가 더 필요해 보입니다. 요즘 주택 구조에서도 이전과 같은 일은 반복됩니다. 공간의 분리가 되어 있는 주거 환경도 있고 그렇지 않은 곳도 있습니다. 공간의 분리는 시간의 분리만큼이나 인간의 정신 형성에 큰 영향을 끼칩니다. 우리나라에서 산업화, 도시화가 진행되면서 아파트식 가옥이 대세를 이루고 있습니다. 건축가들이 이런 구조의 가옥을 디자인하게 된 배경은 다양하겠지만 혹시 공간 분리에 대한 장애 때문은 아닐까 생각해 볼 수도 있습니다. 한국전쟁 이후 산업화를 거치면서 보채고 떼썼던 세대가 가졌던 트라우마, 거기서 파생된 구멍 때문에 분리가 최소화되는 가옥을 선호하게 된 것은 아닐까 생각을 해 보게 됩니다. 혹시나 그렇다면 현재 우리가 거주하는 일반적인 가옥 구조는 키덜트에 속하는 세대의 오브제가 아닐까 생각하게 됩니다.

욕망이 생기느냐 생기지 않느냐, 욕망에 구멍이 생기느냐 생기지 않느냐, 구멍이 생긴다면 그것을 어떻게 해결하겠습니까? 직접적으로 채울 수 있는 건 그리 많지 않습니다. 채우더라도 간접적으로 채우게 됩니다. 공상을 한다든지, 놀이를 한다든지, 예술 작품 감상이나 만들기를 한다든지, 만화를 본다든지, 영화를 본다든지, 친구와 이야기를 한다든지, 다른 대체 대상을 찾는다든지 등 여러 방식이 등장합니다. 실재 대상으로 만족을 얻으려면 사회면에 실리는 사건이 될 수 있을 것입니다. 좋은 방향에서 환상을 하거나 놀이를 해서 대상을 갖게 된다면, 상징질서 내에서 큰 무리 없이 채움받을 것입니다. 하지만 그것이 집착이 되거나 분리되지 않는다면, 중독이라는 구조에 들어가게 될 것입니다. 이런 얘기가 뜬구름 같은 이야기 같지만, 내담자의 이야기를 들어 보거나 상담 사례를 접해 보면 그 구조가 드러납니다.

'거울그림'과 '도식 L'은 이런 담론을 담고 있습니다. 여러분에게 어떤 것에 대한 욕망이 가장 절실합니까? 세계 평화입니까? 기후 문제입니까? 돈을 많이 버는 것입니까? 프로이트와 라캉식 정신분석에서 '욕망'은 상징질서 테두리 내에서 이루어지는 것을 의미합니다. 실재질서 테두리 내에서 이루어질 때는 '환상'이라고 말하고, 상상질서에서는 '망상'이라고 말합니다. 가령, 기후와 관련된 욕망에 관해 이야기해 봅시다. 최근에 우리나라는 여러 환경 요소로 인해 고통을 받고 있습니다. 봄에는 미세먼지 때문에 고생하고, 여름에는 심한 가뭄 또는 집중 호우를 겪고 있습니다. 이런 상황에서는 좋은 공기를 마시고, 따뜻한 햇살을 받으면서 물이 가득한 호수 주위를 산책하고자 하는 욕망이 절실합니다. 하지만 그것이 불가능할 때가 있습니다. 미세먼지가 많은 날이나 가뭄이 계속되고 호수의 물이 말라 버린 상황에서는 욕망을 채울 수 없습니다. 공기가 나쁜 날에 산책을 할 경우에는 호흡기 증상 등이 발생할 수 있기 때문에 욕망을 포기할 수밖에 없습니다. 그렇다면 좌절된 욕망을 어떻게 보상받을까요? 망상이나 환상을 통해 간접적으로 실현할 수 있을 것입니다. 이런 것을 통해 실재질서로서의 자연 질서와 상상질서로서의 자연현상의 질서를 돌아보게 되고, 상징질서로서의 자연현실 질서에 관심을 갖게 될 것입니다.

현재 키덜트는 이러한 상황 가운데서 대상을 추구하고 있습니다. 어떤 키덜트는 욕망을 실현하는 데 중점을 둘 것이고, 어떤 키덜트는 환상을 실현하는 데, 어떤 키덜트는 상상을 실현하는 데 치중할 것입니다. 키덜트는 임상의 세 구조 가운데 하나에 속하거나 동시에 여러 구조에 속할 것입니다. 이러한 임상 구조는 다른 사람의 경우에도 동일합니다. 어느 하나에 속하든지 여러 구조에 속하든지(이를 경계성 장애라고 부릅니다) 할 것입니다.

프로이트의 사례 가운데 취침의례에 관한 것이 있습니다. 잠이란 것은 사람이 살아가는데 매우 중요합니다. 다른 증상도 사람에게 고통을 주지만 잠을 방해받는 증상도 사람에게 큰 고통을 줍니다. 그래서 이런 증상을 갖고 있는 사람들에게 잠에 대한 욕망은 매우 절실합니다. 잠을 잘 자지 못하는 것이 증상 때문일 경우 그 원인을 찾아서 해결할 수 있지만, 현실의 조건 때문에 발생한다면 그것은 어떻게 해결할 수 있을까요? 가령, 경기도에서는 교육감이 학생들의 등교시간을 9시로 정하면서 학생들이 충분한 잠을 잘 수 있는 여건을 마련했습니다. 물론 한국 사회의 경쟁교육 체제에서 볼 때 할 말이 많겠지만, 잠을 잘 수 있는 욕망을 행정제도의 개선으로 달성한 사례라고 볼 수 있습니다. 이렇게 잠을 자고자 하는 욕망은 상징질서의 변화를 통해 획득할 수 있습니다. 그렇다면 실재질서에서의 잠과 상상질서에서의 잠은 어떻게 될까요? 이 부분은 상징질서에서의 잠이 충족되어도 여전히 계속될 것입니다.

도식 L과 언어의 두 축, 의미 작용과 두 대상 (팔루스와 오브제 아)

사람의 정신에 구멍이 생기는 것은 주체가 상상질서를 거쳐 상징질서에 들어가면서 실재와 분리될 때입니다. 말의 육화(肉化)라는 것은 말이 몸(실재)과 연결된다는 것을 의미합니다. 말의 육화 때 기표의 불일치가 생깁니다. 이 지점에서 매듭이 생기는데, 그 매듭을 설명한 것이 '도식 L'입니다. '도식 L'은 언어활동처럼 짜인 무의식을 보여 줍니다. '도식 L'은 무의식의 구조가 환유의 축과 은유의 축의 교차로 구조화되었다는 것을 보여 줍니다. 이 구조를 잘 보려면 '도식 L'을 오른쪽으로 45° 회전하면 됩니다. 이렇게 하면, 야콥슨이 말한 환유의 축과 은유의 축이 나옵니다.

환유의 축과 은유의 축이 만나는 지점에서 의미가 생기는데 이게 바로 무의식이 언어활동처럼 짜인다는 것이지 않습니까? 이 지점의 특성은 상상적(도착적)이고 상징적(신경증적)이고 실재적

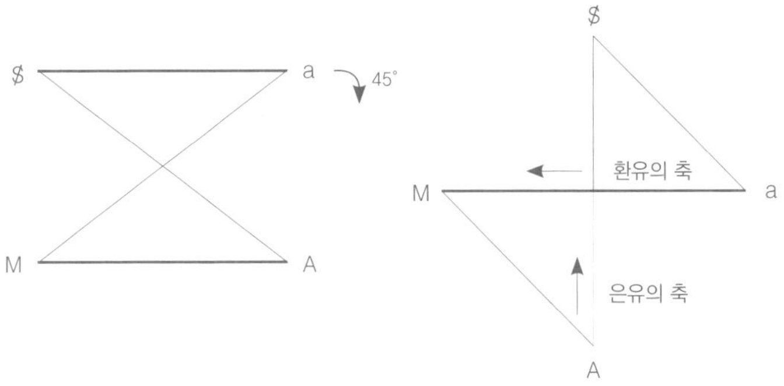

(망상적 또는 환상적)입니다. 왜냐하면 각 지점은 구멍이기 때문에 그 구멍은 임상 구조가 갖는 특성을 갖습니다. 언어의 세계로 들어왔다는 것은 근본적으로 구멍이 있다는 겁니다. 그래서 언어활동처럼 짜인 무의식에는 구멍이 있다는 겁니다. 그렇기에 사전에는 하나의 단어에 여러 의미가 담겨 있는 것입니다. 하나의 단어에 하나의 뜻이 담겨 있지 않다는 것은 그 단어가 구멍을 갖고 있기에 다른 의미를 가질 수 있는 여지가 있음을 보여 줍니다. 시대가 변함에 따라 그 단어를 설명하는 해설 또한 변하게 됩니다. 심지어 하나의 단어가 정반대의 의미를 지니기도 합니다. 언어활동은 팔루스적인 특성을 가지면서도 오브제 아적인 특성을 갖습니다. 즉, 하나의 단어가 사물과의 관계를 완전하게 성취하는 듯하면서도 그 관계를 성취하지 못하는 겁니다. 의미를 완성하여 닫는 것은 팔루스이고 의미의 결여를 보임으로 여는 것은 오브제 아입니다. 팔루스로 표시되는 대상이 구멍의 결여를 채웠다고 생각하지만 오브제 아로 표시되는 대상이 다시 구멍의 결여를 드러내는 겁니다. 팔루스와 오브제 아로

표현되는 대상의 작용은 마름모로 표현하는데, 마름모는 〈, 〉, ∧, ∨의 의미를 갖습니다.

거꾸로 된 8과 선 밖의 점

마름모는 환상을 설명하는 라캉의 방식입니다. 마름모를 이해하시려면, 라캉이 고안한 '거꾸로 된 8'을 좀 이해하셔야 합니다.

'거꾸로 된 8'은 뫼비우스의 띠보다 더 많은 것을 설명해 줍니다. 특히, '거꾸로 된 8'은 뫼비우스의 띠가 갖지 않는 구멍을 명확하게 보여 줍니다. 이 둘을 좀 비교하자면 이렇습니다. 뫼비우스의 띠가 뒤틀린 하나의 원이라면, 라캉의 '거꾸로 된 8'은 두 개의 원입니다. 각 원은 몸과 정신을 지칭한다고 볼 수 있습니다. 라캉은 뫼비우스의 띠를 이용하여 몸과 정신을 연결했던 적이 있었는데, 이제

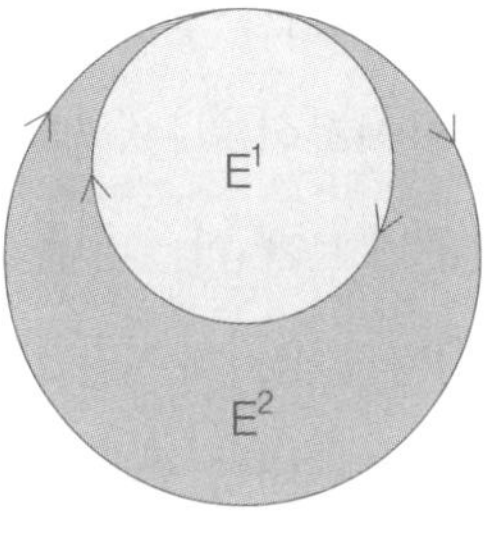

부터는 자신의 '거꾸로 된 8'을 이용하여 몸과 정신의 연결을 설명합니다. '거꾸로 된 8'에는 몸과 정신이 분열되어 있다거나 불일치한다는 전제가 깔려 있습니다. 이것은 '거꾸로 된 8'이 보여 주는 특성입니다. 이는 프로이트가 말한 '자아 분열'과도 연관됩니다. 여기서 중요한 것은 8자의 위의 '작은 원(두 원 중 내부의 원)'이 갖는 의미인데, 내부의 작은 원이 밖의 큰 원에 포함되지 않는다는 것입니다. 작은 원이 중요한 의미를 지닌다는 측면에서 8자의 안으로 들어간 작은 원(E^1)이 '거꾸로 된 8'의 본질적인 성격을 갖고 있다고 볼 수 있습니다.

라캉이 '내부의 8' '내부의 동그라미'라고 표현하는 안의 작은 원이 바로 '거꾸로 된 8'의 특성을 드러냅니다. '내부의 8'은 '또는 … 또는'의 합(合)의 작동에도 기여하지 않고, '그리고'의 교(交)의 작동에도 기여하지 않고, 외부의 동그라미도 반영하지 않습니다. 이것은 '대칭적 다름' '차(差)'에 해당합니다. 이것이 보여 주고자 하는 것은 바로 자아 분열, 주체 분열입니다. 즉, 내부의 동그라미 자신을 포함하는 내부 원(E^1)과 내부의 동그라미를 포함하지 않는 외부 원(E^2)이 있는데, 밖의 동그라미(E^2)는 어떠한 시도에도 안의 동그라미(E^1)를 함몰시키거나 합병시킬 수 없습니다. 밖의 동그라미가 안의 동그라미를 병합시키지는 못한다고 해도 외부의 동그라미 선은 내부의 동그라미 선에 연장됩니다. 이렇게 라캉의 '거꾸로 된 8'을 따라가 보면, 뫼비우스의 띠를 따라갈 때처럼, 계속해서 회전하게 됩니다. 반복이 재현되는 겁니다. 그러나 라캉의 '거꾸로 된 8'이 뫼비우스의 것과 다른 점은 내부의 원이 외부의 원에 포함되지 않음을 나타내는 형식을 갖는다는 것입니다. 여기서 내부의 원은 하나의 구멍이 되는데, 이것은 결여, 분열 등을 보여 줍니다. 뫼비우스의 띠가 영속되는 회전을 말하지만, 결여를 말하지 못하는 것과는 달리, 라캉의 '거꾸로 된 8'은 결여를 나타내어 보여 줍니다. E^2에서 배제된 E^1 또는 E^2를 받아들이지 않는 E^1은 언제나 구멍 상태로 존재합니다. 여기에 라캉 사유의 본질적인 측면이 존재합니다.

라캉은 E^2과 E^1의 교차점을 '비지점(非地點)' '경계(Limite)'라 하고, 이 경계를 '다름의 자동성'이라고 부릅니다. 그러니까 'E^2' 'E^1' '경계(Limite)' 셋을 고려해야 합니다. '다름'이나 '차이'는 기표에 관한 것입니다. 즉 의식과 무의식에 이중 기입되는 기표에 관한 것입니다. E^2와 E^1이 만나는 지점의 본성은 E^1이 비어 있다는 것, 즉 E^1이 E^2로부터 소외되어 있다는 것인데, 그래서 라캉은 이 경계를 '자신을 취하고, 자신에게 정체화되지만, 자기 자신은 전체(E^2)로부터 소외되는 것'이라고 말합니다. 이 경계는 열리는 순간 닫히고, 잘리는 순간 봉합됩니다. E^2과 E^1 사이에는 E^1이 가진 구멍으로 인하여 완전한 일치, 합한 만남은 이루어질 수 없습니다. 그 특성이 경계에 반영되는 것입니다. 그래서 라캉에 관한 '입문'을 저술한 조엘 도르는 이 경계점을 '선 밖의 점'이라는 역설적 문구로 표현합니다. 점(點)은 0차원이고, 0차원의 점이 모여서 1차원의 선(線)이 되는데, 1차원의 선 밖에 점이 존재할 가능성은 없습니다. 1차원의 선 위에 점이 있다고 한다면, 그것은 선 안의 점, 선 위의 점이 될 수 있겠으나, 1차원의 선 밖에 점이 있다고 할 때, 그것은 선 안의 점, 선 위의 점도 아닙니다. 그래서 '선 밖의 점'은 불가능성을 표현한 것으로 볼 수 있습니다. 이 불가능성은 상징질서에서의 욕망의 불가능 또는 상상질서에서의 망상의 불가능이지 실재질서에서의 환상의 불가능은 아닙니다. 즉, 실재질서의 환상에서는 가능한 정신작용이라는 것입니다.

환상의 대상과 키덜트

라캉은 E^2과 E^1의 교차점을 크로스-캡(Cross-cap) 또는 마름모(Poinçon)를 이용하여 설명합니다. 언어가 아니라 수학기호로 설명합니다. 마름모꼴 기호 ◇은 ∧, ∨, 〈, 〉 또는 △, ▽, ◁, ▷를 결합하여 얻을 수 있는 모양입니다. 여기서 각 기호는 의식과 무의식, 주체와 대타자, 요구와 욕망 등을 지시합니다. 이 마름모는 '도식 L'에서 찾을 수 있습니다.

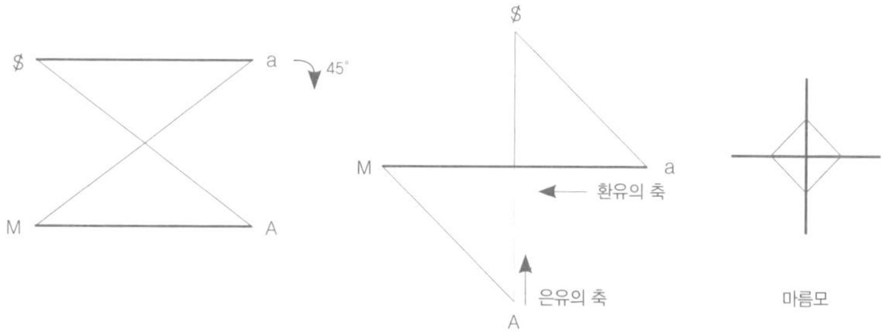

앞서 계속해서 보았듯이, 주체(S)는 대타자(A)로부터 오는, 사라지는 시니피앙의 결과이기에, 주체는 '선 밖의 점'에 자신의 흔적을 남기지 않고 지나가지만, 그 지나간 자취는 없어지지 않습니다. 즉, 주체와 대타자 사이에는 '오브제 *a*'인 *a*가 남는다. 이 *a*는 바로 '선 밖의 점'에 있습니다. 라캉은 이를 다음의 그림으로 표현합니다. 여기서 *a*가 거하는 지점은 앞서 본 '거꾸로 된 8'의 작은 원(E') '안'입니다.

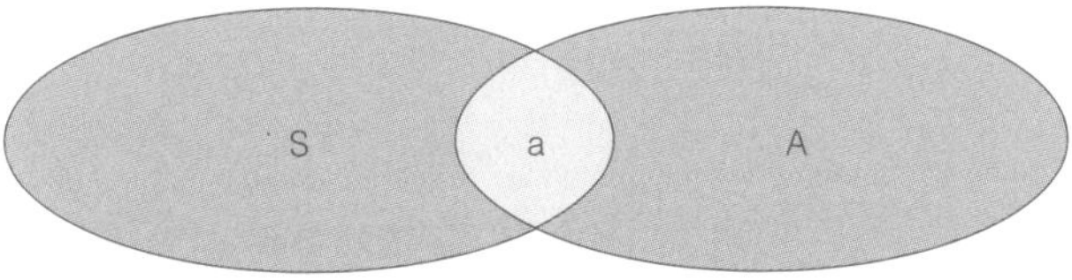

이 그림은 분석가와 분석수행자의 위치를 보여 줍니다. 우리가 키덜트를 분석수행자의 자리에 놓는다면 키덜트의 욕망과 환상을 이야기할 수 있습니다.

S	a	A
분석수행자	욕망/불안	분석가

분석가는 '욕망 없는 기관차로서 분석수행자'가 욕망하도록 구멍을 뚫어 주어야 하되, 무엇을 욕망하게 할 것인지, 구멍의 성

격을 알려 주어야 됩니다. 분석수행자와 분석가가 공유하는 오브제 아는 욕망의 대상, 욕망을 일으키는 대상입니다. 또한 이 대상은 환상의 대상이기도 합니다. 분석가는 분석상황에서 분석수행자에게 타자입니다. 그러기에 분석가의 욕망은 분석수행자에게 타자의 욕망이고, 분석수행자의 욕망은 마찬가지로 분석가에게 타자의 욕망입니다. 이처럼 타자의 욕망을 욕망하게 됩니다. 그걸 위해 분석수행자는 분석가에게 옵니다. 이때 욕망의 대상이 갖는 성격은 환상적인 것입니다. 라캉은 이 관계를 환상의 방정식이라고 불렀고 표시는 S◇*a* 라고 했습니다. 여기서 대상 *a*의 성격은 사회적인 욕망의 대상입니다. 좀 전에 '잠'에 대해서 살펴보았는데, 상징질서에서의 잠과 실재질서에서의 잠, 상상질서에서의 잠을 구분하여 생각할 때, 상징질서에서의 잠만 해결한다고 잠에 관해서 문제를 해결했다고 할 수는 없을 것입니다. 상징질서에서의 수면 문제를 해결하기 위해서는 다른 두 질서에서의 수면 이해에도 변화가 있어야 할 것입니다.

늑대의 기표와 실재의 늑대

'도식 L'에서 보면, 'a-M'은 환유의 기표 고리, 상상계의 축이고, 'A-$'는 은유의 기표 고리, 상징계의 축입니다. '$-a-A'는 환상의 기표 고리, 실재의 축이라고 볼 수 있습니다. 'a-M-A'는 욕구의 구조, 요구의 구조를 보여 주고, 'A-$-a'는 욕망의 구조를 보여 주고, '$-a≠A'는 환상의 논리를 보여 줍니다. 여기서 a와 A 사이에는 연결선이 없습니다(≠). 그 이유는 a라는 부분대상을 기표로 표현할 수 없기 때문입니다. S(Ⱥ)는 '사랑의 문자(Lettres d'amour)'라고 읽는데, 이런 것을 라캉은 수학소(mathème)라고 하는데, 그 의미는 '기표로 표현될 수 없는 대타자' '구멍을 명명하는 것의 불가능성, 구멍의 항구성' 등입니다. 프로이트는 이것을 unbewuβt, Es라고 표현했고, 영역자는 unconscious, Id라고 번역했고, 프랑스에서는 inconscient, ça라고 번역했습니다. 말로 표현하기 어려운 것을 말로 표현해야만 하는 역설이 담겨 있습니다. 이런 식의 학문적 작업을 일컬어 중세 스콜라학에서는 부정의 방법, 부정의 길(via negative)이라고 불렀습니다.

부정의 방법이 신학에 적용되면, 부정의 신학이 됩니다. 중세 스콜라학의 목표는 신 존재 증명에 있었습니다. 신을 존재 증명하다는 것은 언어를 통해 하는 것인데, 실재는 언어로 표현하는 것입니다. 그래서 신을 존재 증명하는 도구인 언어를 연마해야 하는 필요성이 생기게 된 것입니다. 마치 연금술처럼, 언어를 연마하는 과정에서 긍정의 방법, 부정의 방법, 유비의 방법 등이 만들어졌습니다. 가령, 신을 설명할 때, 신은 모든 것을 알고, 신은 모든 것을 만들 수 있고, 신은 항상 깨어 있는 등 긍정술어로 신을 표현하는 것이 긍정의 방법입니다. 반면에 신은 취하지 않으며, 신은 잠자지 않으며, 신은 졸지도 않고, 신은 배고파하지도 않고, 신은 갈증도 느끼지 않는 등 부정술어로 신을 설명하는 것이 부정의 방법입니다. 이 두 방법 중에 어떤 방식으로 신의 존재를 증명하는 게 효율적이겠습니까? 긍정의 방법은 기표로 표현된 대타자로서의 신을 말하고자 하고, 부정의 방법은 기표로 표현될 수 없는 대타자로서의 신을 말하고자 합니다. 결국 이 두 방법은 실재로서의 신을 기표로 표현하는 문제를 다루고 있습니다. 이것은 우리가 어머니를 실재로서 알지 않고 기표로서 알고 있는 것과 같습니다. 또한 이것은 우리가 어떤 대상(실재)을 기표로서 인식하고 살고 있는 것과 같습니다.

그런데 그 기표가 제한적이라는 데 문제가 있습니다. 라캉이 든 예를 보면, 'Forgeon est forgeon'(포흐지옹 에 포흐지옹)이라는 것이 있습니다. 이 문장은 글씨로 썼을 때는 대문자와 소문자 차이가 있어서 의미를 알 수 있지만 말로 들었을 때는 차이가 없습니다. 프랑스어에서 forgeon은 석수(石手)입니다. 이 점을 감안하여 우리말로 번역하면 '석 씨는 석 씨다' '석 씨는 석수다' '석수는 석 씨다' 등으로 이해할 수 있습니다. 대문자 Forgeon이 사람을 지칭한다면 '석 씨는 석수다'가 될 것입니다. 반대로 'forgeon est Forgeon'은 '석수는 석 씨다'가 될 것입니다. 이처럼 기표는 상징질서에서 약속에 따라 그 의미가 소통됩니다. 그런데 상징질서를 벗어나는 실재질서(사물질서, 대상질서)도 이런 방식으로 소통될 수 있을까요? 이것이 신에 관한 논의에도 적용됩니다. 그렇기에 장님 코끼리 다리 만지는 격이 될 수 있는 겁니다. 그렇다고 다른 방안이 있는 것이 아닙니다. 긍정의 방법과 부정의 방법을 통합한 것이 유비의 방법인데, 이 방법은 기표의 이러한 제약을 인정하는 가운데 진행됩니다. 즉, 기표가 의도하는 것은 맞지만 기표가 의도하는 것을 표현하는 기표 자체는 한계가 있다는 것을 인정하는 것입니다.

이런 논의가 정신분석에서 다뤄지는 이유는 무엇일까요? 그 이유는 내담자가 하는 말을 이해하기 위해서입니다. 내담자가 말하는 기표가 갖는 의미가 어떤 과정을 통해 형성되었으며, 그것이 의미하는 바를 이해하기 위해서입니다. 즉, 그 기표가 상담자가 갖고 있는 사전적인 뜻이냐, 아니면 내담자가 가지고 있는 사전적인 뜻이냐 등을 파악하기 위해서입니다. 가령, super는 '초(超)'라는 의미인데, 긍정의 방법으로 볼 때는 긍정의 극치로서의 '초'일 수 있지만, 긍정의 극치로서의 '초'를 벗어나면 그냥 빈 상태(虛)를 의미하게 됩니다. 즉, 인간이 갖고 있는 기표와는 상관이 없는 상태를 일컫는 것입니다. 가령, 프로이트가 제시한 늑대인간이라는 사례가 있는데, 프로이트는 어떤 내담자의 문제를 '늑대'라고 하는 기표를 중심으로 풀고자 했습니다. 내담자가 말하는 늑대는 동물사전에서 찾을 수 있는 늑대가 아닙니다. 그렇기에 프로이트가 알고 있는 그런 늑대가 아닙니다. 그렇기에 그것이 의미하는 바가 무엇이며, 그것이 내담자와 어떤 관계가 있는지 살피게 된 것입니다. 내담자는 늑대 그림을 그리기는 했으나, 늑대 형상을 사 모으거나 실제 늑대를 사육하거나 무서워하지는 않았습니다. 우리가 논의하고 있는 키덜트의 범주와는 좀 다르긴 하지만, 내담자 스스로가 늑대 형상을 그림(주로 나무 위에 앉은 5마리 늑대)으로 표현할 때는 증상이 완화되었다고 합니다. 늑대라는 기표는 내담자에게 S(Ⱥ), 즉 기표로 표현할 수 없는 것을 표현한 기표로 이해할 수 있습니다. 이 말은 늑대라는 기표가 환유의 축에 따른 기표, 환유의 기표 고리라는 것입니다. 라캉은 이것을 표시할 때 이렇게 했습니다.

환유의 기표 $f(S...S')S \cong S(-)s \cong \frac{S}{s}$

여기서 $\frac{S}{s}$는 기표(S)와 기의(s) 간의 관계를 보여 주는 가름막(—)을 의미하는데, 가름막이 기의(s)를 차단한다면 기표(S)만이 흐르게 됩니다. 이때 기표(S)는 긍정의 기표도, 부정의 기표도 아닌, 기의 없는 기표에 불가합니다. 내담자가 말하는 '늑대'일 뿐입니다. 그런데 이 기표(S)에 기의(s)가 결부되면서부터 '늑대'가 의미하는 바가 논의되기 시작합니다. 그것을 표시하는 것이 은유의 축에 따른 기표, 은유의 기표 고리입니다.

은유의 기표 $f(\frac{S'}{S}) \cong S(+)s \cong \frac{S}{s}$

가름막(—)이 있으면 환유의 기표 고리이고, 가름막(—)이 없으면 은유의 기표 고리인데, 가름막(—)의 있고 없음은 마름모의 열림과 닫힘에 해당한다고 볼 수 있고, '거꾸로 된 8'의 반복 운동과 연관됩니다. 내담자가 이야기할 때, 어떤 기표는 가름막에 막힌 기표이고, 어떤 기표는 가름막을 뚫고 나온 기표일 텐데, 내담자로 하여금 가름막을 뚫고 나오는 기표를 이야기하도록 하는 것은 상담자의 기술과도 연관됩니다.

'도식 L'에서 정신의 과정과 키덜트 산업 읽기

인간의 정신은 보고 듣고 냄새 맡고 맛보고 느끼는 것을 표현하려고 여러 도구를 이용합니다. 그 도구 가운데는 그냥 주어진 것도 있지만 대부분 인간이 고안한 것입니다. 그중 가장 보편적인 것이 이미지라고 볼 수 있습니다. 시각적인 감각과 아울러 청각적인 감각은 이미지 형태로 입수되어 정신에 반영되는데, 그것이 표현될 때 이미지 형태로 드러납니다. 후각과 미각 그리고 촉각도 입수될 때 이미지 형태를 띤다고 합니다. 이미지 형태로 실재를 받아들인다는 의미에서 라캉은 상상적인 것이라는 단계를 설정했습니다. 이렇게 입수된 이미지는 언어형태로 저장이 되는데, 언어는 이미지를 압축하는 효과가 있습니다. 이미지는 크기가 있고 색감이 있기 때문에 용량을 많이 차지합니다. 그러나 언어는 그렇지가 않습니다. 가령, 나무라고 할 때, 작은 나무도 있고 큰 나무도 있고, 그 색채도 나이에 따라, 계절에 따라 다양합니다. 그렇기에 나무를 정신에 저장하려면 꽤나 큰 용량을 가져야 하지만 언어를 사용하면 그것을 감소시킬 수 있습니다. 그냥 나무라고 하고, 그것을 수식하는 형용사나 부사를 붙이면 되는 것입니다. 이런 과정은 선사시대 사람들이 남긴 유적에서도 찾아볼 수 있습니다. 가령, 동굴의 벽화입니다. 거기에는 크기가 다른 채색된 이미지가 있습니다. 학자들은 이미지의 크기가 의미하는 바와 채색이 의미하는 바를 풀이합니다. 아직 언어가 없던 시기라 이미지 형태로 정신을 벽화에 투영한 것입니다. 그러다가 언어의 필요성을 느끼게 되었을 것이고, 이미지가 상징의 과정을 거치면서 언어 문자로 남게 되었을 것입니다. 이런 과정이 상징적인 것의 단계입니다. 상상적인 것과 상징적인 것의 과정은 실재를 표현하는 과정이었습니다. 그것은 인류 역사(문명)의 과정이기도 합니다. 이 과정은 다분히 계통발생입니다. 하지만 이 과정은 개체발생에서 반복됩니다. 참으로 오랜 세월동안 계통발생의 과정에서 형성된 것이 매우 짧은 개체발생의 과정에서 반복되는 것입니다. 이 반복은 인공적이지 않은, 아주 자연스러운 것처럼 보이지만, 거기에는 계통발생을 통해 습득한 노하우가 반영되어 있습니다. 다시 말해, 아이들의 정신 형성 과정에서 양육자의 역할이 있다는 것입니다. 이 양육 과정은 양육자의 몫이기도 하지만 상황이나 환경을 반영합니다. 그렇기에 아이의 정신에는 그런 것이 반영되는 것입니다. 키덜트는 이런 것을 반영한 어른이라고 볼 수 있습니다. 키덜트를 위한 산업이 형성되려면 다수의 독특한 키덜트가 있어야 합니다. 그렇기에 키덜트 산업은 국제적인 경우가 많습니다. 특정한 주제를 다루는 키덜트 시장 규모가 갖는 한계라고도 볼 수 있습니다. 그러나 보편적인 주제를 다루는 키덜트 산업은 곳곳에 내재되어 있습니다. 키덜트의 향수를 불러일으키면서 인간 정신의 보편성에 접근하고 있는 것입니다. 가령, 동굴에 그림을 그리는 행위와 가옥의 벽에 그림을 걸어 두려는 행위에서도 볼 수 있습니다. 그것이 오늘날의 예술산업, 예술자본주의를 이루고 있다고 볼 수 있습니다.

키덜트의 '실재질서 · 상상질서 · 상징질서' 구조

'키덜트'가 겨냥하는 대상의 성격은 어떠할까? 앞서 '거울그림'과 '도식 L'을 이용하여 키덕트의 형성 과정을 살펴보았는데, 키덜트와 대면하는 대상을 a로 표시했습니다. a는 외부의 실재대상이 내부로 들어오면서 생긴 부분대상입니다. 외부에서 내부로 들어온 a는 외부에 있는 타자의 욕구, 요구, 욕망을 담고 있기도 하고, 자아의 욕구나 요구, 욕망도 담고 있습니다. 나에게 타자의 요구를 성취하라고 할 때, 그것이 자신의 요구와 상충되면 어떻게 해야 할까요? 타자의 욕망(Désir de l'Autre)도 타자가 갖고 있는 욕망이라고 했는데, 타자가 욕망하는 것을 나에게 욕망하게 하는 것과 내가 욕망하는 것을 욕망하는 것이 상충되면 어떻게 해야 할까요? 내가 타자의 욕망에 예속된다는 것은 타자의 노예가 된다는 것이고, 그런 면에서 도착의 구조에 있게 되는 것입니다. 타자의 욕망을 성취하기 위해 내가 있게 되는 것입니다.

우리의 삶을 살펴봅시다. 가령, 어떤 사람이 산업화된 자본주의 사회에서 직장 생활을 한다고 합시다. 일정 시간에 출근하여 일정 시간에 퇴근을 합니다. 회사는 생산품을 얻기 위해 근로자의 노동을 빌리고, 어떤 분야에서는 근로자를 대신해서 로봇의 노동을 이용하기도 합니다. 4차 산업혁명 사회로 접어들면서 이러한 변화는 가속될 것으로 전망되고 있습니다. 이런 과정에서 인간은 자신이 하고자 하는 일과 회사에서 요구하는 일 사이에서 만족하기도 하고, 갈등하기도 합니다. 초기 산업사회에서는 회사에서 일을 하다가 볼 일이 있으면 집에 가기도 하고, 늦잠을 자고 싶으면 늦게 일어나 회사에 오기도 했습니다. 사회가 발전하면서 회사는 이런 근로자에게 통제를 가했고, 근로자는 일을 그만두거나 그 통제에 따라야 했습니다. 이런 과정에서 노사 간의 관계를 정리한 법이 나오게 되었습니다.

1차 산업혁명의 사회는 증기기관의 발명에 따른 것이었고, 2차 산업혁명의 사회는 전기의 발명에 따른 것이었습니다. 전기를 통해 컨베이어 벨트(conveyor belt)가 움직이면서 대량생산의 기반이 형성되었습니다. 이런 기반 위에 성장한 3차 산업혁명은 대량의 정보를 다루는 컴퓨터의 발전과 흐름을 같이했습니다. 그리고 지금은 4차 산업혁명의 사회는 이전의 사회와 비교해 볼 때, 어떤 모습의 사회가 될까요? 우리가 성장한 사회가 어떠했느냐에 따라 우리의 정신 환경 또한 그것에 준하여 형성됩니다. 농경사회는 자연의 흐름에 따라 우리의 몸과 정신이 맞춰졌는데, 산업사회는 그렇지 않습니다. 해가 지고 밤이 되어도, 비가 와서 야외활동이 불가능해도, 기온이 내려가 일할 조건이 좋지 않아도, 공장은 계속해서 돌아가고, 사람들의 활동은 지속됩니다. 산업화가 시작되던 시점에서는 사람의 몸이 시대의 흐름에 적응을 못 했습니다. 해가 뜨면 일어나고 해가 지면 자고, 비가 오면 쉬는 등 자연에 순응된 삶을 살아오던 사람은 새로운질서에 적응해야 했습니다. 자신의 욕망과 회사의 욕망이 충돌되는 과정에서 회사의 욕망에 길들여진 겁니다. 그렇지 않은 사람도 있겠지만 대부분의 사람들이 자연의 질서와 산업화의 질서 가운데 후자에 길들여졌습니다. 도시의 삶이란 게 그런 것입니다. 도시의 삶은 아주 다양하고 복잡합니다. 이런 과정에서 자라난 사람은 어떤 정신을 갖게 될까요? 물론 산업화 이전에도 계급이 존재했었고, 권력이 있었고, 문화가 있었습니다. 하지만 산업화는 이전과 다른 모습의 사회를 만들었습니다. 사람은 이전 것을 망각하기는 했으나 현재의 것에 전적으로 순응하지는 못하고 있습니다. '자연'과 '문화'라는 두 축 사이에서 인간은 갈등하고 있습니다. 문화라는 편의를 이용해서 살고 있지만 자연이라는 것을 놓지 못하고 있습니다. 요즘 우리가 누리는 문화는 비교적 짧은 기간 동안에 형성되었지만, 자연은 인간이 몇만 년 동안 생존해 온 곳입니다. 그렇기에 쉽사리 자연의 질서를 버리고 문화의 질서에 안주할 수는 없는 것입니다.

키덜트도 누리지 못한 문화에 대한 아쉬움을 어떤 대상에 투사하면서 자신만의 삶을 살아갑니다. 그렇다고 그가 살아가는 삶이 문화의 소외로부터 기인한 것이라고만 볼 수는 없을 것입니다. 그에게도 자연에 대한 아쉬움이 있는 것입니다. 키덜트는 여느 사람처럼 정신 기제에 따라 행동합니다. 자아 통제를 통해 자신의 요구를 제어하기도 하고, 이 통제를 벗어나 욕망하기도 합니다. 키덜트가 접하는 대상은 자아의 통제를 벗어난 것, 자신이 추구하는 욕망의 대상으로 볼 수 있습니다. 욕망은 상징질서 안에서 누리는 것입니다. 그렇기에 키덜트는 상징질서 안에서 자신이 할 수 있는 욕망을 실현합니다. 자신의 욕망을 실현할 수 있는 조건이 상징질서에서 갖춰져 있다면 그것을 행할 수 있는 것입니다. 그 조건이 갖춰지지 않아서 상징질서를 위배한다면 문제는 달라질 수 있습니다. 욕망이란 게 상징질서가 허락하는 한도 내에서 추구되면 좋겠지만 그것이 쉽지만은 않습니다.

이 지점에서 우리는 생각해 볼 수 있습니다. 욕망은 상징질서에서 받아들여지는 한에서 추구하는 옳은가? 아니면 그 질서에 혼란을 주면서 추구할 수도 있는가? 하는 것입니다. 사회마다 다소 차이는 있겠지만 욕망은 상징질서 내에서 추구해야 하고, 그렇지 않으면 법의 지도를 받습니다. 앞서 보았듯이, 아이와 같은 감성과 취향을 가진 키덜트가 형성되는 과정을 보면, 아이 때 채워지지 않은 것이 있습니다. 어른이 될 때까지 채워지지 않은 것을 어떤 방식으로 견뎌 왔는지에 관해서도 실증이 필요해 보입니다. 가령, 상징질서에 저항하면서 그것을 실현하려고 시도해 보았는지, 그 질서에 순응만 해 왔는지 등 키덜트라고 부를 수 있는 당사자의 삶을 돌아보아야 구체적인 이야기가 전개될 것입니다. 라캉이 살던 시대에는 키덜트라는 용어가 없었겠지만 그가 제시한 '거울그림'이나 '도식 L'은 키덜트의 '실재질서-상상질서-상징질서' 구조를 보여 주는 듯합니다.

키덜트와 4차 산업혁명

「서울키덜트페어」는 키덜트를 위한 산업을 모아 놓은 박람회입니다. 이런 모임이 열릴 정도로 키덜트는 산업의 한 장르로 자리매김하고 있습니다. 2016년에 출시된 '포켓몬GO' 게임도 키덜트를 위한 것으로 볼 수 있습니다. 지금까지 등록된 포켓몬 도감은 6세대 동안 721개 또는 722개 정도라고 합니다. 1세대는 1-151(1996년-, 151개), 2세대는 152-251(1999년-, 100개), 3세대는 252-386(2002년-, 135개), 4세대는 387-493(107개), 5세대는 494-649(156개), 6세대는 650-721(79개)이라고 합니다. 포켓몬 도감을 이용하여 즐기던 포켓몬 게임은 2차원 또는 3차원의 놀이였는데, 이번에 출시한 '포켓몬GO' 게임은 가상현실假想現實, Virtual Reality, VR과 증강현실增强現實, Augmented Reality, AR에 기반한다고 합니다. 전 세계적으로 폭발적인 인기를 얻고 있습니다. 출시된 지 얼마 되지도 않아서 각 나라에서 반응이 나오고 있습니다. 가령, 이슬람의 본고장 사우디아라비아에서는 '포켓몬GO' 게임을 법으로 금지하였습니다. 이미 2001년에 카드 게임으로서 '포켓몬GO' 게임을 금지했고, 2016년 7월에는 스마트폰 게임으로서 '포켓몬GO' 게임을 금지했습니다. 이유는 이 게임이 도박과 다신교와 연관되기 때문이라고 합니다. 이슬람 종교학자 랍비들 모임인 원로위원회에서 이슬람 율법을 해석하여 내린 결론이라고 합니다.

앞서 말했듯이, 1차 산업혁명이 증기기관에서 비롯되었고, 2차 산업혁명이 전기에서 비롯되었는데, 동력의 개발(1차)과 아울러 그 동력을 전선을 통해 전송(2차)하는 시스템이 별개의 것이라고 볼 것인지, 연결된 것이라고 볼 것인지 질문할 수 있습니다. 이것은 정보처리 기술에 관계되는 3차 산업혁명과 빅데이터에 관계되는 4차 산업혁명의 관계와도 유사합니다. 3차 산업혁명이 현실의 데이터를 정보처리기계에 입력하는 단계였다면, 4차 산업혁명은 그렇게 입력된 데이터를 사용하여 현실에서 활용하는 것에 관계됩니다. 3차와 4차를 연속이냐 단절이냐의 문제로 접근하는 것 또한 쉽지 않습니다. 다만, 구분을 하기 위해 1차부터 4차에 이르는 산업혁명을 이야기하고 있다고 볼 수 있습니다.

그렇다면 과학은 왜 이렇게 급속히 발전하고 있을까요?

과학이 급속하게 발전하고 있다는 것은 무엇을 의미할까요? 과학이 발전한다는 것은 가상현실과 증강현실에 대한 철학적 담론과 관계된다고 볼 수 있습니다. 가상과 증강의 현실은 실제 현실과의 관계 속에서 논해집니다. 실제 현실은 실재라고 표기하기도 하는데, 실재가 무엇인가에 대한 질문은 철학의 오래된 질문입니다. 지금도 이 질문은 제기되고 있는데, 가상과 증상의 현실은 이것에 대한 하나의 답이라고 볼 수 있습니다. 실재를 아는 길은 재현을 통해 이뤄집니다. 그 재현의 방법이 고전적인 의미에서는 예술적 표현과 종교적 의례 등이었습니다. 과학이 발달하면서 과학이 발명한 도구들을 통해 그 실재에 도달하고자 시도했습니다. 그 결과 지금 이 시점에 이르게 되었습니다.

실재가 물질로 구성된 것으로 본 닐 거쉰펠드(Neil Gershenfeld)는 '아톰'이란 용어로 실재를 표현했고, 실재가 정보처리기계(컴퓨터를 포함한)에 재현된 것을 '비트'라고 표현했습니다. 그러니까 3차 산업혁명의 시기에는 아톰을 비트화시키는 작업이 진행되었고, 그 결과 비트의 세계가 빅데이트화가 되었는데, 이제는 그 자료를 이용하여 아톰의 세계를 활용하기에 이르렀다는 겁니다. 아톰의 세계에서 비트의 세계로, 다시 비트의 세계에게 아톰의 세계로의 진행이 이루어지고 있다는 것입니다. 이런 흐름을 통해 볼 때, 현실이란 무엇인가라는 질문의 답은 아톰의 세계일 수도 있고, 비트의 세계일 수도 있습니다. 다시 말해, 가상(VR)과 증강(AR)의 현실일 수도 있습니다. 하지만 '실재로서의 세계'와 '가상과 증강의 세계' 가운데 참 현실은 무엇일까에 대한 논의는 쉽게 끝날 것으로 보이지 않습니다. 과거에 아쉬웠던 어떤 것을 지금 이뤄 보고자 하는 것은 과학의 발달과 아울러 산업화로 이어지고 있습니다. 어떤 경로를 통해서든지 하지 못했던 것을 해 보고자 하는 시도는 계속될 것인데, 이런 시도를 통해 실재에 도달하고자 하는 것이 인간의 욕망이라고 볼 수 있을 것입니다.

필자는 특정한 욕망을 추구하는 사람을 지칭하는 용어로 사용되는 '키덜트'를 좀 더 포괄적인 의미에서 볼 필요가 있다고 생각합니다. 왜냐하면 키덜트가 추구하는 것이 과학을 힘입어서 문화 저편에서 펼쳐지고 있고, 그런 흐름이 더 확대될 것으로 보이기 때문입니다. 인간이 욕망하고 그것을 성취하는 것은 상징의 질서 내일 때 별 무리 없이 받아들여집니다. 하지만 상징의 질서와 충돌될 때 저항을 받습니다. 4차 산업혁명으로 인해 발생하는 것들로 인해 현 시대는 충격을 받고 있습니다. 이 충격이 필요로 여겨질 때 상징의 질서는 그것을 수용하여 자기 수정의 과정을 거칠 것입니다. 왜냐하면 상징의 질서는 고정불변의 질서가 아니라 시대와 문화에 따라 가변적이기 때문입니다. 앞으로 더 많은 충격이 발생할 것이고 그에 대응하는 일 또한 많아질 것입니다. 이런 시점에서 라캉의 사유가 우리에게 주는 이점을 생각해 보았습니다. 그의 많은 사유 가운데 '거울도식'만을 눈여겨보아도 이 시점에서 발생하는 일을 정리하고 평가하는 데 큰 도움이 될 것입니다. 그리고 향후 우리가 나갈 방향도 예측할 수 있을 것입니다. 물론 라캉의 후기 사유를 살펴본다면 더 깊은 논의를 할 수 있으리라 생각됩니다. 지금은 인류의 시작에서부터 현재와 미래에 이르는 시기를 통틀어서 사유하는 시기입니다. 이런 작업을 하는 도구로서 한국에 소개된 라캉의 사유가 독자 분들께 유익한 도움이 되길 바랍니다.

찾아보기